**La démocratie de proximité permet-elle de fortifier la société civile?**

**: Les recherches sur la pratique des conseils de quartier aux villes françaises.**

# 市民社会を鍛える政治の模索

## ――フランスの「近隣民主主義」と住区評議会制――

中田晋自著
Shinji NAKATA

御茶の水書房

市民社会を鍛える政治の模索　目　次

目次

序　章　二一世紀初頭のフランスにおける「近隣民主主義」概念の登場――――3
第一節　二つの地方分権改革と近隣民主主義改革　3
第二節　住区評議会制の創設　8
第三節　居住者参加型ガヴァナンスの実践空間　13

第Ⅰ部　フランス「近隣民主主義」の諸相

第一章　思想――「地域民主主義」の思想形成――――29
第一節　フランスの地方制度をめぐる三つの改革課題　29
第二節　参加民主主義と自主管理の思想　33
第三節　「地域」の争点化　44

第二章　運動――「地域民主主義」の運動発展史――――59
第一節　ＧＡＭ運動台頭の時代背景と担い手　60

第二節　グルノーブル市における自治体改革運動　62
第三節　地域民主主義の運動から法制度へ　67

第三章　制度——法制度としての「近隣民主主義」——　79
第一節　リール市における「住区評議会」の創設（一九七八年）　81
第二節　「地方分権化の将来にかんする委員会」報告書（二〇〇〇年）　96
第三節　近隣民主主義法案の国会審議（二〇〇一—〇二年）　103

第四章　理論——民主主義モデルとしての「近隣民主主義」——　115
第一節　世界の都市参加民主主義諸モデルと近隣民主主義モデル　116
第二節　フランスにおける参加民主主義諸制度と住区評議会制　122
第三節　参加民主主義制度の導入と都市のガヴァナンス　130

第Ⅱ部　フランスの諸都市における住区評議会制の実践
第五章　実践①――「近隣政治システム」をめぐる二つの変動要因―――― 141
第一節　住区評議会制と近隣政治システム　141
第二節　第一の変動局面―二〇〇二年の住区評議会制導入―　144
第三節　第二の変動局面―二〇〇八年のコミューン議会選挙―　147
第四節　近隣政治システムの比較分析―アミアン市とリール市―　154
第六章　実践②――「無作為抽出」は住区評議会に何をもたらしたか―――― 165
第一節　熟議フォーラムにおける多様なメンバー選出方法　165
第二節　現代の熟議フォーラムにおけるくじ導入の意義　170
第三節　一般市民による討論参加の効果　177
第四節　住区評議会のメンバー構成問題　183
第七章　実践③――都市近隣住区における「非有権者」の代表性問題―――― 197
第一節　「非有権者」の代表性問題　197

第二節　定住外国人の市政参加①――市会外国人準議員制度――　204
第三節　定住外国人の市政参加②――住民評議会非登録者枠――　208
第四節　共和国原理下における定住外国人の代表性保障　211
終　章　市民社会を鍛える近隣政治の実践――　225
第一節　フランスの「近隣民主主義」と住区評議会制　225
第二節　居住者の政治参加とその市民教育的効果　229
第三節　フランスの都市政治におけるマルチレベル・ガヴァナンス状況　237
あとがき――　251
索　引（巻末）

# 市民社会を鍛える政治の模索

——フランスの「近隣民主主義」と住区評議会制——

# 序章　二一世紀初頭のフランスにおける「近隣民主主義」概念の登場

## 第一節　二つの地方分権改革と近隣民主主義改革

### （一）　近隣民主主義法の成立

一九八一年の共和国大統領選挙に勝利し、フランス第五共和政初の左翼連合政権を成立させた社会党のフランソワ・ミッテラン（François MITTERRAND）が、自らの選挙公約にしたがい、「地方分権改革（décentralisation）」（「コミューン[1]、県およびレジオンの権利と自由にかんする一九八二年三月二日の法律（以下、地方分権法と表記）」[2]）を実行に移した当時、政府を率いていたのは、同じく社会党のピエール・モーロワ（Pierre MAUROY）首相であり、地方分権法案の国会審議を主導したのは、ガストン・ドフェール（Gaston DEFFERRE）内相（兼地方分権相）であった（同法が「ドフェール法」と呼ばれる所以である）。ドフェールは、一九五〇年代から市長（maire）としてマルセイユ市政を率いるとともに、公職兼任制[3]に基づき国会議員をも兼職する社会党の大物議員としても知られている人物であり、大都市の行政に自由を与える「地方分権化」への意思をかねてから表明していたが[4]、本書がクローズアップするのは、

【資料序－1】　現代フランスにおける２つの地方分権改革

〔第１次地方分権改革〕
第１期ミッテラン政権（モーロワ左翼連合政府）
1982.3　地方分権法
1983.1　事務権限再配分法
〔第２次地方分権改革〕
第２期シラク政権（ラファラン右翼・中道右派政府）
2003.3　憲法改正による「地方分権」の明文化
2004.8　地方の自由と責任にかんする法律

一九七三年からリール市の市長を務め、市独自の都市内分権政策を実行に移してきたモーロワのほうである（第三章で詳述）。

ともあれ、こうした左翼主導の地方分権改革（一九八二―八三年）に対し、当時反対の立場を表明していた野党「共和国連合（新ドゴール派）」のジャック・シラク（Jacques CHIRAC）が、四年ののちいわゆる「コアビタシオン（保革同居政権）」（一九八六―八八年）において首相に就任したことから、改革の「後退」が危惧された。しかしそれは杞憂に終わるどころか、二〇〇二年の共和国大統領選挙で再選されたシラクが最初の首相に任命した同じく新ドゴール派のジャン＝ピエール・ラファラン（Jean-Pierre RAFFARIN）は、就任当初から「地方分権改革・第二幕（Acte II）」への意思を表明し、実際二〇〇三年には憲法改正により第五共和政憲法第一条に「フランスの組織は地方分権的である」との一文を追加するとともに、二〇〇四年には「地方の自由と責任にかんする法律」[5]を成立させている（【資料序－1】参照）[6]。

こうしていまや党派を超えたコンセンサスとなったかにみえるフランスの地方分権改革を、市民たちはどのように受け止めているのか。世論調査の結果からこの問題を検討したブリス・タンチュリエは、一九八〇年代末以降フランス人の三分の二以上が地方分権改革に「肯定的」であるものの、それはあくまでも「消極的な支持」にとどまり、改革の「深化」に対し警戒していると述べている。すなわち、彼

**【資料序－２】　地方分権改革はあなた自身にとってどのような結果？**

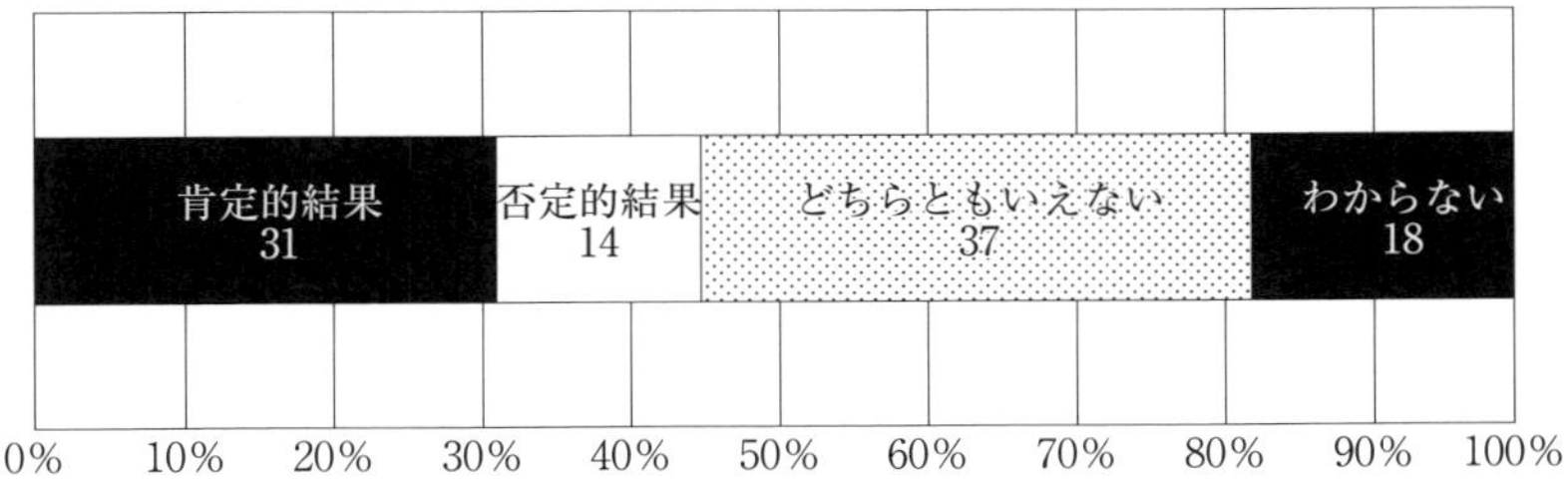


出典：Résultats du sondage « les Français et l'avenir de la décentralisation », SOFRES - août 2000, sondage effectué pour la commission pour l'avenir de la décentralisation. Pierre MAUROY, *Refonder l'action publique locale : rapport au Premier ministre,* Commission pour l'avenir de la décentralisation, La Documentation Française. 2000, p.171.

らは依然として、日常生活がかき乱されることへの嫌悪、不安そして多くの疑問を抱いている、と。[7]

また、元首相のモーロワを委員長とする「地方分権化の将来にかんする委員会（モーロワ委員会）」が二〇〇〇年七月二五―二七日に実施した世論調査によれば、実に五五％の回答者が、地方分権改革の結果は自分自身にとって肯定的なものなのか、否定的なものなのかを判断できずにいることがわかる（【資料序－２】参照）。

このモーロワ委員会が二〇〇〇年一一月に報告書『地方公共活動の再建』（以下、モーロワ委員会報告書と表記）[8]を提出すると、同じく社会党のリオネル・ジョスパン（Lionel JOSPIN）率いる多元的左翼政府[9]がその立法化に着手し、二〇〇二年に成立したものが「近隣民主主義（démocratie de proximité）にかんする二〇〇二年二月二七日の法律」[10]（以下、近隣民主主義法と表記）であった（モーロワ委員会報告書については本書第三章で詳述）。

近隣民主主義法案の国会審議は、第一読会で審議された修正案の数（国民議会で八三〇本、上院で七〇〇本）が示しているように、非常に複雑で時間を要するものとなり、最後まで上下両院は合意できないまま、「両院協議会（commission mixte paritaire）」[11]における協議に持ち込まれることになった。結局同法案は最終読会において可決されたが、上程からおよそ一〇か月（二〇〇一年五月―二〇〇二年二月）を要したことになる。[12] このように審議が長期化した原因の一つは、同法が非常に雑多な課題を対象にした条文からなる総花的立法であったことに求められる。しかしわれわれは、公法学者のミシェル・ヴェルポーが述べているように、同法がなによりも「自治体活動への市民の参加」[13]を主要な改革課題とする立法であったことを確認しておくことが重要であり、同法の第一条は人口八万人以上のコミューンに対し、当該コミューン内をくまなく「住区（quartier）」に区画し、各住区に「住区評議会（conseils de quartier）」を設置することを義務づけている[14]（この新制度を以下、住区評議会制と表記）。

## （二）近隣民主主義改革は何をめざすのか

二〇〇二年の四・五月に実施された共和国大統領選挙で現職のシラク大統領が再選された段階でジョスパンが首相の座を退き、そのあとを襲った大統領与党のラファランが六月の国民議会選挙における右派陣営の勝利を背景として政権基盤を確立し、上述の第二次地方分権改革を実行に移していったことを踏まえるならば、近隣民主主義法とは二つの地方分権改革（第一幕と第二幕）の幕間にジョスパン政府が「自治体活動への市民の参加」をめざして実行に移したもう一つの地方分権改革立法であり、本書ではこれを「近隣民主主義改革」と呼ぶことにする。

では、この近隣民主主義改革を通じてジョスパン政府は何をめざしていたのか。

「近隣民主主義」法案が国会へ上程されるにあたり、内務省地方公共団体総局から提出された「資料集」（二〇〇一年五月二三日）は、それを次のように説明している。[15]

一九八二年以降制定されている地方分権諸法は、フランスの近代化を実現してきた。これを礎としつつ、今日、そのさらなる前進が求められている。「モーロワ委員会報告書」に立脚し、その他の検討の成果を考慮しながら、ジョスパン首相は、昨年［二〇〇〇年］の一〇月と一一月に、「地方分権改革を市民に資するものとして近代化していくための大綱」を表明した。「近隣民主主義」法案は、まさにこのパースペクティブに立っている。われわれが主要な目標にしているのは、より正統性のある地方分権、より実効性のある地方分権、より連帯責任を共有した地方分権、要するに、より市民に資する地方分権という観点に立った地域民主主義（démocratie locale）の深化である。（傍点は引用者）

近隣民主主義改革は、ここでは、かつてミッテラン政権により実施された地方分権改革（一九八二年）を実質化すべく、軌道修正を図っていくための改革と位置づけられているが、注目すべきは、依然としてその目標が、地方分権改革を「より市民に資する（plus citoyenne）」ものとするなかで、「地域民主主義」を「深化」させることにあるとされている点である。つまり、近隣民主主義はあくまでも地域民主主義の延長線上に置かれているのであり、本書においても、近隣民主主義の「思想」にかんする検討は、政策思想としての地域民主主義が登場した一九六〇年代後半までさかのぼることになる（本書第一章参照）[16]。

【資料序－3】 住区評議会制（地方公共団体一般法典 L2143-1 条）

| | | |
|---|---|---|
| コミューンの人口規模 | 人口8万人以上 | 人口2万人—7万9999人 |
| 住区評議会の設置 | 義務（L2143-1 条） | 任意（L2122-2-1 条、L2218-1 条） |
| コミューン議会の役割 | 審議事項<br>住区の区画確定（同法が公布されてから6か月以内：2002年8月28日まで）<br>呼称、構成、活動形態（自由に決定可能） | |
| | 住区評議会に対して、集会所の充当と毎年その活動に必要な予算の支給 | |
| 住区評議会の権限 | 排他的に市長から意見聴取を受けることが可能であるが、決定権限なし<br>市長の要請に基づいた、当該住区に利害関係のある諸施策、とりわけ都市政策の名目において実施される諸施策の策定、実施および評価への関与 | |
| 住区担当助役職の特設 | 当該コミューン議会の議員数に対し10％以内で特設可能（L2122-2-1 条、L2122-18-1 条） | |
| 市役所の支所の設置 | 人口10万人以上（複数の住区を一つの支所が兼務可能）（L2144-2 条） | |

## 第二節　住区評議会制の創設

### （一）住区評議会制の特徴

二〇〇二年の近隣民主主義法は、上述のように人口八万人以上のコミューンに対し、コミューン内をくまなく「住区」に区画し、各住区に「住区評議会」の設置を義務づけたが、注目すべきは、同法案にかんする国会審議の結果、設置される住区評議会の各コミューンにおける「呼称（la dénomination）」、「構成（la composition）」さらには「活動様式（les modalités de fonctionnement）」について、その規定をそれぞれのコミューン議会に認めたことである（【資料序－3】参照）。これは、近隣民主主義法によって設置が義務づけられている住区評議会について、同法がいかなるひな形も定めることなく、当該コミューン議会にその制度設計を一任していることを意味している。

公法学者のジャン＝リュック・ピサルーは、住区評議会の

**【資料序－4】「住区評議会」の呼称と使用都市名**

| |
|---|
| 1．住区評議会（conseils de quartier）<br>パリ、マルセイユ、リヨン、ブザンソン、ディジョン、ルマン、ニース、ニーム、ポー、ポワティエ、ランス、レンヌ、ルベ、ストラスブール、ヴェルサイユ、ヴィルールバンヌ |
| 2．住区委員会（comités de quartier）<br>クレテイユ |
| 3．住区諮問評議会（conseils consultatifs de quartier）<br>アンジェ、ブレスト、カーン、モンペリエ、オルレアン |
| 4．住区諮問委員会（commissions consultatives de quartier）<br>トゥールーズ |
| 5．セクター諮問評議会（conseils consultatifs de secteur）<br>グルノーブル |
| 5．セクター評議会（conseils de secteur）<br>トゥーロン |
| 6．地域活動評議会（conseils de la vie locale）<br>トゥール |
| 8．生活工房（ateliers de vie）<br>ナンシー |

出典：Jean-Luc PISSALOUX, « Les conseils de quartier : manifestation emblématique de la démocratie locale participative ou large mystification ? », Anne MARCEAU, *La démocratie locale à la recherche d'un nouveau souffle,* L'Harmattan, 2013, p.93.

設置を義務づけられた都市コミューンが「住区評議会」にかんしてどのような規定を置いているのかについて、各コミューン議会が定めた『憲章』などを検討し、住区評議会制の特質を表現するためのキーワードの一つは「多様性（diversité）」であるとしたが、実際に使用されている「呼称」の多様性はまさにその一例である[17]（【資料序－4】参照）。

また、パリ市を含むイルドフランス・レジオンの住区について、地理学・都市計画論・社会学・政治学による多角的な調査研究をおこなったユマン＝ラムールは、合計で二〇あるパリの各区議会（法律上他のコミューン議会と同等の地位）が、近隣民主主義法の成立を踏まえ、二〇〇三年一月の時点で当該区内の住区評議会をどのように制度設計していたかについて、区議会が制定した『憲章』や区の公式インターネット・サイトをリサーチし、それらを「規定（Définition）」「会合の頻度（Réunions）」「メンバー構成（Composition）」「役割（Rôle）」という四つの

【資料序－5】　パリ市内の住区評議会の運営（2002-2003年）

| | 区名 | 1 | 2 | 3 | 4 | 5 | 6 | 7 | 8 | 9 | 10 | 11 | 12 | 13 | 14 | 15 | 16 | 17 | 18 | 19 | 20 |
|---|---|---|---|---|---|---|---|---|---|---|---|---|---|---|---|---|---|---|---|---|---|
| 規定 | 『憲章』による規定あり | | ● | ● | ● | | | | | | | | ● | ● | ● | | | | ● | ● | ● |
| 会合の頻度 | CQによるルールあり | ● | ● | ● | ● | ● | ● | ● | | ● | ● | ● | ● | | ● | ● | ● | ● | | ● | ● |
| | 年に少なくとも3回 | ● | ● | ● | ● | ● | | ● | | | ● | ● | ● | ● | | | | | ● | ● | ● |
| | 市長による発議 | ● | | | ● | | ● | ● | | | | ● | | | | | ● | | ● | ● | ● |
| | CQによる発議 | | ● | ● | ● | | ● | ● | | | ● | | ● | ● | ● | | ● | | | ● | |
| メンバー構成 | CQ議長＝市議 | ● | | | ● | ● | ● | ● | ● | ● | ● | | ● | | | ● | ● | ● | ● | ● | ● |
| | CQの過半数＝住民、地元住民団体、都市利用者 | | ● | ● | | ● | ● | ● | | ● | | | | | ● | ● | | | ● | ● | |
| | 市議がメンバー入り | ● | ● | ● | ● | ● | ● | ● | | | ● | ● | ● | ● | ● | ● | ● | ● | | | ● |
| | 地元有識者がメンバー入り | ● | ● | ● | ● | | | | | | ● | ● | ● | ● | ● | ● | | | ● | ● | ● |
| | 地元住民団体がメンバー入り | ● | | ● | | ● | ● | ● | | | | | | | ● | ● | ● | ● | ● | ● | |
| | 住民がメンバー入り | | ● | ● | ● | ● | ● | ● | ● | ● | ● | ● | ● | ● | ● | ● | ● | ● | ● | ● | ● |
| 役割 | 区議会への提案 | | ● | ● | ● | | | | | | ● | ● | ● | ● | ● | ● | ● | | ● | ● | ● |
| | 区議会の予算策定への参画 | | ● | ● | | | | | | | | ● | | ● | | | | | ● | ● | ● |

該当する欄は●とし、表中のCQは「住区評議会（Conseil de Quartiers）」。

出典：Anne-Lise HUMAIN-LAMOURE, *Faire une démocratie de quartier ?,* Éditions Le Bord de l'eau, 2010, p.208.

観点で整理した上で、一覧表にまとめている[18]（【資料序－5】参照）。このリストを一瞥しただけで、住区評議会の制度設計が非常に多様なパターンに分岐していることが理解できるはずである。

二〇〇二年に法制度化された住区評議会制にこうした特質が与えられた背景については、もちろん様々な説明が可能であるが、本書は、近隣民主主義法案の国会審議のなかで明らかにされた国会議員たちの住区評議会に対するネガティヴ・イメージがどのようなものであり、それが住区評議会制をどのようなものへと方向づけたのかという観点から説明を試みる（本書第三章参照）。

ともあれ、二〇〇九年現在の統計で人口八万人以上のコミューン数が五三（フランス本土のみ）[19]であり、住区評議会の制度設計や実施状況もこの条件に該当するコミューンの数だけ多様に存在することになる。[20]そしてこのことは、同制度がフランスの諸都市においてどのように組織され、実践されているのかについて明らかにする場合にも、個別的な現地調査を必須としている点で、われわれの研究方法に影響を与えている（本書第Ⅱ部参照）。

## （二）「ミニ・パブリックス」としての住区評議会

こうして人口八万人以上のコミューンは、近隣民主主義改革以降、当該コミューン議会の定めるところにしたがって住区評議会を設立していった。後述のように、一部の都市コミューンでは、この新しい住民合議機関のメンバー選出方法として、当該自治体の有権者名簿から無作為抽出する方式が採用されており、われわれはここに「ミニ・パブリックス（mini-publics）」の概念を導入して、検討することが可能である。

ミニ・パブリックスとは、メンバー選出に無作為抽出を採用することで社会を縮図化した合議体のことであり、その代表的なものとしては、アングロサクソン系で普及している「討議型世論調査（ＤＰ）」、デンマークの科学政策の評価問題から出発した「コンセンサス会議」、早くからドイツで着手され、少人数のグループにわかれて徹底した討議を繰り返す「計画細胞会議（プラーヌンクスツェレ）」、アメリカで開発され、のちイギリスに受け継がれていった「市民陪審」などが挙げられる。篠原一によれば、ミニ・パブリックスの最初の実験がおこなわれたのは一九七〇年代初頭のアメリカと西ドイツであるとされるが、前者では市民陪審として、後者では計画細胞会議として、「まったく両者のあいだの連絡なしに、独自にはじめられた」という。そして一九九〇年代半ば以降、「発祥国の枠を超えて広く普及し、もっとも適合的と思われるものが、それぞれの国（地方と中央）およびEUで採用されている」とされる。[21]

「ストロング・デモクラシー」論の提唱者として知られるベンジャミン・R・バーバーは、「代議制タウン・ミーティングや地域または州レベルの近隣地区集会会議」など、主にはアメリカの政治を念頭に置いてはいるものの、次のように述べることで、熟議フォーラムのメンバー選出に「抽選制」を導入することの意義を説明している。すなわち、ある条件の下での抽選によってメンバー選出をおこなうことにより、「ある市民を他人に代わって行動することを許し（したがって規模の問題に対処できる）、その行動を抽選による職務とする（したがって公共活動のデモクラシーの性質を守る）ことによって、代議制を救うこと」が可能となるのであり、「富者が公職に多く就く傾向を改め、公共の責任をすべての人びとに平等に行き渡らせ、市民が代議制下で通常持てる機会よりも、非常に多くの市民を公職に就け政策策定と行政にあたらせること」も可能となる、と。[22]

ミニ・パブリックスおよびそのメンバー選出における無作為抽出制について、以上のように整理することで、住区評議会の制度設計をコミューン議会に一任したフランスの住区評議会制は、実際に一部の都市コミューンがそうしているように、ミニ・パブリックスの実践を可能にする制度的枠組みを提供しているものと考えることができる（フランスの諸都市における無作為抽出型ミニ・パブリックスの実践）。住区評議会の設置を義務づけられたフランスの都市コミューンのなかには、このある意味自由な制度枠組みを活用して、そのメンバー選出に無作為抽出制を導入するだけでなく、現在フランスでは選挙権・被選挙権が認められていないEU域外出身定住外国人を主要な対象とする「非有権者枠」を設けているところがあり、本書はこうした実践事例に多大な関心を寄せている（本書第七章）。

## 第三節　居住者参加型ガヴァナンスの実践空間

### （一）都市近隣住区と近隣政治システム

フランスにおける二〇〇二年の住区評議会制導入はまた、名和田是彦が「コミュニティの制度化」と呼んだもののフランス版でもあるといえる。

名和田は「コミュニティ」を「通常市町村の区域よりも狭い、その意味で地方自治制度上は制度的なまとまりとして扱われていない、区域に展開している社会関係」と定義するとともに、自治体内分権にかんする国際比較の観点から、「制度化されたコミュニティ」における住民代表組織の主要な機能を、公共サービスの提供であるか、公共的意思決定であるかによって、「協働型の制度化されたコミュニティ」と「参加型の制度化されたコミュニティ」とに類型化している。[23]

フランスの諸都市では、すでに二〇世紀初頭のボルドーにおける「住区組合」の取り組み以来、地域住民団体が「住区委員会（comités de quartier）」などの名称で住区を区域とする要求集約活動を展開してきた経緯があり、[24]こうした住民に身近な合議空間としての住区が、今回近隣民主主義法により制度化された点に鑑みると、住区評議会制の導入を通じて今日のフランスが模索しているのは、まさに「参加型の制度化されたコミュニティ」の実現ということになる。

ただし、制度化された「コミュニティ」の理解にかんして、フランス（語）には独自の概念が存在することに注意

**【資料序－6】　プロキシミテの二重の意味**

| 次元 | 事象 | 典型的用例 | 他言語における対応概念 |
|---|---|---|---|
| 地理的次元 | 住区のような都市内の地域的区画 | 近隣行政（gestion de proximité） | 英語の «neighborhood democracy» に対応 |
| 政治・行政的次元 | 治者・被治者間のコミュニケーションや意見交換 | 近隣民主主義（démocratie de proximité） | ドイツ語の «Bürgernahedemokratie» に近い（ただし、使用頻度は低い） |

出典：Marie-Hélène BACQUÉ, Henri REY et Yves SINTOMER, « Introduction : La démocratie participative, un nouveau paradigme de l'action publique ? », BACQUÉ, REY et SINTOMER (dir.), *op.cit.*, 2005, pp.11-12.

したい。

コミュニティ活性化政策の米仏比較を試みたマリ・エレーヌ・バケは、英語の「コミュニティ（community）」に対応するフランス語の概念は、communauté（共同体）ではなく、むしろcollectivité（集団）やquartier（住区）であるとし、[25]コミュニティ概念を「都市における住区や近隣（voisinage）の段階」と「社会集団的次元」とによって二元的に把握するとした上で、英語の「コミュニティ」概念に対応するのは、むしろ二一世紀初頭のフランスに登場した新しい概念としての「プロキシミテ（proximité）」であるとする。

この点にかかわって、バケ、レイ、サントメールは、さしあたりここでは「近接化」[26]を意味するフランス語の「プロキシミテ」概念に、地理的次元と政治・行政的次元という「二重の意味」（【資料序－6】参照）を見出している[27]（その意味で、上述の名和田による「コミュニティ」理解とは区別される）。

これらの議論を踏まえた上で、本書においてもこの「コミュニティ＝プロキシミテ」概念に「地理的次元」と「政治・行政的次元」という二つの「次元」を想定し、これらにそれぞれ次のような「近接化」を対応させて考えていくことにする。

地理的次元　→　物理的・空間的近接化

政治・行政的次元　→　行政と市民との社会的近接化

本書では近隣民主主義法以前からフランスの諸都市における住民合議の基礎単位として、その機能を果たしてきた、「プロキシミテ」概念が想定する空間を「都市近隣住区」と呼ぶとともに、この空間で制度化される住民合議の仕組みを「近隣政治システム」と呼ぶことにする。

この点にかかわって、かつてクロフォード・ブラウ・マクファーソンが、「適切にも参加民主主義と呼ばれうるもっとも単純なモデル」として、「基底においては直接民主主義を有し、その上のすべてのレヴェルにおいては代表（デレゲート）民主主義をもつ、ピラミッド型の体制」を提示した際、その基底に定位された「地域社会ないしは工場レヴェルにおける直接民主主義」においておこなわれるのは「実際の、面と面と向かいあっての討論と、合意ないし多数決による決定」としていたことも、改めて想起してみる必要がある。[28]というのも、本書が検討の対象にしようとしているのは、まさにフランス諸都市の「地域社会」レベル、言い換えれば都市近隣住区を活動空間とする居住者自身による「直接民主主義」の実践だからである。

## （二）「新しい公共政策調整モデル」としての近隣民主主義

バケ、レイ、サントメールの分類法を踏まえ、本書では上述のように二つの「次元」における二つの「近接化」に整理された「プロキシミテ」の概念は、実際のところ、フランスのどのような政治状況のなかで概念化され、これを一つの民主主義モデルとして考えた場合、具体的にはどのような政策課題の解決が期待されていたのであろうか。

『政治学・社会科学用語辞典』の「近隣（民主主義）」を担当したステファニー・モレルは、これを「新しい公共政策調整モデル」と捉え、中央集権的公共政策モデルが挫折し、分権化プロセスが開始された一九八〇年代にはすでに登場していたとする。モレルによれば、この新しい公共政策調整モデルの下で、分権化と市民参加の拡大という二つのダイナミズムが「国家と地方諸機関・地域・市民との関係の柔軟化」を促進するとともに、下記の二つの観点を両立させようとしているという。[29]

【観点①】公共政策の効率化

中央集権型行政の非効率性を克服するための地方への権限委譲を通じた、住民により身近な行政管理や市民社会・住民とのパートナー関係・協同関係の強化

【観点②】政治社会の民主化

政治決定と市民とを接近させるという理念の強化を通じた、自治体の諸政策にかんする市民の側から自治体当局への「説明要求」の容易化

またモレルによれば、これら二つの観点を同時に実現することをめざす公共政策調整モデルとしての「近隣民主主義」には、次の二つの役割が期待されているという。

【役割①】社会的諸問題の解決

フランスの伝統的な政治モデルは、市民社会に対する国家の主導性を強調し、市民は公的事柄から遠ざけられているものとされてきた。しかし今日、公的活動のあり方をめぐって、むしろ近接化と市民参加が推奨されるようになり、地域のレベルこそが社会的諸問題への対処に適当な段階であると同時に、市民参加を法制度化していく上で適当な空間であると評価されるようになっている。

特に、社会問題の激化が著しい都市においては伝統的な公的活動モデルに再検討が加えられるようになり、住民アソシアシオンや市民が果たす役割へ期待が高まるなか、公的活動に参画する多元的アクターが連携するガヴァナンスが模索されている。

【役割②】政治的危機への対処
地方への権限移譲プロセスが「より柔軟な公共政策のガヴァナンス・モデル」を創出したとはいえ、一九八二年の第一次地方分権改革が住民を置き去りにして、もっぱら地方自治体（当局）と地方議員をエンパワーするものであったことから、自治体レベルでの「民主主義の赤字」問題を解決する自治体政策決定過程への住民参加が、一九八〇年代に都市自治体が直面する様々な政策上の障害への解決策とされるようになった。
こうした地方政治状況の変化を背景として、フランスのジャコバン国家においては伝統的に脆弱なものとみなされてきた「地域民主主義」が、一九九二年法による「地域民主主義」改革とともに、一九九〇年代以降、地方分権論議における主要な争点となった。
（傍点は中田）

なおここでモレルが、特に社会問題の激化が著しい都市においては、この近隣民主主義モデルを通じて「公的活動に参画する多元的アクターが連携したガヴァナンスが模索されている」としている点は、本書にとって極めて重要である。

### （三）都市近隣住区における居住者参加型のガヴァナンス

「ガヴァナンス」は、周知のように、政治的な決定過程を捉える用語であり、トップダウンで意志決定をおこなう「統治」（ガヴァメント）とは対照的な概念として捉えられる。すなわち、政府・市場・市民の各セクターを構成する各集団が、それぞれの役割分担を明確にし、対等な関係で協力し、意思決定する体制が、ガヴァナンスの過程として捉えられる。ガヴァナンスが世界的に注目されるようになったのは、ここ三〇年ぐらいのことであり、国家機能の縮小にともなって進む分権化や民主化の動きを背景に、とりわけ政治・経済領域で従来確立していた意思決定のシステムが揺らぐなか、見解や利害が異なる関係者の対立や異論を調整し、意思決定を導く新しい政治的過程のシステムとして注目されるようになった概念であるといわれる[30]。

西山八重子によれば、国家の役割の縮小とともに、多様な生活問題が地域社会で顕在化するようになる現場において、様々な地域ニーズに機敏に対応し、支援活動を展開したのがボランタリー組織であり、地方自治体はこうした市民活動の協力を評価せざるを得なくなっているとされる。特に問題の集中する都市自治体は、様々な地域諸団体との協力体制を築き、稀少な公的資源を有効に活用する方法を模索しており、これはまさにローカル・ガヴァナンスのなかでも都市ガヴァナンス（都市での協治）といわれる新たな政治体制への転換と捉えられるという。

そして本書にとって最も重要なのは、ガヴァナンスを形成するには「これまでの統治システムでは比較的弱い立場にあった個人や組織の政治的発言権を高める必要がある」という、西山の指摘である。もしフランスの近隣民主主義改革が都市コミューンに住区評議会の設置を義務づけることで、従来自治体レベルにおける政策決定から遠ざけられていた居住者のエンパワーメントをめざしていたとすれば、こうした世界の諸都市を舞台としたガヴァナンスの発展状況に重ね合わせることで、同国における都市のガヴァナンスの発展が、居住者参加型のそれとして今後どのように発展していくのかを、一つの焦点とすることが可能である[31]。

そしていま述べた都市のガヴァナンスにおける新しい担い手の登場という視点は、例えば神野直彦の次のような議論においても共有されている。すなわち、神野は「ポスト工業化時代の都市ガバナンス」を「ポスト工業化時代の市民民主主義」と言い換えるとともに、現在では「政治民主主義、経済民主主義に続く第三の民主主義として、都市での生活を都市市民が決定する新しい民主主義」と位置づけ、さらにその担い手たる「アクティブ・シティズン」が都市政治の決定に参加できるよう、サブコミューンつまり身近な生活圏ごとに意思決定できる「近隣政府」が制度化される必要があると主張する。現在の都市を覆っている危機は、神野によれば「都市における人間の絆としてのコミュニティの崩壊」であるとされるが、他方で工業社会からポスト工業社会としての知識社会への転機は、積極的に「参加」するアクティブ・シティズンを育みつつあるし、彼らによって都市の社会システムが新しい「開かれた共同体」として、自発的に再組織化されようとしているという[32]。

こうした点を踏まえ、本書では、都市近隣住区を、フランスでは従来政策決定過程への参加主体とみなされてこなかった居住者（都市利用者を含む）を巻き込んだ新しい民主主義の実践の舞台とみなし、こうした近隣民主主義の取り組みを「都市近隣住区における居住者参加型ガヴァナンスの実践」として捉える（こうした視角をフランスの文脈に適用した際の困難・問題点については本書第四章で論じる）。

本書の目的は、二一世紀初頭のフランスに登場したこの「近隣民主主義」の概念を思想・運動・制度・理論の観点から多面的に考察することで、その特徴について解明するとともに、熟議民主主義論が注目する「ミニ・パブリックス」の、フランスにおける実践形態としての住区評議会制が、同国の諸都市においてどのように実践されているのかについて、筆者が実施してきた現地調査の成果を踏まえ、明らかにすることにある。

そのため本書は、以下のような構成をとる。

第Ⅰ部は「近隣民主主義」にかんする全体像の解明に当てられ、さしあたり思想・運動・制度・理論という四つの観点が措定され、それぞれの視角から検討が加えられる。そこでまず、近隣民主主義の思想的源流とみなされる地域民主主義の思想がどのように形成されたのかについて、一九六〇年代以降のフランスにおいて発展を遂げた自主管理と参加民主主義との関連において歴史的にあとづける。その上で、一九七〇年代のフランスに登場するこの政策思想としての地域民主主義が、フランス諸都市の市政改革運動のなかでどのように鍛え上げられていったのかについて、グルノーブル市を事例にして明らかにするとともに、この政策思想としての地域民主主義がその後様々な参加民主主義制度へと「翻訳」されていく過程において、どのような困難に直面したのかについて検討することで、参加民主主義の制度化をめぐる特殊フランス的な土壌について明らかにする。さらに、二〇〇二年の近隣民主主義法により導入された住区評議会制がどのように法制度化され、その諸特徴はどのように獲得されたのか、一九七八年にピエール・モーロワ率いるリール市政下で設置された住区評議会、モーロワ委員会報告書（二〇〇〇年）が法制度化を提言した住区評議会、さらに近隣民主主義法案を審議した国会議員たちにより表象された住区評議会という三つの「住区評議会」から考察する。そして最後に、近隣民主主義改革によって導入された住区評議会制がどのような特徴を有しているのかについて、世界の諸都市で実践されている様々な参加民主主義諸制度やフランスにおいては一九九〇年代以降本格的に導入が開始されたとされる参加民主主義諸制度と比較検討するとともに、こうした参加民主主義諸制度の導入が都市空間における居住者参加型ガヴァナンスの状況にどのような影響を与えたのかについて明らかにしていく。

こうして明らかにされる「近隣民主主義」モデルの法制度的形態としての住区評議会制が有する特徴の一つは、上述のように、人口八万人以上の都市コミューンに住区評議会の設置を義務づけた近隣民主主義法が、同評議会の制度設計についていかなるひな形も定めることなく、これを当該コミューン議会に一任している点にある。その結果、住区評議会の制度設計や実施状況もこの条件に該当するコミューンの数だけ多様に存在することになり、これを研究対象とするわれわれも、その実践状況を現地調査研究というかたちで進めていかざるを得なくなる。そこで第Ⅱ部では、二〇〇二年に導入された住区評議会制が、フランスの諸都市において実際どのように実践され、われわれはそこからどのような先進事例と問題点を見出すことができるのかについて、筆者がアミアン市およびリール市で実施してきた現地調査に基づき明らかにしていく。

これら二つの都市に設置された住民合議機関では、メンバー選出の方法として有権者名簿からの無作為抽出制が採用されており、これはまさに上で述べた（無作為抽出型）ミニ・パブリックスのフランス諸都市における実践と捉えることができる。かつてロバート・ダールが「ミニポピュラス（mini-populus）」と呼んだ住民コミュニティの一部サンプルとしてのミニ・パブリックスが、フランスにおいては住区評議会制という制度的枠組みを活用して試みられているのである。

こうした実践が、いかなる意味で同国の市民社会を鍛えるものであり、そこからわれわれは何を学び取ることができるのか。これを本書のモチーフとして、以下検討を進めていく。

---

（1）　フランスの基礎自治体である commune は「市町村」と訳される場合もあるが、日本のように市・町・村といった制度上の区分は設けていない（パリ・リヨン・マルセイユ三大都市の特別制度を除く）。
（2）　Loi du 2 mars 1982 relative aux droits et libertés des communes, des départements et des régions.
（3）　フランスでは、国会議員職と地方議員職の公職兼任が認められており、大物国会議員たちは特に大都市市長職を兼任する傾向にある。その結果、地方の政治代表の諸権限に何らかの制約を加えようとする改革を、彼らが国会審議で骨抜きにする場面が何度もみられた。こうした兼職の制限についても、これまで何度も試みられてきたが、全廃されるには至っていない。

(4) ミッテラン改革当時、フランス左翼が元来「ジャコバン主義者＝中央集権主義者」であるとの観点からパラドクスを強調する議論もみられた（その問題点については本書第一章参照）。ともあれ、戦後フランス左翼のリーダー的存在であったミッテランにとって、地方分権改革は彼が一九七一年に社会党の第一書記に就任して以降、政権獲得へ向けた党改革と不即不離の戦略的な政策であった。ミッテランの一〇年にわたる政権獲得戦略については、拙著『フランス地域民主主義の政治論――分権・参加・アソシアシオン――』（御茶の水書房、二〇〇五年）の第三章を参照。

(5) Loi du 13 août 2004 relative aux libertés et responsabilités locales.

(6) さらにニコラ・サルコジ（Nicolas SARKOZY）大統領（当時）の要請に基づき設立された「地方自治体改革委員会」（委員長はシラク政権下で首相を務めた新ドゴール派のエデュアール・バラデュール）は、「権限の明確化と財政責任を負うべき地方自治体の特定」を掲げ二〇〇九年三月に提言をおこなっている。Le Comité pour la réforme des collectivités locales présidé par Eduard BALLADUR, *Il est temps de décider : Rapport au Président de la République* (le 5 mars 2009), Fayard - La documentation Française, 2009.

(7) Brice TEINTURIER, « Les Français et la décentralisation », *Pouvoirs locaux*, n° 59, 2003, pp.100-101.

(8) Pierre MAUROY, *Refonder l'action publique locale : rapport au Premier ministre*, Commission pour l'avenir de la décentralisation, La Documentation Française, novembre 2000.

(9) シラク大統領の解散権行使により実施された一九九七年総選挙（国民議会選挙）は、緑の党を加えた多元的左翼の多数派獲得という結果に終わり、ジョスパンは首相としてシラクとともに「第三次保革同居《コアビタシオン》政権（一九九七―二〇〇二年）」を担うことになった。

(10) Loi du 27 février 2002 relative à la démocratie de proximité. なお、proximité の訳語にかんしては後述。

(11) ある法案について、上下両院で合意できなかった場合、首相の発議に基づいて同協議会が開催される。協議は国民議会（下院）議員七名と上院議員七名でおこなわれ、妥協案を導き出すことが使命となる。

(12) Anne-Lise HUMAIN-LAMOURE, *Faire une démocratie de quartier ?*, Éditions Le Bord de l'eau, 2010, p.145.

(13) Michel VERPEAUX, *Droit des collectivités territoriales*, 2e édition, PUF, 2008, p.34, pp.214-215.

（14）近隣民主主義法の第一条が住区評議会制関連諸規定を挿入するとした『地方公共団体一般法典（Code général des collectivités territoriales）』のL.2143-1条は、住区評議会制を次のように規定している。

第二編　コミューン

第一分冊　コミューンの組織

第四部　住民への情報公開と住民の参加

第三章　諸規定

L.2143-1条

人口八万人以上のコミューンにおいては、コミューン議会が当該コミューンを構成する各住区の区画を定める。

各住区には住区評議会が設置され、コミューン議会はその呼称、メンバー構成、そして活動様式を定める。

住区評議会は市長から意見を求められ、当該住区ないし当該都市に関わる諸問題に対して提案を市長におこなうことができる。

市長は当該住区に関わる諸政策、とりわけ都市政策の名目において実施される諸政策の策定、実施そして評価に、住区評議会を関与させることができる。

コミューン議会は住区評議会に対して事務所を充当し、当該評議会の活動に必要な予算を毎年支給することができる。

人口が二〇、〇〇〇名から七九、九九九名までのコミューンは、以上の諸規定を適用することができる。この場合には、L. 2122-2-1条とL. 2122-18-1条が適用される。

（15）Le ministère de l'Intérieur（Direction générale des collectivités locales）, *Les collectivités locales en 2001, Dossier d'information, Mis à jour à l'occasion de la présentation du projet de loi Démocratie de proximité 23 mai 2001*, 2001.

（16）ただしこのことは、地域民主主義と近隣民主主義が同義で用いられていることを意味するものではない。近隣民主主義という概念が有する独自の意味については、本章第三節で詳しく論じる。

（17）このリストには含まれていないが、筆者が現地調査を実施したリール市はその呼称として「住区評議会（comités de quartier）」を使用している。またアミアン市では、二〇〇二―〇九年の間、同市議会の議決に基づき「住区委員会（comité de quartiers)」の呼称が用いられていたが、二〇〇八年の市政担当者の交代により、二〇〇九年以降は「住民評議会（conseil d'habitants)」という呼称が使用されている。このことから明らかなように、表中の諸都市においても現時点では異なる呼称が用いられている可能性がある。

(18) Anne-Lise HUMAIN-LAMOURE, *op.cit.*, 2010, p.208. ユマン＝ラムールは、« quartier » そのものを考察の対象に据え、歴史・文化・政治・行政・社会・経済の諸側面から検討している。

(19) Direction générale des collectivités locales (Ministère de l'intérieur), *Les collectivités locales en chiffres 2012.*

(20) 統計上パリ市も一つのコミューンとみなされるが、同市内に二〇ある区（arrondissement）にもコミューン議会と同等の区議会が置かれ、住区評議会制の制度設計も各区議会によりおこなわれていることから、制度パターンは七〇を超えることになる。

(21) 篠原一「はじめに」「終章　若干の理論的考察」、篠原一編『討議デモクラシーの挑戦――ミニ・パブリックスが拓く新しい政治――』（岩波書店、二〇一二年）、vii―viii頁、二四一―二四五頁。ただし、こうした合議体がミニ・パブリックスと呼ばれるようになったのは二〇〇〇年代に入って以降の「新しい傾向」であり、例えばロバート・ダール（Robert DAHL）は一九八九年に彼が提案した合議体を「ミニポピュラス（mini-populus）」と呼んでいたという。この時彼が提案したのは、無作為抽出によって選ばれた一〇〇〇人ほどの市民が、一つのテーマごとに一年間討議して、その結果を発表し、議会を補完する機能を果たすというものであった（同前、二四三頁）。

(22) Benjamin R. BARBER, *Strong Democracy : Participatory Politics for a New Age*, University of California Press, 2004, p.291. ベンジャミン・R・バーバー（竹井隆人訳）『ストロング・デモクラシー――新時代のための参加政治――』（日本経済評論社、二〇〇九年）、四二三―四二四頁。ただし、原著の初版は一九八四年。なお、バーバーの「ストロング・デモクラシー」論については本書の終章を参照。

(23) 名和田是彦「現代コミュニティ制度論の視角」、名和田是彦編『コミュニティの自治――自治体内分権と協働の国際比較――』（日本評論社、二〇〇九年）、一―一四頁。

なお、名和田は「コミュニティの制度化」を「コミュニティに制度的な位置づけを与えること一般」と定義するが、日本では「市町村と身近なレベルの地域的なまとまりとが乖離するという現代的状況」があり、「コミュニティの制度化」とはいわば自治体内分権が法制度化を媒介として意図的に推進されている現状を説明するための概念であるという。

（24）François RANGEON, « Les comités de quartier, Instruments de démocratie locale », Centre de recherches administratives politiques et sociales de Lille（CRAPS）, Centre universitaire de recherches administratives politiques de Picardie（CURAPP）, *La démocratie locale : représentation, participation et espace public*, PUF, 1999, pp.329-331.

（25）Marie-Hélène BACQUÉ, « Dispositifs participatifs dans les quartiers populaires, héritage des mouvements sociaux ou néolibéralisme? : Empowerment zones aux États-Unis et politique de la ville en France », Marie-Hélène BACQUÉ, Henri REY et Yves SINTOMER（dir.）, *Gestion de proximité et démocratie participative : Une perspective comparative*, La Découverte, 2005. pp.90-91.

（26）ここでは『ロベール仏和大辞典』（小学館、一九八八年）を参照した。

（27）BACQUÉ, REY et SINTOMER, « Introduction : La démocratie participative, un nouveau paradigme de l'action publique ? », BACQUÉ, REY et SINTOMER（dir.）, *op.cit.*, 2005, pp.11-12.

（28）Crawford Brough MACPHERSON, *The Life and Times of Liberal Democracy*, Oxford University Press, 1977, pp.108-109. クロフォード・ブラウ・マクファーソン（田口富久治訳）『自由民主主義は生き残れるか』（岩波新書、一九七八年）、一七七頁。

（29）Stéphanie MOREL, « Proximité（Démocratie de）», David ALCAUD, Laurent BOUVET, Jean-Gabriel CONTAMIN, Xavier CRETTIEZ, Stéphanie MOREL, Muriel ROUYER, *Dictionnaire de science politique et sociale*, Sirey, 2004, pp.276-279.

（30）西山八重子「第一章　分断社会と都市ガバナンスの諸類型」、西山八重子編『分断社会と都市ガバナンス』（日本経済評論社、二〇一一年）、三—二一頁。グローバル化にともない価値観の多様化が進むなかで、これまでの統治システムでは反映されなかった個人や集団の意見をいかにしてくみ取り、民主主義の幅をどのようにして広げていくのかが、国や自治体という公的セクターのところで課題として意識されるようになり、このことが、多様な意見をもつ個人や集団を意思決定システムに反映させるガヴァナンス概念の普及につながっているのである。

（31） フランスではこうした都市空間におけるガヴァナンス状況を「地域ガヴァナンス（gouvernance territoriale）」と呼ぶが、例えば『地方政治辞典』でこの用語解説を担当したアンドレ＝ジャン・アルノーとヴァンサン・シムランによれば、地域のガヴァナンスとは、「公的諸機関、民間諸アクター、アソシアシオン、計画提案者たち、そして市民たちの間での協同する様々な場面全体を包括する」概念であるとされ、ここで協同しているアクターたちは「必ずしも階統制的構造により秩序づけられている訳ではなく」、必要に応じて関連組織、行政管理者、そして当該地域の代表者たちにアクセスしたり、場合によっては当該地域外の空間にもアクセスしたりしているという。André-Jean ARNAUD et Vincent SIMOULIN, « GOUVERNANCE TERRITORIALE », Alistair COLE, Sébastien GUIGNER, Romain PASQUIER (dir.), *Dictionnaire des politiques territoriales*, Presses de Sciences Po, 2011, pp.265-271. そのほか、フランスにおけるこの分野の研究書として、次のものも参照。Romain PASQUIER, Vincent SIMOULIN et Julien WEISBEIN (dir.), *La gouvernance territoriale : Pratiques, discours et théories*, L.G.D.J. 2007.

（32） 神野直彦「ポスト工業化時代の都市ガバナンス――その政治経済学――」、神野直彦ほか編『都市のガバナンス（岩波講座・都市の再生を考える・第二巻）』（岩波書店、二〇〇五年）、七―三九頁。

# 第Ⅰ部　フランス「近隣民主主義」の諸相

# 第一章　思　想――「地域民主主義」の思想形成――

## 第一節　フランスの地方制度をめぐる三つの改革課題

一九八一年のフランス共和国大統領選挙に当選したフランソワ・ミッテラン（ピエール・モーロワ左翼連合政府）のもとで「地方分権改革」（一九八二年）が実施された当時、フランス左翼が元来「ジャコバン主義者＝中央集権主義者」であるとの観点から、「フランス左翼による地方分権改革」のパラドクスを強調する議論もみられた。しかし、この一九八二年改革の法案起草作業にあたった内務省地方公共団体総局の局長ピエール・リシャール（Pierre RICHARD）が、すでにジスカールデスタン率いる中道右派政権下の一九七八年に上程された「地方自治体の責任促進法案（ボネ法案）」の準備作業にも携わっており(1)、もしその条文化作業が一九七〇年代後半の段階で相当程度進められていたという事実を踏まえるならば、地方分権改革を実行に移した政権担当者の政治的イデオロギーと直結させ、議論することにさほどの意味は見出せなくなる。

むしろ逆に次の事実のなかからわれわれが見出すのは、政権の違いをこえて継承される地方制度改革への問題意識である。すなわち、二〇〇二年の共和国大統領選挙において再選されたジャック・シラクが最初の首相に任命した同

【資料１－１】　第五共和政下における主要な地方制度改革

| 大統領（首相） | 党派・陣営 | 法律（法案）の名称 | 改革期間 | 成否 |
|---|---|---|---|---|
| ドゴール（クーヴ＝ド＝ミュルヴィル） | 右翼 | 「レジオン創設と上院改革」（国民投票） | 1963―69年 | 否決 |
| ジスカールデスタン（バール） | 中道右派 | 「地方自治体の責任促進」 | 1978―81年（審議期間） | 廃案 |
| ミッテラン（モーロワ） | 左翼連合 | 「コミューン、県、レジオンの権利と自由」 | 1982―83年 | 成立 |
| シラク（ラファラン） | 右翼 | 「地方の自由と責任」 | 2003―04年 | 成立 |
| サルコジ（フィヨン） | 右翼 | 「地方公共団体改革」 | 2010年 | 成立 |

じく新ドゴール派のジャン＝ピエール・ラファランは、序章ですでに述べたように、就任当初から「地方分権改革・第二幕（Acte II）」への強い意思を表明し、実行に移した人物であるが、彼は第一次地方分権改革を実施したモーロワ元首相を委員長とする「地方分権化の将来にかんする委員会（モーロワ委員会）」（二〇〇〇年）が設立された際、「フランス・レジオン協会」を代表して同委員会にメンバー入りしていたのである[2]（同委員会にかんしては本書第三章で詳述）。

ともあれ、第五共和政下における主要な地方制度改革を一覧にした時、そこにあるのは、改革そのものに対する政権間の温度差ではなく、初代大統領シャルル・ドゴール（Charles de GAULLE）に始まる歴代政権がその当時直面していた具体的な改革課題である[3]（【資料１－１】参照）。

フランス第五共和政下におけるこれら一連の地方制度改革において議論された論点は、おおむね次の三つに絞り込むことが可能である。

①レジオン創設（コミューンと県に追加して国土整備政策の中心を担う広域行政圏としてのレジオン設置）

②コミューンの責任強化と自由化（より責任を担える基礎自治体への再編と、都市自治体に対する国の関与の緩和促進）

③地域民主主義の強化（自治体当局からの情報開示と住民からの意見聴取

＝諮問型住民投票）

これら三つの課題に分類した上で、アルジェリア問題に決着を付けてドゴール大統領が政権基盤強化戦略としての地方制度改革を開始した一九六二年から、第二期シラク政権（ラファラン右翼・中道右派政府）のもとで第二次地方分権改革（二〇〇三―〇四年）が実施されるまでの展開（改革政策、政府レポート、社会運動、政策綱領）を年表化すると、【資料1―2】のようになる。(4)

ここに抽出した三つの改革課題のうち、ある課題は政権横断的に継承され、ある課題は特定の政治潮流による選好の対象となっていた。そしてこれらの課題のうち、地域民主主義の強化論議に強くコミットしてきた潮流を、本書では「自主管理」派と呼ぶことにする。フランスにおける「自主管理社会主義」思想の主唱者の一人であったピエール・ロザンヴァロンは、一九六八年の「五月事件」以降、代表制と行政システムがともに制度疲労を起こしているとの診断に基づいて、「市民社会の活力」に期待する議論がフランス社会で高まりをみせるなか、この問題はしばしば「政治文化」という言葉で言及され、議論され、そしてフランス社会党の「第二左翼」（後述）の信奉者たちは、「自主管理（autogestion）」という理念を掲げ、地方分権政策を主張する社会運動を展開するようになったとしている。(5)

いまロザンヴァロンによって例示された人々こそ、自治体の政策決定過程への市民の参加（政策思想としての地域民主主義）を理念に掲げ、一九七〇年代に諸都市の市政改革運動を展開した、本書が「自主管理」派と呼ぶ人々のことであるが、彼らが主唱した政策思想としての地域民主主義はどのようなプロセスを経て登場してきたのか。本章の目的は、その前提作業として、「地域民主主義」の思想がどのように形成されたのかを、まず一九六〇年代以降のフランスにおいて発展を遂げた「自主管理」と「参加民主主義」との関連において歴史的にあとづけることにある。

そこでまず第二節では、自主管理と参加民主主義という二つの概念が、一九六〇―七〇年代のフランスにおいてど

## 【資料１－２】フランス第五共和政下における地方分権改革年表

| | ①レジオン創設 | ②コミューンの責任強化と自由化 | ③地域民主主義の強化 |
|---|---|---|---|
| 1960年 | 1962年アルジェリア独立、憲法改正の国民投票で共和国大統領直接公選制導入、総選挙でドゴール派大勝 | | |
| | ドゴールの政権基盤強化戦略<br>官選レジオン知事への<br>機能分散化（集権化）<br><br>ドゴールのリヨン演説（1968年）<br>「レジオン創設」改革国民投票<br>法案（1969年）<br>~~地方公共団体化~~<br>~~職能代表制議会設置~~ | | |
| 1970年 | 1971年エピネー大会→新生「社会党」成立=ミッテランの左翼大連合（社共共闘）路線（政権獲得戦略） | | |
| | レジオン主義者の<br>新生社会党加入 | ジスカールデスタンの<br>政権基盤強化戦略<br><br>『ギシャール委員会報告』<br>（1976年） | 社会党「地方制度討論会」<br>（1971年）<br>『社共共同政府綱領』（1972年）<br><br>社会党『1977年コミューン議会<br>選挙へ向けた政策綱領』 |
| | 1976年県議会選挙／1977年コミューン議会選挙（左翼陣営伸張） | | |
| 1980年 | | 「地方自治体の責任促進」<br>改革法案（1978年）<br>~~弱小コミューンの再編による~~<br>~~基礎自治体の責任能力強化~~<br>《政権交代により流産》<br><br>社会党『社会主義プロジェ』<br>（1980年） | 「地方自治体の責任促進」<br>改革法案（1978年）<br>~~自治体活動への市民の参加~~<br>《先送り》<br>↓<br>↓<br>↓ |
| | 1981年大統領選挙→ミッテラン初当選（モーロワ左翼連合政府成立） | | |
| 1990年 | 第一次地方分権改革<br>（1982－83年）<br>レジオンの地方公共団体化 | 第一次地方分権改革<br>（1982－83年）<br>官選知事による対コミューン<br>統制・後見監督の緩和 | 第一次地方分権改革<br>（1982－83年）<br>~~自治体活動への市民の参加~~<br>《先送り》<br>↓<br>「地域民主主義」改革<br>（1992年）<br>情報公開・<br>諮問型住民投票制度 |
| | 1997年国民議会選挙→左翼陣営勝利（ジョスパン多元的左翼政府成立） | | |
| 2000年 | 『モーロワ委員会報告書』<br>（2000年）<br>レジオンの重点化 | 『モーロワ委員会報告書』<br>（2000年）<br>弱小コミューンの自治体間協力 | 『モーロワ委員会報告書』<br>（2000年）<br>住区評議会制導入<br>↓<br>「近隣民主主義」改革<br>（2002年）<br>新設「住区評議会」制 |
| | 2002年大統領選挙→シラク再選（ラファラン右派政府成立） | | |
| | 第二次地方分権改革<br>（2003－04年）<br>レジオンの憲法明文化 | 第二次地方分権改革<br>（2003－04年）<br>補完性の原則・財政自主権の原則 | 第二次地方分権改革<br>（2003－04年）<br>決定型住民投票制度 |

のように形成されていったのかについて考察する。これら二つの思想にはそれぞれ異なるルーツが認められるが、その後、多様な概念的発展を経験し、最後には、これら二つの思想がいずれも中央集権国家を批判し、代表制民主主義の補正・補完をめざす思想諸潮流の活動領域において論じられるようになる。

そして、これらの思想の主要な実践の場の一つとして「地域」が措定される時、地域民主主義思想が成立する素地が形成される（一九七四年における「コミューンの自主管理」の理念の登場）。そこでつづく第三節では、地域民主主義の思想がどのように形成されてきたのかについて、自主管理と参加民主主義という二つの思想に当時コミットしていたフランス社会党内の諸潮流が「地域」や「自治体」の問題を当時どのように捉えていたのかという観点から明らかにしていく。

## 第二節　参加民主主義と自主管理の思想

### （一）「参加民主主義」と「自主管理」の概念とそのルーツ

クロフォード・ブラウ・マクファーソンは、周知のように四つの民主主義モデル（理論）を設定し、それらを発展的諸段階として位置づけるとともに、第三のモデルである「均衡的民主主義」に対する批判として第四のモデルとしての「参加民主主義」を提唱したが、彼によれば、参加民主主義は「一九六〇年代の新左翼学生運動のスローガンとして始まった」とされ、それは疑いもなく「肉体労働者とホワイトカラー労働者両方のなかの仕事に対するますます増大する不満と、さらに広がった疎外感――それはその後、社会学者、経営専門家、政府の調査委員会、大衆的ジャー

ナリストの流行のテーマとなった――の派生物として、一九六〇年代と七〇年代に労働者階級のなかにひろまった」という。(6)

またフランク・カニンガムは、参加民主主義論の「起源」にかんして自身の「意見を留保する」としながらも、少なくとも北アメリカに限っていえば、「一九六〇年代半ばに始まる対抗型の政治的試み」がその起点にあったと述べている。カニンガムによれば、この時代には学生運動や女性たちの運動、あるいは市民権や平和を求める様々な運動が形成され、そのメンバーたちは、既存の代表制民主主義という諸制度では自らの関心が政治的に表現されるには不十分であると考えたが、こうした関心はそれなりに公衆の意識に入り込んでいたし、公私を問わず諸制度の改革を呼ぶことになったのは、多くの人々が、総じて、参加民主主義の理論により規定された共通の大義に結束し、直接参加という方法に訴えることができたからであるとされる。(7)

以上のように、マクファーソンとカニンガムは、労働者や学生、そして市民たちの「参加」の必要性が声高に叫ばれるようになった時代背景に極めて類似したものを見出しているようにみえる。そして、キャロル・ペイトマンが一九七〇年に上梓した『参加と民主主義理論』(8)は、考察の対象が職場における労働者たちの参加（産業民主主義）に限定されているとはいえ、そこで示されている問題意識は、まさにそうした時代状況を反映したものとなっている。ペイトマンは、労働者たちの「参加」という行為が彼らにどのような心理的効果（政治的社会化）をもたらすのかに関心を寄せつつ、一方では英国の企業（プラスチック・レジン製造会社スコット・ベーダー・コモンウェルス社など）における社員の経営参加、他方ではユーゴスラビアにおける労働者の自主管理制度をそれぞれ対象として、データに基づく分析をおこない、「参加することによって必ずや参加を学ぶことができ、政治的有効感も参加型の環境において発達するというルソー、ミル、およびコールの主張が立証資料によって支持」(9)されたとの結論を導き出している。

そして、自主管理と参加民主主義という二つの思想のフランスにおける形成過程について歴史的観点から検討したエレーヌ・アツフェルドは、こうした観点からみえてくるフランスの一九七〇年代とは、まさに「国家型中央集権主義への批判」が高まった時代であり、フランス国内の「社会主義諸勢力が様々な社会改造計画を唱道した時代」であり、「労働運動や都市運動が高揚した時代」であり、フェミニズムやエコロジーなどの「新しい社会運動が台頭した時代」であったと述べており[10]、マクファーソンやカニンガムが見出した新しい動向は、フランスにも一定の共通性をもって見出すことができそうである。

とはいえ、この時代に登場した参加民主主義と自主管理という二つの概念のフランスにおけるルーツをたどっていくと、実際にはそれぞれ異なる二つの領域にたどり着くことになる[11]。ここではまず、これら二つの概念のルーツをたどる作業から始めてみたい。

### 1　フランスにおける参加民主主義概念のルーツと発展

マクファーソンによれば、参加民主主義の「新しい精神の一つのあらわれ」は「工業における労働者統制（ワーカーズ・コントロール）の運動の興起」であるとされる[12]。アツフェルドも、フランスにおける参加民主主義概念のルーツを「経済領域」[13]に求めており、まさに労働者による経営参加を求める動きにその起点を見出しているといえる。

一九六〇年代にフランスにおいて参加にかんするコンセプトや具体的施策[14]を発展させたのはドゴール政権（一九五九―六九年）であり、そこには明らかに政治的な意図が含まれていた。すなわち、経済管理の近代化には労働者の経営参加が必要となるといった議論、あるいは、労働者の経営参加には階級闘争イデオロギーやフランス共産党の影響力への対応策としての役割があるといった議論である。もっとも、労働者による経営参加の理念はすでに一九五〇年代から労働運動の領域に影響を与えており、とりわけキリスト教左派勢力やのちにフランス労働民主同盟（以下、ＣＦＤＴと表記）[15]へと移行したフランス・キリスト教労働者同盟（ＣＦＴＣ）[16]の多数派（再建派）は、一九五〇―六〇年代には、労働者の経営参加という理念が、暴力的手段に訴えることなく、労働者を決定の場に近づけるものであるとして、この考え方に強くコミットしていた。ただし、労働運動のなかに警戒論が存在していたことも事実である。右派勢力からは労働者の参加が「社会」への行き過ぎた妥協であるとの批判が加えられ、左派勢力からは労働者の参加を通じた階級間協調や支配階級への妥協を危惧する声があがっていたという。

さらに一九六八年の「五月事件」を経験すると、参加の概念は経済領域の外へと拡張していった。公権力はこの事件において高揚した学生や労働者による反体制運動への対応策として、この理念を利用し、大学改革やその他の制度改革計画を提案したのである。また、一九六九年に提案されたジャック・シャバン・デルマス（Jacques CHABAN-DELMAS）の「新しい社会（nouvelle société）」論において、参加に重要な位置づけが与えられていたことは、周知の通りである。

このように、「五月事件」はフランスにおける参加の概念史においても一つの転機となったが、アッフェルドによれば、さらにドゴール大統領が提案した一九六九年の国民投票法案が否決され、大統領が引責辞任すると、それ以降、参加の理念自体が変容を遂げていき、徐々に代表制民主主義に対する限界性批判の言説として利用されるようになったという。すなわち、一九七〇年代以降展開されるようになった代表制民主主義の限界性批判の対象は、例えば政治的代表者と社会諸勢力（フランスでは「フォルス・ヴィーヴ（forces vives）」と呼ばれる）との間での亀裂の拡大、行きすぎた国家の中央集権主義、そして、選挙と選挙の間に市民が陥りがちな無責任な態度など多岐にわたったが、同じ時代に、組織社会学者のピエール・グレミオンは従来地域政治エリートにより担われてきた伝統的な中央・地方間の仲介機能が危機にあるとし、[17]元首相のピエール・マンデス・フランス（Pierre Mendès-France）は「参加型民主主義（démocratie de participation）」の必要性を訴え、「クラブ・ジャン・ムーラン（Club Jean Moulin）」は地方分権改革を要求したというのである。[18]

ただし、ここで提案された（代表制民主主義の限界性批判としての）参加民主主義が有すべき目的や手段に一貫性はなく、参加民主主義の諸制度による民主主義の新しい可能性の探求や代表制民主主義が抱える様々な欠陥の補完、諸機関の管理方法の刷新や地域社会の崩壊にともなう地域の様々なコンフリクトの予防など、極めて多様であった。以上をまとめると、フランスにおける参加民主主義は、労働者の経営参加の理念と代表制民主主義の限界性批判という二つの要素を合わせもつ概念になったものと考えることができるが、アツフェルドによれば、そこには次のような三つの背景があったとされる。

①諸制度の近代化および効率化への社会的要請の高まり
②都市自治体が自己統治能力を示すためにおこなった様々な実験
③キリスト教左派による階級闘争とは異なる路線の追求

そして③は、後述するように、参加民主主義と自主管理という二つの概念が発展するプロセスにおける一つの交差部分でもある。

## 2　フランスにおける自主管理概念のルーツと発展

自主管理の理念は、「社会主義は労働者自身によって実践されなければならない」とする労働運動の伝統に基礎を置いており、ピエール＝ジョゼフ・プルードン（Pierre Joseph Proudhon）が発展させた「連合主義（associationniste）」

的潮流、さらにはアナルコサンディカリスムなどとともに、代表制・代議制・選挙といった既成の諸制度そして何よりも既成政党に対する不信を共有する。

フランスでは一九六八年の「五月事件」から一九八一年のミッテラン左翼連合政権成立までの十数年の間、数多くの労働組合組織や政治組織あるいはアソシアシオンが自らのプログラムのなかで自主管理という言葉を用いていた。

その先駆者としての役割を果たしたのは、上述のように、フランスにおける参加民主主義概念の発展においても重要な役割を果たしたCFDTであった。すなわち、一九六三年にはすでに同盟傘下の繊維業労働組合連盟が自主管理という言葉を用いており、さらに化学工業の労働組合連盟があとにつづいた（一九六五年）。一九六八年五月にはCFDTとしての統一コミュニケが発表され、一九七〇年になるとついにその大会において、自主管理はCFDTのアイデンティティともいえるキーコンセプトであるとされるに至ったという。

政党や政治的アソシアシオンが自主管理の概念を採用したのもこの時代のことである。

社会党は、当時「社会主義研究調査教育センター」[19]（以下CERESと表記）を率いていた同党最左派のジャン＝ピエール・シュヴェーヌマン（Jean-Pierre CHEVÈNEMENT）の手になる『生活を変革する』（一九七二年）において自主管理というテーマを採り上げた。その後も同党は、非公式ではあるものの、『社会主義の基礎』（一九七四年）、『自主管理にかんする一四のテーゼ』（一九七五年）そして『自治体社会主義綱領』（一九七六年）においてこのテーマを発展させている。

統一社会党も[20]『トゥールーズ綱領』（一九七二年）において、その立場を明確にしており、その他の政治的アソシアシオンも、この概念に独自の解釈を加えた。すなわち、「自治体活動グループ」[21]（以下、GAMと表記。また、グルノーブルGAMの活動については本書第二章を参照）の第七回全国大会（一九七二年）、あるいは「地域社会民主教育協会」[22]（ＡＤＥＬＳ）などがこれに該当する。さらに一九七七年にはフランス共産党も参入し、当初は控えめであったものの、一九七九年の第二三回全国大会において公式にこの理念へ支持を与えた。一九八〇年になると、社会党は『社会主義プロジェ』や『多元的なフランス』において、自主管理の諸制度を構想した。

この時期に自主管理の思想が急速に受容された理由についてアッフェルドは、官僚主義や一党独裁といった言葉で当時理解されていた東欧諸国の社会主義に対するオルタナティブとして、人間の顔をした社会主義のイメージを提示するため、この概念が利用されたとの見方を示している。[23]

以上のように、フランスにおける参加民主主義の概念が経済領域を起点としつつ、その後（イデオロギー横断的に）発展したのに対し、自主管理の理念は、プルードンの「連合主義」やアナルコサンディカリスムといった労働運動の伝統に思想的な基礎を置きつつ、その問題意識は既成の諸制度（代表制、選挙、既成政党）に対する不信というかたちで示されていた。両者の間に何らかの共通項を見出すとすれば、それは上述のようにＣＦＤＴなどキリスト教左派が階級闘争とは異なる路線を追求するなかでこれらの概念を受容し、発展させた点であり、彼らは一九五〇年代にはすでに労働者の経営参加というかたちで（産業）参加民主主義の探求を開始し、一九六〇年代の前半には自主管理の概念によって、自らの運動を特徴づけていたのである。

### （二）「自主管理」概念の多面性と多様な発展

フランスにおける自主管理の思想には、上述のように、東欧諸国の社会主義に対するオルタナティブとしての役割が与えられ、このことがフランスにおける急速な受容の背景であったといえる。しかし同時に、この思想が有する多面性ゆえ、諸組織のなかで多様なイデオロギーの発展を可能としたことも、その急速な普及の背景として指摘される。

ここでは、当時多様な解釈が加えられた自主管理の概念を、さしあたり「コントロールする領域の拡張」「労働者自身による管理」「政治的・社会的力関係の根本的変革」という三つのポイントで整理することで、同概念の発展をあとづけてみたい[24]。

### 1 コントロールする領域の拡張

統一社会党の当時の見解によれば、様々な闘争から出発して、国家権力を弱体化させていき、民主主義の実践を推し進めていくなかで、自主管理への道を準備する様々な「コントロール」や「下からの対抗権力」の諸制度（生産評議会、労働者評議会、農民評議会、住区評議会、居住者評議会、利用者集団など）を構築することが可能であるという。要するに自主管理とは、社会のあらゆる部門とあらゆるレベルに、そうしたコントロールをおこなう諸制度を拡張することなのである。

労働者や居住者などによるコントロールとしての自主管理は、変革をまずもって国家によりもたらされるものと考える社会主義社会の構想から断絶を図ろうとする意思の表明であり、ここでイメージされるのは末端の諸組織が権力の一部を行使する社会主義である。

### 2 労働者自身による管理

自主管理は文字通り「自分自身で管理する」仕組みとみなされるが、その捉え方にはヴァリエーションがある。一九七二年の『社共共同政府綱領』[25]や社会党の様々な政策綱領では、自主管理はもっぱら経済領域における「民主主義的管理」の同義語として用いられており、いずれも専門官僚的ないし経営者的な組織管理のイメージに対置されている。

ただし、フランス共産党の場合は事情が異なっていた。すなわち、自主管理を専門官僚的ないしは経営者的な組織管理のイメージに対置させることは、一党独裁をイメージさせるようなソ連・東欧の社会主義という名の「亡霊」を退けるのに役だったのである。

### 3　政治的・社会的力関係の根本的変革

統一社会党、社会党内のロカール派[26]、CFDT、様々なアソシアシオンが自主管理という言葉を通してイメージしていたのが、政治的・社会的力関係の根本的変革である。したがって、自主管理は単に権力ないし権力行使のあり方を意味するだけでなく、労働や消費、あるいは科学技術などの新しい知識に対するスタンスの取り方や思考様式の根本的な変革をも意味していた。その意味で、自主管理は自ずとフランス共産党のプロジェクトとは対立する社会改革プロジェクトとなっていった。

自主管理をめぐるこうした多様なイメージは、当時のフランスの政治領域における多様な政治的立場に対応していた。自主管理を引き合いに出すことで、ある政治勢力は一九六八年の「五月事件」に由来する願望や要求をこの理念のなかに読み込み、ある政治勢力は資本主義や東欧の社会主義に代替する社会モデルを提案し、またある政治勢力はレーニン主義的モデルから距離をとったのである。

## （二）「参加民主主義」をめぐる二つのイメージ

自主管理という言葉がフランスにおいて既成の政治的諸制度（代表制、選挙、既成政党）を批判する概念として盛んに用いられていた時期、参加民主主義はそうした政治領域における諸制度を批判する概念としてはいまだ体系的に構築されていなかった。しかし、アツフェルドによれば、その後この概念は、類型をともなった厳密なレベル分けを通じて体系化されていったという。すなわち、

a．（公的機関から市民への）情報提供

b．（計画案にかんする市民からの）意見聴取

c．事前協議

という三つのレベル分けがおこなわれたのである。

これら三つの類型（とりわけ「b．意見聴取」）に対し、困難地区の荒廃に抗する運動などを展開してきたアソシアシオンからは、「見せかけの参加（participation-bidon）」に過ぎないとする批判の声が上がった。参加民主主義の評価などをめぐる激しい論争は、アツフェルドによれば、主として次の二つの議論に収斂されていったという。[27]

### 1　政治・社会システムへの抵抗手段

ここでいう参加民主主義は、職場外での様々な領域における闘争を政策のレベルへと繋げていくという、まさに当時の政治状況を反映したものである。フランス北部のベルギー国境近くに位置するルベ市（Roubaix）のアルマ・ガール（l'Alma-Gare）住区における事例[28]は、当該住区のアソシアシオンが地域住民とともに策定したプロジェクトを基礎

に、住区の活性化に成功したものとして、メディアで大きく報じられた。

特にマニュエル・カステル[29]によって理論化されたこの構想は、次のような理念に基づいている。すなわち、様々な闘争（とりわけ「都市闘争」）は、代表制の枠組みのなかでは代表され得ず、まさに「代表制に対する反抗」としての基本性格を有していた。カステルの考え方にしたがえば、参加民主主義は、都市住民や都市利用者を主体とする闘いの取り組みや対抗案の創出として理解され、代表制民主主義を（補完ではなく）代替可能なものないしは代替すべきものということになる。

## ２　代表制民主主義の限界性改善の政治的手段

他方、ここでいう参加民主主義は、代表制民主主義を補正・補完する民主主義と捉えられている。上述のクラブ・ジャン・ムーランが普及させ、社会党やアソシアシオンが繰り返し引き合いに出した参加民主主義にかんするこのイメージは、次のような理念に基づいている。すなわち、市民参加を実践していくことで、選挙と選挙の間においても、継続的な市民の動員が可能となり、議員たちに対する市民のコントロールを強化し、とりわけ彼ら市民たちの責任感を形成することになる、と。参加民主主義の役割とは、この場合、市民と議員の間をつなぐ新たな仲介者を生み出すことで、代表制民主主義の質的向上に資することにある。

そして今日のフランスにおける参加民主主義は、多くの場合、代表制民主主義の補正・補完をめざすこのイメージで捉えられている。

フランスにおける自主管理の思想は、この思想が有する多面性によって多様な概念的発展が可能であったことから、関連する諸概念を組み合わせながら、多様な発展型を生み出す一方で、参加民主主義の思想は、代表制民主主義の補正・補完を目的とした諸制度として構想され、定式化がおこなわれ、その後両者はフランス共和主義の根幹をなす中央集権国家や代表制民主主義を批判する思想諸潮流の活動領域において発展を遂げていくことになる。

これらの思想が、本書にとって最も重要な概念である地域民主主義の思想形成とどのような関係にあるのか。節を改めて検討していく。

## 第三節 「地域」の争点化

一九九〇年代以降法制度化の道を進むフランスの地域民主主義が、一つの政策思想としてどのように形成されてきたのかについて、本節では、自主管理と参加民主主義という二つの思想に当時コミットしていた社会党内の諸潮流が、「地域」をどのように捉えていたのかという観点から明らかにしていく。

### （一） 新生社会党による政策転換と「地域」の争点化

「地域民主主義」というテーマに対し、当時の社会党がどのようにコミットしていたのかについて検討したレミ・ルフェーブルは、同党が地域ないし自治体の問題に目を向けるようになったのは一九七〇年代の初頭のことであったとしつつ、同党が「地域民主主義」を主要なテーマとして頻繁に取り上げた点に、一九七〇年代における同党の特徴が認められるとしている[30]。

ルフェーブルの分析にしたがえば、当時の社会党は、一九六九年五月のアルフォールヴィル大会（Congrès

d'Alfortville）において、「社会主義労働者インターナショナル・フランス支部」[31]（以下SFIOと表記）から「社会党」（以下、本章において社会党と表記した場合はすべて党名変更後の社会党を指す）へと転換を図ったとはいえ、フランス第四共和政以来の中道連合である「第三勢力（Troisième Force）」[32]の古い体質を色濃く残し、非政治的なテーマしか採り上げないその政治姿勢は、有権者たちの要求の変化に適応不全を引き起こしていたとされる。しかし、一九七〇年代初頭に政策上の転機が訪れたことから、同党内において組織的・イデオロギー的な刷新が図られ、新しい戦略が採用されるなかで、「地域」の問題が党の主要テーマとして台頭してきたのであり、その際この地域という活動空間には新たな位置づけが与えられたという。

ルフェーブルによれば、この転換は次のようなプロセスを通じて生じたとされる[33]。すなわち、そのプロセスは、一九七一年三月のコミューン議会選挙の際、党執行部がSFIO系のコミューン議会議員たちを批判したことから始まった。SFIO系の議員たちが、コミューン議会選挙での自らの当選を優先し、コミューン議会選挙の第二回投票に先駆け中道諸党派との間で妥協を図ったことにより、その後成立した（中道連立）市政の政策が中身のないものになったというのである。しかしこの点に対する批判以降、「地域」はより政治的なものとして再定義され、この活動空間は、体制への反対運動や様々な要求運動の拠点とみなされただけでなく、社会的なイノベーションや様々な社会的実験の場としても位置づけられることになったという。

社会党市政において新しい方向性が見出され、従来ほとんど争点として採り上げられることのなかった自治体の問題が、これ以降社会党内における議論の対象となっていった。こうした自治体問題にかんする認識枠組みの修正により、党組織のあり方についても明確な方針の転換が図られた。すなわち、地方議員の役割にかんする党の定義が再確認・再定式化されるとともに、市長は有権者の筆頭代表者である前に、当該コミューンにおける党の顔であるとされた。地方選挙にかんしても方針転換が図られ、第四共和政以来の古い党の体質をイメージさせる「第三勢力」の標語は、一九七一年三月のコミューン議会選挙をもって廃止され、一九七七年のコミューン議会選挙では「左翼連合(l' Union de la gauche)」が標語として用いられるようになった。

一九七七年のコミューン議会選挙へ向けた政策綱領(後述)において、社会党は地域のレベルにおける市民の参加という斬新な政策を打ち出し、この選挙に勝利したが、ルフェーブルによれば、これは市民に開かれた民主的な政党であることを示すとともに、同党所属の地方議員たちを基盤にして同党をパフォーマンスの高い選挙マシーンとしていくという二つの至上命題を、「地域民主主義」という言説を利用することで、一度に実現しようとする同党の戦略であったとされる。

## (二) 社会党による政策転換の原動力

しかしなぜ一九七〇年代初頭になって、こうした自治体政策をめぐる方針転換が図られたのか。ルフェーブルは、上述のように、その背景を党内の体質改革戦略に求めることができるとすると同時に、この自治体政策が、社会党により当時推し進められていた行政諸段階(基礎自治体であるコミューンから頂点にある大統領に至る)での権力獲得戦略のなかに組み込まれていたことを指摘している。[34]

一九七一年六月のエピネー大会において「左翼連合路線」を掲げるミッテランを第一書記に選んだ社会党は、「第三勢力」を掲げた中道諸党派との連携やＳＦＩＯ系議員たちの古い体質などによって失っていた有権者からの信頼を取り戻すべく、党内改革を推し進めていくことになる。これにより、新しい世界観をもった若い世代が大量に党へ流入したが、古い党の体質とはおよそ相容れない彼らの活動家精神が、地方議員との間の対立を激化させることになった。その意味で、党代表メンバーの一新と一九七七年のコミューン議会選挙における左翼連合の勝利が、社会党における新しい社会的属性をもった新世代の主導権獲得を象徴していたということができる。

他方で、地域のレベルにおける政治活動の強化戦略によって、党への政治的・社会的な動員力を高めることが可能となった。このことが示しているのは、国政レベルにおいて社会党が長らく野党の地位に甘んじ、政権の座にないため、有権者からの支持獲得にマスメディアを動員できない状況を補完する役割が、そうした戦略に期待されていたということである（地域のレベルにおける党への支持獲得活動）。

### （三）　地域における社会的諸実践の担い手

こうして「地域への回帰」を果たした社会党にとって、一九七〇年代フランスの「地域」は、ドゴール政権下の官僚統制によって活力を失った保守主義の温床から変革・自治・社会的実験の場へと変化していくことになる。ルフェーブルが指摘しているように、地域が有する豊かなイメージが広く行き渡り、地域が社会運動にとって最適の活動拠点となったが、社会党がこの新しい基盤としての地域へコミットを強めることで、一部の人々にとって同党は「ミドル・クラスの党」と映るようになった。事実、「地域への回帰」を通じて社会党が見出した新しい社会的魅力は、様々な社会活動や言説と結びつけられるなかで、ミドル・クラスの社会的要請と合致するようになっていた。こうした見地に立つと、当時の「地域民主主義」には、教養と科学技術への見識を備えたミドル・クラスの人々を引きつけ、彼らの様々な願望（生活環境改善イデオロギーの広がり、文化的諸要求の充溢、都市のエコロジーや「脱物質主義的諸価値」の拡大）に応えていく、様々な魅力がみえてくるのである。

フランスでは、一九七〇年代にミドル・クラスが一つの社会階層として明確になってきたことが、数多くの先行研究によって裏づけられているが、彼らミドル・クラスの人々は、生産関係に基づく階級として構成されているわけではない。しかしルフェーブルは、彼らがまさに地域において発展させ、取り組んでいる社会的・文化的実践そのものによって、彼らを定義可能であるとする。これぞまさに「ミドル・クラスが地域を生み出し、反対に地域がミドル・クラスを生み出す」[35]といった様相であった。社会党は、地域のレベルにおけるアソシアシオンの諸活動に光を当てることで、社会的変革を導く新しい歴史的「主体」となったミドル・クラスというこの社会階層のプロモートを、政治的にサポートしたのである。

そして、この地域という新しい言説を具体化したのが自主管理をめぐる議論であった。自主管理社会への道筋はコミューンのレベルにおいてこそ開かれるとされたのである。

ルフェーブルのリサーチによれば、「コミューンの自主管理（l'autogestion communale）」というテーマが初めて登場したのは一九七四年のことであったとされる[36]。この「コミューンの自主管理」というテーマ設定により、社会党は新たなイデオロギー的清新さを手に入れることができたが、そのイデオロギー的特殊性ゆえ、つねにその概念は不明瞭なままであった[37]。

この「コミューンの自主管理」という概念について、ルフェーブルは「基礎自治体であるコミューン自身がその政策調整のあり方と手法を決定するという制度枠組みの下、コミューンにおける現実の課題にすべての市民が関与すること」と定義するが、より具体的には、都市利用者たちを都市の諸機関による事業に関与させたり、都市の諸アクターを都市の公的活動へ最大限統合したりすることを意味していたとされる[38]。

## （四）社会党「第二左翼」の地域民主主義論

地域をめぐる論議を社会党内で活性化させた要因の一つは、党内諸潮流の間で繰り広げられた論争にあった（社会党指導部の一部に限られていたとはいえ）。それは例えば、「第二左翼」と呼ばれたロカール派とＣＥＲＥＳとの間で繰り広げられた。ルフェーブルによれば、ＣＥＲＥＳは地域を重視するロカール派の路線が、社会変革を国家中心に構想する自らの路線とは相容れないとして、はっきりと一線を画そうとしていたとされる。ＣＥＲＥＳからみれば、自治体社会主義やコミューンの自主管理は無益な幻想に過ぎず、住区委員会は「階級闘争戦線」の戦略に加わるどころか、「プチ・ブルジョワ」が自らの地域政治における様々な野心を後押しするために利用されているとさえ思われたのである[39]（住区委員会にかんしては次章で詳述）。

他方「第二左翼」は一つの思想潮流を構成し、社会主義の歴史的所産のなかにある諸理念を改めて採り上げ、自分のものとして取り込み、再構成するといった作業をおこなっていたが、何よりも地域や自治体にかんする諸問題の検討に力を入れていた。ルフェーブルは、当時の「第二左翼」による地域や自治体の諸問題へのコミットぶりを理解するには、彼らの理論誌であるFaire誌[40]の各号の目次にざっと目を通すだけで十分であり、同誌の巻頭言のうち約三分の一が、そうした問題に割かれていると述べている[41]。そしてわれわれは、一九七七年のコミューン議会選挙に向けた政策綱領（後述）のなかに、その痕跡をはっきりと見出すことができる。「第二左翼」は、社会科学の諸研究を動員して、「地域」に対する徹底した検討をおこない、党の指導部や活動家から参加論への賛同を得ようと模索した。

ルフェーブルによれば、自治体における実践に方向性を与えたのは、とりわけピエール・ロザンヴァロンとパトリック・ヴィヴレが発展させた「社会的実験」の構想であったとされるが[42]、「地域」は次のようなものとして分析され、提示されたという。すなわち、「地域」は現状では社会的諸関係の再生産を強化する不活発な空間であるが、潜在的には新しい社会的諸関係を実現する場であり、社会生活の新しい形態を試みる場であり、社会的実験を試みる実験室でもある、と。

## (五) 一九七七年のコミューン議会選挙綱領における「地域民主主義」の位置づけ

社会党の一九七七年のコミューン議会選挙へ向けた政策綱領『コミューンにおける市民——社会党市政の諸提案——』(43)は、「地域」という新しい言説を採り上げることで、従来の選挙綱領を放棄した。とはいえ、この政策綱領全体が革新的というわけではなく、この新しい政策の意義は、自治体組織がこれまでおこなってきた伝統的政策(地方自治強化の要求や社会政策など)にあるとされた。

とりわけ「住民参加」というテーマがこの政策綱領に目新しさをもたらしており、優先課題の一つである「生活環境改善」というテーマと結びつけられた。すなわち、参加を通じて「各人が自らの個人的・集団的な欲求を満足させることのできる生活環境を創出すること」が重要である、と。また、土地占有計画や建築許可はコミューンが所管する公的事務であるが、都市計画を進めていくとなれば、地域住民を巻き込んでいく必要がある。社会党は都市計画策定への住民参加を可能とすべく、学際的な専門家が集い、都市の諸問題を多面的に検討し、住民の前で地方議員と民主的な討議をおこなう都市計画と建築にかんする作業チームの設置を提案している。

この政策綱領はさらに、こうした都市計画の領域にとどまらず、より一般的な地域民主主義にかんするルールの再定義が必要であるとしており、このことは「形式民主主義」という古典的モデルに基づく制度枠組みを覆すことを意味した。もはや地域民主主義を「行政手続きや形式的なセレモニーのなかに」押しとどめるべきではなく、民主主義は、継続的なプロセスでなければならないのであって、有権者が必要に応じて市当局に対しておこなう釈明要求に堕してはならないというのである。

とはいえ、この新しい選挙綱領において代表制原理が検討に付されることはなかった。というのも、ルフェーブルによれば、住民との自治体権力の分有（自治体の政策決定への市民の参加）というテーマについて、社会党内には根強い反対論があったためであるという。参加民主主義が代表制民主主義を代替する（補完ではなく）ことは全く不可能なことであって、選挙綱領の言葉を借りるならば、参加民主主義にできるのは、あくまでも「代表制民主主義を拡充し、補完すること」であるとされた[44]。

このように、社会党が一九七七年の選挙綱領において想定していた「地域民主主義」とは、前節で検討した「代表制民主主義の限界性を改善するための政治的手段としての参加民主主義」の地域における実践ということになる。そしてこの選挙綱領が提示する「地域民主主義」の実践方法は、前節で整理したように、参加民主主義における三つのレベル分け（情報提供・意見聴取・事前協議）のうち、次の二つに対応するものと考えることができる。

【情報提供】　市政だよりの無料配布、市政にかんする資料の内覧、地元のテレビや新聞

【事前協議】　市の特別委員会、住区評議会[45]

一九七七年の選挙綱領は、こうした参加民主主義としての「地域民主主義」において想定される実践方法だけでなく、より一般的な課題として、自由で民主的な中間諸団体（居住者評議会やその他のアソシアシオン）の結成と発展を支援していくとしている。すなわち、こうした団体の活動を通じて、地域住民の様々な要求をくみ取ることや住区

にある施設の管理を可能な限り住民に委託すること、さらには、市当局が実施する政策を最大限普及させるため、すべての市民、とりわけすべての若者を決定準備の段階や行政管理の段階に関与させることが可能になるとされたのである。

社会党が「地域民主主義」を積極的に争点として採り上げていた一九七〇年代、フランスの諸都市には「自治体活動グループ（ＧＡＭ）」の運動が登場し、自治体改革の必要性を訴え、地方選挙で躍進をつづけていた。次章では、「地域民主主義」を理念に掲げ、自治体改革運動を展開したフランス南東部の中規模都市グルノーブルのＧＡＭに焦点を当て、彼らの運動がどのような内容を有していたのかについて、当時住民向けに配布されていた活動交流紙を一次資料として参照しながら明らかにしていく。

（1） 一九八一年にミッテラン政権下で成立するピエール・モーロワ左翼連合政府の内相兼地方分権相に就任したガストン・ドフェールは、地方分権改革の法案起草作業をリシャールに任せるべく、彼を呼び戻し、地方公共団体総局長のポストに据えた。その経緯については、拙稿「一九七〇年代フランスにおけるジャコバン国家の変容と地方分権改革――ある内務高級官僚の歴史的役割と分権化構想――」（『立命館法学』二〇〇五年度第二・三号、第三〇〇号記念論文集、二〇〇六年一月）を参照。

（2） Pierre MAUROY, *Refonder l'action publique locale : rapport au Premier ministre*, Commission pour l'avenir de la décentralisation, La Documentation Française, novembre 2000, p.143.

（3） 筆者は、第五共和政下の歴代政権による地方分権政策が、まさに基盤強化（政権獲得）戦略の一部として展開されたとの見地に立っている。これら一連の論点については、拙著『フランス地域民主主義の政治論――分権・参加・アソシアシオン――』（御茶の水書房、二〇〇五年）を参照。

（4）サルコジ政権期（二〇〇七―二〇一二年）に実施された地方公共団体改革は、「地方公共団体改革にかんする二〇一〇年一二月一六日の法律（Loi n°2010-1563 du 16 décembre 2010 de réforme des collectivités territoriales）」に基づくものであり、大統領からの要請に基づきエデュアール・バラデュール元首相を委員長とする「地方自治体改革委員会」が報告書を提出し（二〇〇九年三月五日）、国会がこれを審議し、法制化した。Le Comité pour la réforme des collectivités locales présidé par Eduard BALLADUR, *Il est temps de décider : Rapport au Président de la République* (*le 5 mars 2009*), Fayard La documentation Française, 2009. 改革項目としては、レジオン議会議員と県議会議員を廃止して、新たに創設される地域議員に統合する「地域議員（conseiller territorial）の創設」、人口五〇万人以上の都市圏が昇格可能とされる「メトロポール（métropole）の創設」、「コミューン、県、レジオンの合併手続きの簡素化と新設」、そして「広域連合体の発展と単純化」の四つが挙げられる。ただし、二〇一二年五月に成立した社会党のオランド左翼連合政権は、前政権の下でおこなわれた改革の見直しを打ち出し、例えば新設の「地域議員」については一度も選挙が実施されないまま廃止されることになった。

（5）Pierre ROSANVALLON, *Le Modèle politique français : La société civile contre le jacobinisme de 1789 à nos jours*, Seuil, 2004, pp.418-429.

（6）Crawford Brough MACPHERSON, *The Life and Times of Liberal Democracy*, Oxford University Press, 1977, p.93. クロフォード・ブラウ・マクファーソン（田口富久治訳）『自由民主主義は生き残れるか』（岩波新書、一九七八年）、一五三―一五四頁。

（7）Frank CUNNINGHAM, *Theories of Democracy : A Critical Introduction*, 2002, p.141. フランク・カニンガム（中谷義和・松井暁訳）『民主政の諸理論――政治哲学的考察――』（御茶の水書房、二〇〇四年）、二〇九―二一〇頁。

（8）Carole PATEMAN, *Participation and Democratic Theory*, Cambridge University Press, 1970. キャロル・ペイトマン（寄本勝美訳）『参加と民主主義理論』（早稲田大学出版部、一九七七年）。

（9）*Ibid.*, p.105. 同前、一九六―一九七頁。

(10) Hélène HATZFELD, « De l'autogestion à la démocratie participative : des contributions pour renouveler la démocratie », Marie-Hélène BACQUÉ et Yves SINTOMER (dir.), *La démocratie participative. Histoires et généalogies*, La Découverte, coll. « Recherches », 2011, p.51.

(11) *Ibid.*, p.51を参照。なお、参加民主主義と自主管理という二つの概念がフランスにおいてどのように発展を遂げたかにかんするそれ以降の叙述は、その多くをアツフェルドの研究成果に依っている。

(12) MACPHERSON, *op.cit.*, 1977, p.93. マクファーソン、前掲書、一九七八年、一五三頁。

(13) HATZFELD, *op.cit.*, 2011, p.51.

(14) アツフェルドによれば、具体的な施策のレベルで「労資間の利益分配制」を確立したのは、一九五九年のオルドナンスであったとされる。同オルドナンスは、その目的を「企業から労働者への利潤分与ないし利益配分の強化」にあると定めており、給与労働者による利益分配、資本や企業経営への参加、さらに企業委員会や従業員代表といった中間機関によるコントロールを提案していた。一九六七年には、二つのオルドナンスが、従業員一〇〇名以上の企業に対し、これを義務づけた。*Ibid.*, p.52.

(15) Confédération française démocratique du travail

(16) Confédération française des travailleurs chrétiens

(17) Pierre GRÉMION, *Le pouvoir périphérique : Bureaucrates et notables dans le système politique français*, Seuil, 1976. 組織社会学派のグレミオンが同書において展開している「周辺権力」論については、拙著『フランス地域民主主義の政治論——分権・参加・アソシアシオン——』(御茶の水書房、二〇〇五年)の第六章を参照。なお、組織社会学派とは、一九六一年にミシェル・クロジェ(Michel CROZIER)によって設立された「組織社会学センター(Le Centre de sociologie des organisations)」を拠点とする研究者集団を指す。

(18) Club Jean Moulin, *Les citoyens au pouvoir : 12 régions 2000 communes*, Le seuil, 1968. クラブ・ジャン・ムーラン編(荻田保監訳)『広域行政——権力を市民の手に——』(鹿島出版会、一九七〇年)。また、クラブ・ジャン・ムーランの地方分権論については、拙著、二〇〇五年の第三章を参照。

（19）Centre d'études, de recherches et d'éducation socialiste.

（20）Parti socialiste unifié

（21）Groupe d'Action Municipale

（22）Association pour la démocratie et l'éducation locale et sociale

（23）Hélène HATZFELD, *op.cit.*, 2011, p.54.

（24）*Ibid.*, p.55.

（25）*Programme commun de gouvernement du Parti communiste française et du Parti socialiste*, 1972.「フランス共産党および社会党の共同政府綱領」（『統一戦線と政府綱領』、新日本出版社、一九七四年）。

（26）「地方分権化」や「地域民主主義」といったテーマに当時最もコミットしている政治家として知られ、のちに首相として左翼連合政府を率いることになるミシェル・ロカール（Michel ROCARD）のグループ。

（27）Hélène HATZFELD, *op.cit.*, 2011, p.56.

（28）このアルマ・ガール住区での出来事は一九六七年に始まる。この時、同住区の住民たちは、市が計画している都市再生のための旧市街地解体事業に反対するため、「生活環境組合連合（la Confédération Syndicale du Cadre de Vie)」の支援を受け、立ち上がった。この抵抗運動は一九七三年に市当局のカウンターパートとして制度化され、活動家や住民は市からの財政支援を得て、専門家や研究者に理論的な支援を求めていくことになる。彼らの取り組みは、住区住民に開放された「都市開発住民工房（Atelier Populaire d'Urbanisme)」（ＡＰＵ）のなかで、すべておこなわれることになり、住区住民たちは定期的にこの場所を訪れ、アルマ・ガール住区の将来について議論を交わした。ルベ市が属するノール県には、以前から「クレー（courée)」と呼ばれる、貧困地区の不衛生な建物が共有する中庭が点在していたが、ＡＰＵはそうした空間のクオリティに配慮した対案を策定し、都市再生・再開発事業においてもその保全が重要であるとした。一九七八年、ついにルベ市役所は、ＡＰＵが提示した対案を事業のグランドデザインに取り込み、住民や専門家との緊密な連携において構想された、当該住区の施設整備方針にかんする考え方を受け入れた。Thomas FRINAULT, *Le pouvoir territorialisé en France*, Presses Universitaires de Rennes, 2012, p.254.

(29) Manuel CASTELLS, *Luttes urbaines et pouvoir politique*, Maspero, 1975.

(30) Remi LEFEBVRE, « Retour sur les années 1970, Le Parti socialiste, l'autogestion et la démocratie locale », BACQUÉ et SINTOMER（dir.）, *op.cit.*, 2011, pp.65-67. を参照。なお、「地域民主主義」というテーマに対し、当時のフランス社会党がどのようにコミットしていたのかにかんするそれ以降の叙述は、その多くをルフェーブルの研究成果に依っている。

(31) Section française de l'Internationale ouvrière.

(32) 森本哲郎によれば、「第三勢力とは要するに左右の反体制派（共産党とゴーリスト）を排除して第四共和制擁護の左右の穏健派（社会党、急進社会党、ＭＲＰ〔人民共和運動〕、保守諸派）が形成した連合勢力のこと」であるとされる。渡辺和行・南充彦・森本哲郎『現代フランス政治史』（ナカニシヤ出版、一九九七年）、一六二頁。なお、同勢力による政治の特徴について、中木康夫は「ドゴール派および共産党という、左右の反米勢力を排除した、マーシャル・プラン受け入れの政治体制にほかならなかった」と述べている。中木康夫・河合秀和・山口定『現代西ヨーロッパ政治史』（有斐閣ブックス、一九九〇年）、一六〇頁。

(33) Remi LEFEBVRE, *op.cit.*, 2011, pp.67-68.

(34) *Ibid.*, pp.68-70. なお、筆者も一九七〇年代の社会党による新しい自治体政策が、一九七一年六月のエピネー大会において党の第一書記に就任したミッテランによる政権獲得戦略（一九八一年の大統領選挙においてミッテランが当選）の重要な部分をなしているとの立場にある。この点については、拙著、二〇〇五年の第三章を参照。

(35) Remi LEFEBVRE, *op.cit.*, 2011, p.69.

(36) 次の文献のなかのオリヴィエ・コルペ（Olivier CORPET）のテクストに見出されるという。*Communes de France*, 1974, p.136. Cité dans Remi LEFEBVRE, *op.cit.*, 2011, p.69.

(37) Pierre ROSANVALLON, *La démocratie inachevée* ： *Histoire de la souveraineté du peuple en France*, Gallimard, Bibliothèque des histoires, 2000, p.409.

(38) Remi LEFEBVRE, *op.cit.*, 2011, p.70.

(39) *Repères*, 42, 1977. Cité par Remi LEFEBVRE, *op.cit.*, 2011, p.70.

（40）ピエール・ロザンヴァロンは、この当時、同誌の編集に携わるとともに、一九七七年まで「フランス労働民主同盟」の *CFDT aujourd'hui* 誌の編集長を務めていた。Pierre ROSANVALLON et Patrick VIVERET, *Pour une nouvelle culture politique*, Le Seuil, coll. Intervention, 1977.

（41）Remi LEFEBVRE, *op.cit.*, 2011, p.70.

（42）ルフェーブルは、特に次の論文を参照すべきとしている。Pierre ROSANVALLON et Patrick VIVERET, « La gauche et l'expérimentation sociale », *Faire*, 25, 1977. Remi LEFEBVRE, *op.cit.*, 2011, p.70.

（43）*Citoyen dans sa commune. Propositions municipales socialistes, élections municipales de 1977.*

（44）*Citoyen dans sa commune*, 1977, p.46. Cité par Remi LEFEBVRE, *op.cit.*, 2011, p.71.

（45）ただし、ルフェーブルはこの事前協議にかんする提案は、極めて不明瞭であるとの但し書きを付している。すなわち、一九七七年の選挙綱領は、住区評議会が住区レベルにおけるコミュニティの統合を回復し、「全般的であると同時に、意見聴取的で既存の領域セクターに関連するような権限」を保有する必要があると述べているからである（傍点は中田）。*Citoyen dans sa commune*, 1977, p.142. Cité par Remi LEFEBVRE, *op.cit.*, 2011, p.71.

# 第二章　運　動――「地域民主主義」の運動発展史――

前章では、「近隣民主主義」の思想的源流とみなされる「地域民主主義」の思想がどのように形成されたのかについて、一九六〇年代以降のフランスにおける参加民主主義や自主管理の思想の発展プロセスと関連づけつつ、歴史的にあとづけるとともに、これら二つの思想に当時コミットしていたフランス社会党内の諸潮流が地域や自治体の諸問題を当時どのように捉えていたのかという観点から明らかにした。

これを踏まえ、本章の目的は、一九七〇年代のフランスに登場したこの政策思想としての地域民主主義が、フランスの諸都市における自治体改革運動のなかでどのように鍛え上げられていったのかについて、まさにその運動発展史の観点から明らかにするとともに、これがその後様々な参加民主主義制度へと「翻訳」されていく過程において、どのような困難に直面したのかについて検討することで、参加民主主義の制度化をめぐる特殊フランス的な土壌について明らかにすることにある。

そこでまず第一節では、フランスの諸都市において「自治体活動グループ（ＧＡＭ）」が台頭した時代背景やその運動の担い手について整理する。つづく第二節では、フランスの社会党が「地域民主主義」を積極的に争点化していた一九七〇年代、この政策思想を掲げ、自治体改革に取り組んでいたフランス南東部の中規模都市グルノーブル市のＧＡＭ運動を具体的事例として採り上げ、彼らが展開した自治体改革運動がどのような内容を有していたのかについて、当時住民向けに配布されていた活動交流紙を一次資料として参照しながら明らかにしていく。

アルベール・マビローは、かつて「地域権力と市民が接近をはかることによって、地域住民自ら自治体の諸問題について決定を下すことができる」とする「地域民主主義の革新的パースペクティヴ」が、「一九七〇年代には、体系化された様々な提案を作成するGAM運動」を生み出し、これらの提案はやがて「政治クラブや、地方分権改革に先だって提出された重要行政レポートによって共有される」ことになったと評価した(1)。しかし、彼らがめざした地域民主主義の法制度化は、そのプロセスにおいて大きな障害に直面することになる。

そこで第三節では、政策思想としての地域民主主義が困難に直面せざるを得なかったフランス固有の政治的・制度的事情について整理し、それがどのような社会的条件の変化によって乗り越え可能となったのかについて明らかにする。

## 第一節　GAM運動台頭の時代背景と担い手

フランスの諸都市における住民参加の仕組みは、一九六〇年代以降高まりを見せたコミューン当局と地域社会との対立のなかで発展を遂げてきたとするトマ・フリノーは、そこでの住民の組織化が、とりわけ住区という枠組みにおいて多少とも制度的な形態をとりつつおこなわれた点に、フランス的特質を見出している。このように、住民の組織化が住区の単位でおこなわれた結果、市街地では自営業者たちの団体が組織され、低家賃住宅が建ち並ぶ地区では居住者たちの団体が組織されたりした。しかし、急速な都市化の進行や野放図な建設ラッシュを前に、住民運動の矛先は国や住宅管理者だけでなく、コミューン当局にも向けられていき、さらに運動団体自体も不満を抱いている争点ごと、あるいは居住する住区ごとに再編成されていくなかで、それらの運動団体はコミューンや都市圏ごとに連合体を形成していったという(2)。

一九六〇—七〇年代のフランス諸都市に登場した、これらの社会運動のうち、コミューン当局に対して都市整備政策の決定過程を民主化するよう求める運動は、その多くが自らを「住区委員会（comité de quartiers）」と名乗り、フリノーによれば、早くも一九五五年にはセーヌ＝サン＝ドニ県のサン＝ドニ市（Saint-Denis）に登場し、一九六〇年代後半までにはさらに多くの都市へと拡大していったとされる(3)（住区委員会のその後の機能拡大については本章第三節を参照）。そして、本書が関心を寄せる「自治体活動グループ（ＧＡＭ）」(4)も、都市整備をめぐる政策決定過程への住民参加をコミューン当局に要求するという点では共通しているが、より政治的な性格を帯びたアソシアシオンとして台頭した点に特徴があり、その端緒となるグルノーブルＧＡＭ(5)を率いていたのが、グルノーブル市長のユベル・デュブドゥ（Hubert DUBDOUT）である（後述）。

グルノーブルＧＡＭはフランス諸都市の政治領域において一大勢力を形成し、一九七一年には一五〇近くの諸都市においてＧＡＭ組織が結成されたが、それらの多くは、グルノーブル市を州都とするローヌ＝アルプ・レジオン内のヴァランス市（Valence）、ヴィエーヌ市（Vienne）、ヴィルフランシュ＝シュール＝サオーヌ市（Villefranche-sur-Saône）のほか、グルノーブル市周辺のコミューンに拠点を置き、一部はパリ周辺に位置するブローニュ＝ビアンクール市（Boulogne-Billancourt）、ルエイユ＝マルメゾン市（Rueil-Malmaison）、サン＝クルー（Saint-Cloud）、あるいはヴァンセーヌ（Vincennes）において活動していたという(6)。

上述のフリノーによれば、グルノーブルＧＡＭの運動を当時担っていたのは、より具体的に「大学人、統一社会党（ＰＳＵ）の活動家、様々なアソシアシオンのメンバー、各種クラブや住区連合のメンバー」であったとされる(7)（運動の担い手をめぐるグルノーブル市の特殊性については後述)。またユマン＝ラムールは、ＧＡＭ運動に二つの源流が見出されるとし、従来の行きすぎた都市開発政策を批判し、住民本位の生活環境構築をめざす「自治体社会主義(socialisme municipal)」と、一九六八年五月に始まる「社会運動」の二つを指摘している。[8] とりわけ後者の担い手として、ユマン＝ラムールは、「六八年五月」以降台頭したベビーブーム世代を中心とする「新中間層(nouvelles couches moyennes)」の存在を指摘し、その後の増勢はとりわけＰＳＵに近い若手幹部層(エンジニア、技術者、公務員)に依拠していたとしている。[9] 要するに、ＧＡＭ運動は、次の三つのコンテクストを背景とする「政治の産物」として登場したとされる。すなわち、「空間」的コンテクスト(特に都市郊外への都市空間の急速な拡大)、「社会」的コンテクスト(新しい「ミドル・クラス」の出現)、そして「人口学」的コンテクスト(ベビーブーム世代の大人世代への到達)である。[10]

## 第二節　グルノーブル市における自治体改革運動

### (一)　グルノーブル市の特殊性

フランスのなかでも代表的な先端工業都市の一つに数えられるグルノーブル市は、第二次世界大戦後にみられた先端工業都市としての発展にともなう人口急増と、それに対応する住民参加を視野に入れた都市計画の推進によって特徴づけられる。原子力・電子工学・サイバネティクスの分野で著しい発展を遂げ、一九五〇―六〇年代に急激な増大を経験し、高度経済成長が一段落する一九七〇年代中葉、同市の人口は頂点に達する(一九七五年で約一六万五千名)。

このような都市の産業発展と人口増加を経験したグルノーブル市では、一般世帯や工場の増加に見合う水圧が維持できず、アパルトマンの上層階では水道が使えなくなる事態に直面することになった。他方、先端工業都市としての特殊な発展を遂げたグルノーブル市には、高等教育を受け、同市を長い間有名にしてきた原子力研究センターや水力発電所といったハイテク産業で働くためにやってきた「ミドル・クラス」の人々が多く流入しており、彼らは自らのコミュニティが直面する具体的諸問題について自分自身で検討し、彼らが考えた非イデオロギー的でプラグマティックなしかるべき解決策を提案するため、非党派的基礎に基づく市民の動員を企図するようになった。[11]

そして、このグルノーブルGAMを当時率いていたのが、上述のように、一九六五年のコミューン議会選挙に勝利し、グルノーブル市長に就任したユベル・デュブドゥである（彼は当時原子力研究センターのエンジニアであると同時に、同市の「水道使用者組合」の組合長を務めていた）。彼は一九六五年に本格的な政治活動をGAMの代表メンバーとして開始すると、以後三期一八年にわたりグルノーブル市政に携わり、のちに「地域民主主義」と定式化する同市の自治体改革運動を展開することになる。[12]

### （二）　デュブドゥの自治体改革運動

一九六五年に市政担当者となったデュブドゥにとって喫緊の課題は、人口の急増に対応不能となっているグルノーブル市のインフラ整備と一九六八年に予定されている冬季オリンピックの準備であった。

こうした課題に対応するための「新しい都市政策」を構想すべく、国から自律して都市の経済計画をコントロールできる地方機関として「都市計画公社」（一九六六年）が創設された。[13] ここにはハード面の整備に携わる建築家や技術者だけでなく、経済的・社会的・空間的な観点から問題を把握するため、社会学者や経済学者、さらに統計学者ら

【資料２－１】グルノーブルＧＡＭ「1977年３月のコミューン議会選挙へ向けた政策綱領」

| |
|---|
| 「地域民主主義、一つの優先的目標」<br>①自治体権限の分有<br>②諸団体や集団活動空間の拡がりという社会的現実の考慮<br>③地域内の分権化<br>④生活環境整備と生活向上<br>⑤情報公開と住民合議<br>⑥民主的自治体当局をすべての行政段階に |

出典：グルノーブルＧＡＭの活動交流紙『ＧＡＭアンフォルマシオン』第31号、1976年12月（G.A.M.INFORMATIONS, N°31-Décembre1976,«Démocratie locale»）。

もメンバーに加えられた。こうした施策には、すでにデュブドゥの国家に対する自律化志向をみて取ることができるが、グルノーブルの都市政策が世の耳目をひいたのは、その政策形成過程に住民を参画させる仕組みを構築した点である。この都市空間とかかわりのある都市利用者による監視を重視したデュブドゥは、都市整備の対象と提案された解決策について、市当局との間で常に論争がおこなわれるような条件を確保しようとしたのである。

こうした目的を実現するため、グルノーブル市では、デュブドゥ市政誕生以前からグルノーブル全体を網羅する勢いで各所に設立されていた「住区連合」と一九六〇年一〇月一三日にそれらの連絡組織として設立された「住区連合連絡委員会（Comité de Liaison des Unions de Quartier）」[14]の協力を得つつ、住民にかかわりのある諸問題の決定について、その立案・策定過程へ住民が参加する「グルノーブル方式」が実践に移された。デュブドゥは、自らが市政担当者となる前からグルノーブル市で形成されていたソーシャル・キャピタルとしての「住民合議」組織（地域住民アソシアシオン）を都市計画過程に組み込むことで、市政に地域住民を動員する政治手法を見出したといえるが、こうした政治手法は、前章で述べたように「地域の自主管理」「参加民主主義」といった言葉で語られ、ついには「地域民主主義」として定式化されることになる。

【資料２－２】「社共共同政府綱領」(1972年)〔一部抜粋〕

| | |
|---|---|
| 第三部 | 「諸制度を民主化し、自由を保障し、発展させる」 |
| 第三章 | 全ての者が自己にかかわりのある決定に真に参加することを保障するために、よりすすんだ地方分権化の手続きをとる。このことは、調査、決定、管理、資金調達という国の重要な諸手段を地方公共団体に移譲することを通じて、地方公共団体の自律性が強化されることを想定している。これは地域民主主義の発展、つまり、市民がこれらの地方公共団体のあり方に参加する可能性の発展を意味する。県およびコミューン議会の選挙制度を改正し、いかなる場合にも、県およびコミューンの住民が民主的に、より忠実に代表されるようにする。(傍点は引用者) |

出典：Programme commun de gouvernement du Parti communiste française et du Parti socialiste, 1972.「フランス共産党および社会党の共同政府綱領」(『統一戦線と政府綱領』、新日本出版社、1974年)。

一九六五年のコミューン議会選挙に勝利して、グルノーブル市長に就任したデュブドゥは、同市における自治体改革運動を展開するとともに、当時住民向けに配布されていた活動交流紙『ＧＡＭアンフォルマシオン』において自主管理社会主義が自らの理論的支柱であることを明確にし、一九七七年のコミューン議会選挙に向けては「地域民主主義」を理念に掲げ、勝利を収めている(【資料２－１】参照)。

### (三)　新生社会党への合流

一九七一年のエピネー大会でミッテランを第一書記に選び、彼を先頭とする政権獲得戦略に乗り出した社会党は、その年の秋、当時は未だ党外にいた「自主管理」派の人々(当時、グルノーブル市長であったデュブドゥなど)をも参加者に迎え、「地方制度改革にかんする討論会」を開催し、党内外からの意見を集約している。

こうした地域民主主義の強化をめざす新しい流れは、前章ですでに述べたように、早くも一九七二年には社会党とフランス共産党との間で締結された「社共共同政府綱領」のなかに登場し、市民参加重視の地方分権論として発展していくことになる(【資料２－２】参照)。

ルフェーブルは、一九七〇年代のフランスにおける参加民主主義の言説の登場と形成に決定的な役割を果たしたGAM運動が、政権獲得への意思を明確に有していたことから、社会党が徐々にこの運動の取り込みを進め、実際一九七四年末には幹部クラスの活動家たちのほとんどが社会党に入党したとしている。(15) 一九七三年の国民議会選挙に際して、グルノーブル市長のデュブドゥが社会党に入党し、同選挙において当選を果たしたという事実が、まさにこのことを象徴している。そして、統一社会党において指導的役割を果たしてきたミシェル・ロカール（Michel ROCARD）の社会党入党も同じく一九七四年のことであった。こうして社会党の構成メンバーとなった「自主管理」派は、一九八一年の大統領選挙におけるミッテランの勝利以降、政権の一翼を担う立場に立って、彼らの地域民主主義論を法制度へと翻訳する作業に着手することになる（後述）。

前章で述べたように、ルフェーブルによれば、地域と自主管理を結びつけた「コミューンの自主管理」の理念がフランスで初めて登場したのは一九七四年のことであったとされるが、一九七七年のコミューン議会選挙に向け社会党が発表した政策綱領は、こうした「自主管理」の理念だけでなく、コミューン・レベルで実践可能な「参加民主主義」的諸制度を列挙しており、自主管理と参加民主主義の「地域」における実践を想定する政策思想としての地域民主主義はここでクライマックスの局面を迎えることになった。

ただし、「地域民主主義」の理念を取り入れた政策綱領を掲げて一九七七年のコミューン議会選挙に臨むことで、社会党は同選挙に勝利を収めるものの、この勝利以降、社会党内における地域や自治体問題にかんする議論は急速にトーンダウンしていったという（後述）。そしてこのことは、一九七〇年代に政策思想として形成されたフランスの地域民主主義が、法制度化されていくプロセスにおいて阻害要因としての役割を果たすことになる。

こうした困難な法制度化のプロセスを経ながらも、政策思想としての地域民主主義は、どのようにして二〇〇二年の近隣民主主義法における住区評議会制の導入へとたどり着いたのか。以下、節を改めて検討していくことにする。

**【資料２－３】「地域民主主義」「近隣民主主義」の法制度化**

| | | |
|---|---|---|
| ●廃案 | | ジスカールデスタン政権（バール中道右派政府） |
| | 1978－81年 | 「地方自治体の責任促進」法案（ボネ法案）<br>第６編「自治体活動への市民の参加の促進」 |
| ●第１次地方分権改革 | | 第１期ミッテラン政権（モーロワ左翼連合政府） |
| | 1982年３月 | 「コミューン、県およびレジオンの権利と自由にかんする法律」<br>第１条「自治体活動への市民の参加の促進を立法によってのちに定める」 |
| ●地域民主主義改革 | | 第２期ミッテラン政権（クレッソン左翼連合政府） |
| | 1992年２月 | 「共和国の地方行政にかんする指針法」<br>第２編「地域民主主義」（情報公開制度・諮問型住民投票制度） |
| ●近隣民主主義改革 | | 第１期シラク政権（ジョスパン多元的左翼政府） |
| | 2002年２月 | 「近隣民主主義法」（「住区評議会制」の導入） |

## 第三節　地域民主主義の運動から法制度へ

### （一）公職兼任制という制度的障害

本書が「自主管理」派と呼ぶ人々が強くコミットしてきたフランスの地方分権改革をめぐる個別的改革課題としての地域民主主義強化論は、参加民主主義の制度化というかたちをとって具体化されたが、それが実際に本格化したのは一九九〇年代以降のことである。

とはいえ、この地域民主主義強化論は、実は【資料２－３】のように、一九七〇年代後半には、「自治体活動への市民の参加」という言葉ですでに法制度化の日程に挙がっていた（ジスカールデスタン大統領の時代に提出された「地方自治体の責任促進」にかんするボネ法案）。しかし、「国民議会議員―市長（député-maire)」という地域政治エリートの肩書きに象徴されるように、公職兼任制というフランス独特の障害に直面して、この改革課題はすでにボネ法案の審議段階から先送りされることが確認されていた。すなわち、マリオン・パオレッティによれば、この審議は、とりわけ兼職議員たちにとって、「権力が分権化されれば（それだけで）地域民主主義の条件を十分満たす」のであって、「地方分権関連諸法のなかで参加は法制度化されるべきでない」ことを明確にする場になったとされるのである。[16]

地方の議員や首長が、同時に地方行政にかんする法律を制定する国会議員を兼務できるこの制度を前提とした時、住民投票を含む地域民主主義の法制度化が「市長や市町村議会にとっては脅威を意味する」ことを考え合わせれば、「国政レベルで地方政治参加を規定する法律を定める立場」にある国会議員たちが、地域民主主義の法制度化を阻害する方向へと行動をとるのは、その限りでは合理的ともいえるのである。[17]

## （二）　社会党内における政策方針の転換

ジスカールデスタン政権下で「地方自治体の責任促進」法案が審議されていた一九七七年三月に実施されたコミューン議会選挙で、左翼連合が勝利を収めたことは前章で述べた通りである。その結果、社会党所属のコミューン議会議員や大都市市長が大量に生み出されることになるが、アツフェルドによれば、これによりコミューン議会議員の世代交代が促進され、社会党内の言説に明確な変化がもたらされたとされる。[18]

アツフェルドによれば、コミューンというまさに現実政治の現場では、次のような事態が起こっていたという。すなわち、「左翼連合」という政党間連携の枠組みで当選を果たした社会党所属の新しいコミューン議会議員たちが直面した困難とは、まさに多くの新人議員が嘆いたように、大半の一般市民には市政参加への熱意が感じられないという問題であった。下からの民主主義の内発的発展という住民の自発性への期待とは裏腹に、地域民主主義の活動に参加するのは住民のごく一部にとどまり、結果としてコミューンの権力共有から利益を得ているのは、活動に時間を割くことのできる「プチ・ブルジョワジーの人々」に限られていたのである。

社会党市政を率いる市長たちは、こうした現実を根拠にして、市政運営を従来のものへと回帰させていった。すなわち、住民参加に基づく地域民主主義の強化よりも、市長を中心とする市当局主導の市政運営が復活し、国による様々な「規制」「縛り」を問題にする議論を背景として、自治体の権限や政策上の裁量を拡大する地方分権改革の実現が優先課題として主張されるようになったのである。

### (三)　地方分権法案の審議過程

一九七七年のコミューン議会選挙における左翼連合の勝利は、他方では「社会主義・共和主義全国議員連盟」(以下FNESRと表記[19])へのコミューン議会議員の大量加入をもたらすことで、その議長を務めるデュブドゥの党内基盤を強化し、一九八一年の政権交代以降開始された地方分権改革論議を、地域民主主義の法制度化を実現するチャンスとみなしたデュブドゥに加勢する効果をもっていた。しかし先にみたように、社会党の中央レベルにおける同選挙後の方針転換(地域民主主義から地方分権改革へ)といった現実政治の展開によって、彼の政治的意思は挫折を余儀なくされることになった。すなわち、一九八一年の大統領選後に実施された総選挙(国民議会選挙)において、左翼陣営は地滑り的な勝利を収めたものの、この左翼優位の新しい議席配分のもとでおこなわれた地方分権法案の国会審議において、デュブドゥらが求める地域民主主義の法制度化は議論されないまま棚上げされ、ドフェール内相らの権限委譲優先実施路線が勝利を収めることになったのである。

地方分権法案が内務省地方公共団体総局において起草されてから、国会で成立するに至る政治過程を「舞台」にたとえ、この舞台に登場する「主役たち：大物議員、専門官僚、そして活動家たち」の動向を詳細にスケッチしたジャック・ロンダンは、そこに関与したアクター（とりわけ、大都市の市長と国民議会議員を兼職する社会党内の大物議員たち）を大都市の利益の代表者とみなすことで、ミッテラン政権下における一九八二年の地方分権改革が、地域民主主義の強化といった国会内に慎重論のある諸課題を棚上げにしつつ、国の権限を大都市へと委譲することを優先課題とする改革に堕したとしている。すなわち、一九八一年五月、ミッテラン新大統領の下で内務（兼地方分権担当）大臣に任命されたガストン・ドフェールは大都市マルセイユの市長、首相に任命されたピエール・モーロワは大都市リールの市長、そして首相官房において同法案を担当したドゥルバール（M. DELEBARRE）とマルノ（P. MARNOT）はそれぞれリール市とナント市の事務局長を務めていた、と[20]。

結局、改革課題としての地域民主主義の強化は一九八二年段階では棚上げされ、地方分権法第一条の後半部分において「立法によってのちに定める」との予告がなされるにとどまった。地方分権法案の審議過程（国民議会の第二読会）において無所属議員ゼレーが修正案を提出したが、その後議会において全く議論されないまま終わり、デュブドゥが、一九八二年九月、彼がＦＮＥＳＲの名前で提出した市民参加にかんする草案もその後一切検討されることはなかった[21]。

なお、一九八二年の地方分権法第一条が予告した「立法」は、「共和国の地方行政にかんする一九九二年二月六日の指針法」[22]（以下、地方行政指針法と表記）の第二編に「地域民主主義」の諸規定〔①コミューン議会内部の民主的運営、②市長の公共事業にからむ汚職を防止するための措置（県知事による事後的統制の強化）、③住民参加にかんする規定（コミューンの行政施策の情報公開、諮問型住民投票制度の整備）〕が置かれることで実現したが、その実現には実に一〇年の年月が必要とされたことになる。

## (四)　一九八〇年代以降のフランス都市コミューンにおける住民「参加＝包摂」型地域行政管理の現出

このように、すでに一九七〇年代から「自治体活動への市民の参加」という表現で議論されていた改革課題としての地域民主主義強化論は、一九八二年法段階では棚上げされながらも、一九九二年の地方行政指針法による地域民主主義改革へとつながり、さらに今日では、二〇〇二年の近隣民主主義法による住区評議会制の導入へとたどり着いている。しかし改めて検討すべきは、この一〇年間（一九八二―九二年）のいかなる状況の変化が、国会（公職兼任制というフランス独特の障害）という「難関」をのりこえ可能としたのかという問題である。

この問いに対して、ロイク・ブロンディオーとイヴ・サントメールは、住区評議会制が新設されたのと同じ二〇〇二年の論文において、今日のフランスにおける理論と実践の二領域にみられる「二重の動向」が「民主的決定の正統化形態をめぐる深部での変容を示しているのではないか」と問いかけ、まさに「熟議の不可避性（l'impératif délibérative）」[23]が今日極めて多様な市民参加制度[24]を実現させているようにみえると述べている。確かに、かけ声と現実との間のギャップはあるとはいえ、この新しい理念により「下から」のより平等主義的な意見聴取の仕組みが主張され、熟議の過程が公的活動において避けては通れないものの一つとなっているのである。[25]

ピエール・サドランもまた、この問題に対し「新しい熟議の文化（la nouvelle culture délibérative）」の出現を指摘する。サドランによれば、この新しい文化とは「ある決定をより重みのあるものとする基礎は、一般利益の確定に配慮する他者［議員］への委任ではなく、むしろ、その策定過程における諸条件、言い換えれば［当事者］全員の関わり合いである」との確信であるという。[26]

ピエール・ゼモールは、より実際的な観点から「一九八五―九五年の間、公的機関はもはや大型事業、特に大規模施設整備に対する反対派や抵抗派を無視できなくなっていた」ことを指摘している（反対派や抵抗派はよく「NIMBY（Not in my backyard）」という言葉で揶揄され、問題視される）[27]。

確かにこのように捉えるならば、熟議的公共空間の拡大を媒介とする参加民主主義の法制度化は、地域住民からの要求に促されて進展したかに見える。しかし、こうした参加民主主義制度の発展自体必ずしも地方行政サイドにとって苦渋の住民参加受け入れプロセスではない。というのも、フランスにおける地域民主主義が発展を遂げる「原動力」について考察したレミ・ルフェーブルとマガリ・ノンジョンが主張しているように、「地域民主主義の問題」を主体的に取り上げたのはむしろ自治体当局の側であり、「市長たちによる住民参加の再評価が状況の変化をもたらした」との見解も存在するからである。この見解によれば、「住民参加はもはや市当局にとって円滑な政策決定と矛盾するものではなく」なり、地域民主主義はいまや「市民により獲得されたものというよりは、地方議員たちにより付与されたもの」としての様相を帯びてくるのである[28]。

「地域民主主義」を積極的に自らの政策に取り入れていこうとする新しいタイプの市長の登場は、例えば、フランスにおける地域住民アソシアシオンとしての「住区委員会」の歴史的変遷にかんするフランソワ・ランジョンの考察のなかでも確認が可能である。すなわち、二〇世紀初頭にボルドーで登場して以来、グルノーブルやマルセイユなど諸都市で結成されていった住区委員会は、イタリアでの実践事例[29]に影響を受けて一九七〇年代に大きく発展し、一九七六年にはパリ、リヨン、マルセイユ、グルノーブルの住区組織が、その全国組織として「住民団体・住区委員会全国連絡協議会」[30]を結成するが、さらに一九八〇年代になると、従来の自治体当局に異議申し立てする手段としての役割（大都市市政の政策に反対する住民運動の拠点的役割）に加え、次のような第二の性格を獲得したとされる。すなわち住区委員会は、住民のさらなる市政参画をめざし、市当局の政策を一旦受け入れた上で、その効率化にむしろ寄与しようとする住民参加機関としての役割を自らのなかに見出すようになり、公権力サイドも彼らを行政活動のなかに組み込もうとした、と。また一九九五年コミューン議会選挙以降新たに登場した市長たちは、社会的亀裂の仲裁者を自認し、地域民主主義の発展へ傾注するようになり、住区委員会の新設や既設のものの刷新に取り組み、これらとの密接な連携による自治体施策の準備・実施をめざした点も指摘される。[31]

従来阻害要因によって阻まれてきたフランスにおける参加民主主義の法制度化を一九九〇年代以降発展可能としたのは、住民の側からの参加要求の高まりか、自治体当局の自主的で積極的な市民参加制度の採用か。もし後者の見方を、(仮に部分的であるにせよ)住民たちの意識の変化に基づいた「民主的決定の正統化形態をめぐる深部での変容」への対応を迫られた自治体当局の住民「包摂」戦略と考えるならば、これらの見方は相互に矛盾するものではない。「熟議の不可避性」が市民参加制度の拡大を促進しているとみなす、上述のブロンディオーとサントメールの論文も、その背景にあるのは「デモクラシーの要請」というより「効率性の強制」であるとの見解を示しており、[32]結局のところ、こうした熟議と参加の諸制度は、それを導入する市長にとっては、「政策決定の民主化の手段」というよりも、「社会的紛争を処理するための経営技術」にすぎないとされるのである。

以上の点を踏まえ、本書ではこの現象を「一九八〇年代以降のフランス都市コミューンにおける住民『参加＝包摂』型地域行政管理の現出」と把握する。

---

(1) Albert MABILEAU, « A la recherche de la démocratie locale. Le représentant et le citoyen », Centre de recherches administratives politiques et sociales de Lille (CRAPS), Centre universitaire de recherches administratives politiques de Picardie (CURAPP), *La démocratie locale : représentation, participation et espace public*, PUF, 1999, p.65.

（２） Thomas FRINAULT, *Le pouvoir territorialisé en France*, Presses Universitaires de Rennes, 2012, p.253.

（３） *Ibid.*, p.253.

（４） Groupe d'Action Municipale

（５） ただし、グルノーブル市で始まるＧＡＭ運動の起源をたどっていく時、われわれがたどり着くのは「地域社会民主教育協会（L'Association pour la démocratie et l'éducation locale et sociale）」（ＡＤＥＬＳ）であり、当時大衆教育の分野で活動を展開していたこのアソシアシオンは、様々なアソシアシオンの活動家や一般市民、地方議員、あるいは住区連合（Unions de quartier）のメンバーによって一九五九年に結成されたという（住区連合については後述）。当時彼らは、一般大衆自身が自らの本質的で正当な諸要求を表明し、コミューン議会に影響を与えるような地域での諸活動を展開できるよう支援することをめざしていたのであり、そうした問題意識がＧＡＭという政治アソシアシオンに継承され、政治課題として具体化されたのである。*Ibid.*, p.253.

（６） *Ibid.*, pp.253-254. もちろん、当時グルノーブル市周辺やパリ市周辺の諸都市で結成されたＧＡＭのすべてが、市議会内の市長与党だった訳ではない。フリノーによれば、一九六五年のコミューン議会選挙で市長ポストを手に入れたのはグルノーブルＧＡＭのみであり、一九七一年のコミューン議会選挙で市長与党となったところも、カーン都市圏に位置するエルヴィル＝サン＝クレール市（Hérouville-Saint-Clair）やグルノーブル近郊のメラン市（Meylan）、さらにオート・ノルマンディ地方のガイヨン市（Gaillon）に限られており、それ以外の都市のＧＡＭは、議会内では野党の立場から、市の様々な計画に対して対案を提示することで、その役割を果たしていたとされる。

（７） *Ibid.*, pp.253-254.

（８） Anne-Lise HUMAIN-LAMOURE, *Faire une démocratie de quartier* ?, Éditions Le Bord de l'eau, 2010, pp.34-35.

（９） このことは、本書第一章で述べたように、「地域民主主義」を掲げた一九七〇年代後半期の社会党において「ミドル・クラス」が重要な支持層をなしていたことと符合している。

（10） *Ibid.*, p.37.

（11） Peter Alexis GOUREVITCH, *Paris and the provinces : The politics of local government reform in France*, George

Allen & Unwin, 1980, p.165. ただし、上述のように、この運動の主体者自身は「自主管理社会主義」を唱道していた。
(12) 一九六五年、一九七一年、一九七七年のコミューン議会選挙で勝利。一九七三年には社会党候補者として国民議会選挙で当選し、国会議員を兼職。一九七七年、「全国社会主義・共和主義議員連盟（ＦＮＥＳＲ）」の議長に就任するが、一九八三年のコミューン議会選挙でカリニョン率いる「共和国連合（ＲＰＲ）」リストに敗北。
(13) ユベール・デュブドゥ「グルノーブルにおける都市政策と市民参加」（『岩波講座・現代都市政策』別巻・世界の都市政策、岩波書店、一九七三年）、七四—七五頁。
(14) Groupe de Travail sur l'Historique du C.L.U.Q., *Trente Années du* C.L.U.Q., Assemblé générale du 16 mai 1991, Comité de Liaison des Unions de Quartier de Grenoble,（Association Loi de 1991）, pp.5-7.
(15) Remi LEFEBVRE, « Retour sur les années 1970, Le Parti socialiste, l'autogestion et la démocratie locale », Marie-Hélène BACQUÉ et Yves SINTOMER (dir.), *La démocratie participative. Histoires et généalogies*, La Découverte, coll. « Recherches », 2011, p.66.
(16) Marion PAOLETTI, « La démocratie locale française. Spécificité et alignement », CRAPS/CURAPP, *op.cit.*, PUF, 1999, p.53.
(17) 久邇良子『フランスの地方制度改革——ミッテラン政権の試み——』（早稲田大学出版部、二〇〇四年）、一一五頁。
(18) Hélène HATZFELD, « De l'autogestion à la démocratie participative : des contributions pour renouveler la démocratie », Marie-Hélène BACQUÉ, Yves SINTOMER (dir.), *op.cit*, 2011, pp.76-78.
(19) Fédération Nationale des Élus Socialistes et Républicains. 同連盟は、デュブドゥが議長を務めていた当時、「五万人あまりのコミューン議会議員、一〇〇名の県議会議員、人数としては県議会議員に引けをとらないレジオン評議会評議員」が活動していたとされる。Jean-Marc BINOT, Denis LEFEBVRE, Pierre SERNE, *100 ans 100 socialistes*, Bruno Leprince, 2005, pp.124-125.
(20) Jacques RONDIN, *Le sacre des notables : La France en décentralisation*, Fayard, 1985, pp.51-52.
(21) Marion PAOLETTI, *op.cit.*, 1999, p.53.

（22） Loi d'orientation du 6 février 1992 relative à l'administration territoriale de la République.
（23） Loïc BLONDIAUX et Yves SINTOMER, « L'impératif délibérative », *Politix : Revue des sciences sociales du politique*, Vol. 15, N° 57, 2002, pp.17-35.
（24） ブロンディオーとサントメールによれば、フランスで市民参加制度の先駆となったのは、各種の「有識者会議」（一九八三年の国民倫理委員会、一九八七年の国籍問題委員会、一九八九年の国民ＨＩＶ評議会、一九九〇年の社会統合高等評議会など）であったとされ、これらの組織が様々な立場、分野、政治的・倫理的視点からの意見聴取や、討議に基づく新しい意思決定の枠組みを取り入れるものであったという。一般市民を政策形成へ関与可能とする熟議制度についてみると、フランスの場合、科学技術分野における政策選択について議論すべく国会によって一九九八年に組織された「遺伝子組み換え生物市民会議（La conférence de citoyens sur les OGM）」の事例が指摘されるものの、やはり同国では上述の一九九二年法によるコミューンの行政施策の情報公開や諮問型住民投票制度の整備、二〇〇二年法による住区評議会制の創設など、地域レベルでの実践を想定した市民参加制度の整備が際だっているという。*Ibid.*, pp.17-26.
（25） *Ibid.*, pp.17-18. ここで指摘されている「二重の動向」とは、①公的活動という実践領域において、代表制民主主義の枠組みのなかで従来から決定に携わってきた者たち以外にも、多様なアクターを参画可能にしようとする市民参加制度（市民陪審制（jurys de citoyens）、コンセンサス会議（conférence de consensus）、住区評議会（conseils de quartier）など）が増大していると同時に、②アカデミズムという理論領域においても、市民や公職者たちによって参照されるべき説明的・規範的モデル（具体的には、正統性の如何を手続きや審議から規定するよう主張する政治哲学としての熟議民主主義）が一般化しつつあることを指している。特に政治学分野では、近年ネットワーク社会に適合的で、より水平的かつより柔軟な新しい「ガヴァナンス」のモデルが、現代社会の複雑化とともに台頭しているという。
（26） Pierre SADRAN, « La démocratie locale », Maryvonne BONNARD, *Les collectivités territoriales en France*, 3e édition, La documentation Française, 2007, pp.171-175.
（27） Pierre ZÉMOR, *Pour un meilleur débat public*, Presses de SCIENCES PO, 2003, p.44.
（28） Rémi LEFEBVRE et Magali NONJON, « La démocratie locale en France. Ressorts et usages », *Sciences de la*

*société*, n° 60, 2003, pp.13-16.

(29) ゴーダンは、フランスの住区評議会制に先行する他国の事例として、イタリアの「住区評議会」を指摘している。一九六〇年代にとりわけ都市近郊の新しい住区において、要求実現運動のかたちをとって創設され、一九七六年以降、地方選挙という間接的な手段で体系化・法制度化され、最終的には一九九〇年に住区段階に支出される公費を運用する諸権限が与えられた。しかし、これらイタリアの住区評議会制は、ゴーダンの評価では、当初のような公的討議の力強さを失ったとされる。Jean-Pierre GAUDIN, *La démocratie participative*, ARMAN COLIN, 2007, p.37. また、イタリアの事例にかんする邦語文献としては、次のものがある。イタリアＣｄＱ研究会『地区住民評議会——イタリアの分権・参加・自治体改革——』(自治体研究社、一九八二年)。

(30) Carrefour national des Associations d'Habitants et Comités de Quartier (CARNACQ).

(31) François RANGEON, « Les comités de quartier, Instruments de démocratie locale », CURAPP/CRAPS, *op.cit.*, 1999, pp.329-331.

(32) すなわち、より多くのアクターを参画させることで、熟議は諸決定の社会的合意を強化するのであり、公共政策の策定過程にアソシアシオンを参加するよう促すことで、熟議は反対や批判を繰り返すその性格を抑制し、こうした熟議の過程に多くの決定を委譲しながらも、政治・行政の決定権者たちはほとんどの場合、推進されている政策の本質部分を手つかずのまま維持している（一九八〇年代初頭以降における環境政策の事例がその証左である）、と。Loïc BLONDIAUX et Yves SINTOMER, *op.cit.*, pp.32-33.

# 第三章　制　度——法制度としての「近隣民主主義」——

一九八一年の共和国大統領選挙に勝利し、フランス第五共和政初の左翼政権を成立させた社会党のフランソワ・ミッテランが自らの選挙公約にしたがい「地方分権改革（décentralisation）」[1]を実行に移した際、同法案にかんする国会審議を主導したのは内相（兼地方分権相）のガストン・ドフェールであったことは、すでに序章で述べた通りである。一九五〇年代から市長としてマルセイユ市政を率いるとともに、大都市の行政に自由を与える「地方分権化」への意思をかねてから表明していたドフェールは、一九八一年五月、新大統領に就任したばかりのミッテランのもとを訪れ、敢えて首相ポストをピエール・モーロワに譲るとともに、自らは内務大臣のポストを懇願したという[2]。

実際には、一九八一年の共和国大統領選挙へ向けた社会党内における候補者選挙の段階で、ミッテランとモーロワの間に密約（勝利の暁にはモーロワに首相ポストを与える）が交わされていたとされるが（後述）、いずれにせよモーロワはミッテラン政権の初代首相として左翼連合政府を率い、ドフェールとともに一九八二—八三年の地方分権改革を実現することになる。

さらにこのミッテラン政権下における地方分権改革から一八年ののち、このモーロワ元首相を委員長とする「地方分権化の将来にかんする委員会」（以下、モーロワ委員会と表記）が組織されたが、同委員会が報告書『地方公共活動の再建』（二〇〇〇年）[3]を提出すると、同じく社会党のリオネル・ジョスパン首相（当時）率いる多元的左翼政府[4]

がその立法化に着手し、二〇〇二年に成立したものが近隣民主主義法[5]であった。

本章の目的は、本書が関心を寄せる住区評議会制が一体どのような経緯で導入されるに至り、まさにそのプロセスが同制度にどのような特徴を与えたのかについて明らかにすることにある。序章で述べたように、この近隣民主主義法は、人口八万人以上のコミューンに対し、市内をくまなく住区（quartier）に区画し、各住区に住区評議会（conseils de quartier）を設置することを義務づけたが、本章では特に、この新制度が同評議会の制度設計を当該コミューン議会に一任している点に注目していくことになる。

そこでまず第一節では長年にわたりリール市政を率いるとともに、フランス第五共和政下で初めて左翼連合政府を率いる首相を務めたモーロワの政治的経歴について概観し、さらに一九七八年にリール市で導入された「住区評議会」の理念や概要について当時の市議会議事録のなかで確認する。フランス初のユニークな「自治体行政の都市内分権」の取り組みとしてモーロワ率いるリール市政下で設置された「住区評議会」は、まさに二〇〇二年に近隣民主主義法によって法制度化された住区評議会制の「原型」だったのである。

また第二節では、モーロワが委員長を務め、住区評議会制の法制度化を提案した委員会報告書（二〇〇〇年）の検討を通じて、同委員会がどのような理念においてその法制度化を提案したのかについて明らかにするとともに、ある雑誌のインタビューに対するモーロワ委員長（当時）の回答をみていくなかで、彼が一体どのような政治的意図をもって、これを提案したのかについても明らかにする。

ただし、モーロワのこうした政治的意思は、近隣民主主義法案の国会審議において議員たちの反発を招くところとなる。そこで第三節では、国会議員たちの言説を整理し、その結果おおむね二つの反対論（常設型住民合議機関不要論とリール型近隣政治システム押しつけ反対論）を軸に論戦が繰り広げられていたことを指摘するとともに、国会議員たちが「住区評議会」に対し抱くこうしたネガティヴ・イメージが規定要因の一つとなって、近隣民主主義法は、最終的に人口八万人以上のコミューンに住区評議会の設置を義務づける一方で、その制度設計を当該コミューン議会に一任するということで決着したとの見方を提示する。

## 第一節　リール市における「住区評議会」の創設（一九七八年）

### （一）　モーロワの政治的経歴

一九二八年七月五日にノール県でこの世に生を受け、一七歳で旧社会党（社会主義労働者インターナショナル・フランス支部、[6]以下ＳＦＩＯと表記）へ入党し、職業学校の教員であると同時に教育分野の問題に携わる活動家として二〇代を過ごしたモーロワが、政治家へと転身したのは一九五〇年代末のことであった。すなわち、一九五八年の国民議会選挙に立候補したものの当選できなかった彼は、一九五九年のコミューン議会選挙に立候補し、当時彼が居住していたカシャン（Cachan）の市議会議員となったのである。[7]

一九六〇年代以降のモーロワの政治的経歴をみていくにあたり重要なのは、当時彼がＳＦＩＯにおいてどのような地位にあったのかという点である。

一九六三年のイッシー・レ・ムーリノー大会[8]以降、当時ＳＦＩＯの第一書記であったギ・モレ（Guy MOLLET）の後継者と目されていたモーロワは、一九六六年には第一書記の補佐に任ぜられていたが、同時に非コミュニスト系諸党派からなる「民主社会主義左翼連盟（ＦＧＤＳ）」における指導者の一人として、当時は未だ党外にいたミッテランやミッテラン派との関係も構築していた(当初はモーロワに対する猜疑心を払拭できなかったミッテラン派も、徐々に結束の方向へと向かっていった)。

そして、モーロワの政治的経歴を考える際、極めて重要な局面が一九六九年に訪れる。すなわち、SFIOから社会党(PS)へと転換を図った同年五月のアルフォールヴィル大会[9]につづき、七月に開催されたイッシー・レ・ムーリノー大会における社会党第一書記選挙に際し、第一書記のモレが、自らの側近の誰かをナンバー・ツーに指名することを条件として、モーロワを次期第一書記に推薦してもよいと打診してきたのである。結局モーロワはモレの申し出を断り、選挙ではアラン・サヴァリ(Alain SAVARY)に一票差で敗れた。これは、SFIO主流派のモレ派が、新生社会党内での主導権を確保するため、SFIO時代からの盟友であるモーロワを裏切り、サヴァリ派などSFIOの外から新生社会党に合流してきた諸党派と結託したことを意味した。

彼はいったん党中央指導部の職務をすべて辞し、地元ノール県の基盤を固めるとともに、主流派(モレ派)への対抗策として、南仏ブッシュ・デュ・ローヌ県の大物議員で、当時モレ派により構成されていた党の中央指導部に対し一貫して反対していたガストン・ドフェールとの連携を強化し、いわば新生社会党内における「中道右派」[10]としての立ち位置を確立していった。モーロワは、上述のように、当時社会党には未だ合流していなかった「共和政協議会(CIR)」[11]のミッテラン派へも接近を図った。モーロワにとって、党中央指導部の刷新とモレ派の打倒において利害が一致しているミッテラン派との連携は急速に強化の方向へと向かい、その目的のため、モーロワにとっては嫌悪の対象でしかなかった次の二つを受け入れたという。すなわち、一つは「左翼連合路線」(社共共闘)であり、もう一つは党内最左派のジャン・ピエール・シュヴェーヌマン率いる「社会主義研究調査教育センター」[12]との連携である。

一九七一年六月に開催されたエピネー大会[13]において、ミッテランが新党に合流するとともに、第一書記に選出されると、それ以降モーロワは一九七九年までミッテランに次ぐナンバー・ツー（党内調整担当書記）の地位を占めることになった。彼は党勢拡大に尽力し、共同政府綱領策定へ向け共産党との交渉にあたるとともに、ミッテランが立候補した一九七四年の共和国大統領選挙においても積極的に支援活動を展開した。

「地方分権化」や「地域民主主義」といったテーマに当時最もコミットしている政治家として知られたミシェル・ロカールとロカール派が社会党へ合流したのは、前章で述べたように、まさにこの一九七四年であった。かねてからミッテランへの批判を繰り返していたロカールの入党は、それ自体が党内に波紋を呼ぶ大きな事件であったが、ロカールは一九七八年総選挙（国民議会選挙）における社会党敗北の原因を「左翼連合路線」に求めるなど、ミッテランとの溝は依然として埋まっていなかった。ミッテランが党内ナンバー・ツーの地位にある自分を冷遇していることに業を煮やしていたモーロワは、ミッテラン派と袂を分かつことを決意し、一九七九年のメッス大会[14]に「モーロワ派」の代表者として「動議」[15]を提出するとともに、ロカール派と共同戦線を張って、当時最大派閥であったミッテラン派に挑んだ。

投票の結果、ロカール派と合算してもミッテラン派の獲得票を上回ることができなかったモーロワ派の代表は、結局これまでミッテラン派に留まることで確保してきた党内ナンバー・ツーの地位を失うことになった。ただし、ロカールとは対照的に、ミッテランとの関係悪化を避けてきたモーロワは、一九八一年の共和国大統領選挙へ向けた社会党内における候補者選挙に立候補の意思をみせていたロカールへの支持を拒否するとともに、ミッテランを支持する見返りとして、大統領選挙での勝利の暁には、モーロワに首相のポストを与える旨の密約をミッテランと交わしていたという[16]。そしてこの密約は、大統領選挙におけるミッテラン候補の勝利によって、現実のものとなった（モーロワが一九八二―八三年の地方分権改革をドフェール内相とともに実現したことについては上述の通り）。

## （二）　リール市長モーロワと地域民主主義

ベルギーと国境を接するノール・パドカレの州都（ノール県の県庁所在地）であるリール市は、フランス第五共和政初代大統領シャルル・ドゴールの生地としても知られる、人口二三万人弱[17]の中規模都市である。リールの市政は、一八九六年にギュスタヴ・ドゥロリ（Gustave DELORY）が市長に就任して以来、ドゴール派「フランス人民連合（ＲＰＦ）」の下に置かれた八年間（一九四七—五五年）を除き、一貫して社会党（ＳＦＩＯの時代を含む）が主導してきた。

一九五五年以来リール市長の職にあったＳＦＩＯのオーグスタン・ローラン（Augustin LAURENT）に請われて、上述のように当時カシャン市議であったモーロワが、コミューン議会選挙にリール市社会党リストのメンバーとして立候補したのは一九七一年のことであり、当選後第一助役を務めていたモーロワが市長職を継承したのは、それから二年後（一九七三年）のことであった[18]。以降一九七七年、一九八三年、一九八九年、一九九五年のコミューン議会選挙で勝利を収めた彼は、二〇〇一年のコミューン議会選挙を機に同職を同じく社会党のマルチーヌ・オブリ（Martine AUBRY）に譲るまで、実に二八年にわたりリール市政を率いてきたことになる。

リール市議会の議事録をたどっていくと、本書が関心を向けている「住区評議会（Conseil de quartier）」にかんする最初の記述は一九七七年一〇月二〇日の審議のなかに見出される[19]。一九七三年にはすでにリール市長に就任したとはいえ、それは前任者のローランから禅譲されたにすぎず、自らを筆頭者とする候補者リストでコミューン議会選挙に勝利したわけではなかったモーロワにとって、それを初めて成し遂げたのが一九七七年三月だったという事実、そしてこの一九七七年コミューン議会選挙において社会党が「地域民主主義」を政策理念に掲げていたという事実（本

**【資料３－１】リール市の住区評議会制創設期における主な議決（リール市議会、1977-81年）**

| | |
|---|---|
| 1977年10月20日 | 住区評議会のアウトラインについて |
| 1977年12月13日 | 住区評議会を順次設立していくことの確認 |
| 1978年６月29日 | |
| 議決78/1002号 | 住区評議会の組織編成。 |
| 議決78/1003号 | ボワ・ブラン（Bois Blancs）住区および南リール（Lille-Sud）住区における住区評議会のメンバー構成。 |
| 1979年５月28日 | |
| 議決79/1004号 | 住区支所および住区評議会。組織編成と運営。 |
| 議決79/1005号 | ワゼム（Wazemmes）住区、フィーヴ（Fives）住区、ムーラン（Moulins）住区、旧リール（Vieux Lille）住区における住区評議会。評議員の指名。 |
| 1980年５月29日 | |
| 議決80/1002号 | サン・モーリス（Saint-Maurice）住区およびヴォーバン（Vauban）住区における住区評議会。評議員の指名。 |
| 1981年２月26日 | |
| 議決81/1001号 | フォーブール・ドゥ・ベチューヌ（Faubourg de Béthune）住区における住区評議会。評議員の指名。 |

書第一章参照）に鑑みるならば、この時リール市に設置された住区評議会は、地域民主主義という政策思想をモーロワなりに具現化したもの捉えられるのである。

ともあれ、リール市議会における一九七七年一〇月二〇日の審議では、九つの既存住区に市役所の「支所(mairie-annexe)」を置くとともに、「各住区には、支所において会合をおこなう都市内分権組織を設置することとし、同組織は『住区評議会』と呼ぶものとする」など、同市に設置される住区評議会の概要について確認がおこなわれた。それ以降のおよそ四年間に、住区評議会にかかわる様々な規定が議決されていく（【資料３－１】参照）。

### （三）リール市議会における「住区評議会」の提案（一九七七年）

リール市長が市議会においてその「オリジナリティ」を強調し、フランス初の取り組みとして一九七七年に提案された「住区評議会」は、一九七八年以降の同市議会における一連の議決において、制度設計などの詳細が規定されていく。ここではまず、そこへ至る一九七七年段階での当初案や議論がどのようなものであったのかについて明らかにするため、一九七七年一〇月二〇日の審議と一九七七年一二月一三日の審議の議会議事録を参照し、とりわけ報告者による趣旨説明や質疑応答（議員やモーロワ市長が発言）を三つの論点（a．住区評議会のメンバー選出方法、b．リール市のオリジナリティとしての「自治体行政の都市内分権」、c．住区評議会と住区委員会の関係性）に絞って整理していく。

**a　住区評議会のメンバー選出方法**

当時のリール市長が、二〇余年ののち、彼の名を冠した委員会の報告書において「近隣民主主義」と名づけることになる政治理念は、一九七七年のリール市議会において、すでに次のように表現されていた。

> 住区における都市のルネサンスは、地域住民にとって市当局を最大限に近づけていく都市内分権化のさらなる努力を通じて、探求されていくことになる。

これを述べたのは、同議会が「住区評議会のアウトライン」について検討した一九七七年一〇月二〇日の審議に先立ち、その趣旨説明を担当した報告者ドゥベール（DEBEIRE）であったが、彼はこのような理念を提示した上で、同市にはすでに九つの住区が存在していること、そして五つの住区にはすでに市役所の住区支所が開設され、残りの四つの住区についても開設の準備が進められていることを指摘することで、この取り組みが必ずしもゼロからのスタートでないことを強調しつつ、「『住区評議会』と呼ばれる都市内分権組織」について、メンバー選出の方法から説明を始めている。

そしてドゥベールがその趣旨説明のなかで、メンバー選出にかんし、市議会による評議員の指名はあくまでも次善の策であって、住民による普通選挙が「理想」であると述べている点は、極めて重要である。というのも、リール市の住区評議会に対する批判の一つは、評議会のメンバーの任命権者を市長としている点であり、こうした市当局・市議会主導のメンバー構成が同市において改善されるには、二〇〇八年における近隣住区政治システム改革により、有権者名簿からの無作為抽出制が導入されるまで待たなければならなかったからである（本書第五章参照）。

普通選挙による評議員の選出を断念せざるを得なかった理由を、報告者は現行法制ではそれが可能でないためとしているが、市議会がメンバーを指名する場合でも、重要なのは住民のなかにある極めて多様なカテゴリーの人々、とりわけ様々なアソシアシオンの代表として献身的に活動し、地元の住区でも尊敬を集めているような人物を広く選出することであるとされている。

この第一の論点については、議員のなかからもそれを補足する発言がなされている。一九七七年一〇月二〇日の審議においてこの点について発言したビュリ（BURIE）議員は、メンバー公選制が理想的な選出方法であるとした上で、これが「住区評議会」を「単なる意見聴取の段階」から「組織化された意見聴取」へとレベルアップさせるとしているが、他方で、この制度の周知が不十分な段階で投票を実施した場合、各住区のなかにある多様性が十分反映されず、住区住民の一部の者しか代表しない評議会となってしまうおそれがあると述べている。[20] こうした観点から、同議員も報告者と同様、仮に次善の策として評議員を市議会が指名する場合でも、重要なのは住区住民のなかにある意見の多様性を「住区評議会」がいかに代表できるかであると結論づけているのである。

なお、モーロワ市長も、一九七七年一〇月二〇日の審議において、最も望ましい選出方法は普通選挙であり、次回のコミューン議会選挙にあわせて実施するのが望ましいとしながらも、「少なくとも向こう六年間」（一九七七年に改選されたコミューン議会の任期が満了する一九八三年まで）は実施できないと述べている。[21] 市長にとって住区評議会メンバーの住民公選制は、同市において活発に活動している住区委員会をはじめとする各種アソシアシオンの代表者たちが住区評議会に参画する方法を確保するためにも必要なものであったが、それが叶わない以上、当面はリール市議会ないし住区評議会からの指名により、「二一―三名の住区委員会の代表者」を住区評議会にメンバー入りさせるとしている。

### b　リール市のオリジナリティとしての「自治体行政の都市内分権」

いま紹介したビュリ議員が、一九七七年一〇月二〇日の審議において、住区評議会のメンバー選出について発言した際、グルノーブル市（イゼール県）やボローニュ市（オート・マルヌ県）が採用している近隣政治システムの方式が必ずしもうまくいっていないとしたことに関連して、モーロワ市長が両市を「市当局と住民とで権力を分有する実験において前衛」の位置にあるとしながらも、その仕組みを「アソシアシオン活動の制度化」と呼び、これとの違いのなかにリール市の「オリジナリティ」があると述べ、その違いを次のように説明している点は、リール市に創設された住区評議会の特徴を理解する上で重要である。すなわち、モーロワ市長はこの時、リール市では公的機関として設置されている「諮問委員会」の役割を、両市が地域住民団体である「住区委員会（comités de quartier）」や「アソシアシオン評議会（conseils d'association）」に与えている点に差異を見出しているが、[22] 市民たちに「中規模都市」の生活を提供すべく、大都市としてのリール市を人口二万―三万人で区画する、まさに「自治体行政の都市内分権」を同市において実現しようとしている市長にとって、地域住民団体としての「住区委員会」を半ば公的機関とみなし、市当局がこれらの団体と交渉するようなグルノーブル市やボローニュ市の仕組みは、全く別物にみえたのである（なお市長は、一九七七年一〇月二〇日の審議では、一住区あたりの適正規模を二万―二・五万人と述べている）。

さらにモーロワは、両者の違いを流動性と安定性の対照として描いている。すなわち、（グルノーブル市やボローニュ市の）住区委員会は活発に活動し、発展し、彼らが望むなら消滅することも可能であり、自己刷新を図ることも、メンバーを大幅に入れ替えることさえ可能であるのに対し、（リール市がめざしている）自治体行政の都市内分権は「少なくとも、コンセンサスやパースペクティヴの面で、住区のレベルにおける一定の安定性」を確保しているとされるのである。

都市の再開発やそのための土地収用など、様々な争点をめぐる住民の反対運動が活発に展開された当時の時代状況に鑑みるならば、市長のこの説明を正確に理解するためには、市当局と住民側との対立が激化する前に、住民からの意見聴取と日常的な意見交換を通じて、問題を解決していこうとする意思を、そこに読み取る必要があるように思われる。

### c　住区評議会と住区委員会の関係性

リール市議会における一九七七年一〇月二〇日の審議においてアウトラインが報告され、了承された同市の「住区評議会」は、およそ二カ月を経た一九七七年一二月一三日の審議で再び採り上げられた[23]。報告者のドゥベールは、「住区評議会は自治体行政の都市内分権のシンボルでなければならず、われわれは必ずわがリール市においてこれを成功させたいと思っている」とする自らの思いを表明した上で、「住区評議会を通じた自治体行政の都市内分権や活性化と、〔他都市で活動している地域住民団体としての〕住区委員会とを混同すべきではない」と述べることで、同日における審議で採り上げようとしている論点を端的に説明している。

ただし、住区評議会と住区委員会の関係性にかんして正面から整理をおこなったのは、モーロワ市長による一九七七年一二月一三日の審議のまとめであった。すなわち、市長はこの日の審議において、リール市で導入が提案されている住区評議会方式とグルノーブル市など他都市ですでに実施されている住区委員会方式とを対立的に捉え、いずれかを選択するのではなく、同時並行的に進行する「二つのプロセス」として捉え、一方では住区評議会を設置して「自治体行政の都市内分権」を推進し、他方では住区委員会などによるアソシアシオン活動が活発に展開されることで、「〔住区評議会を通じた〕自治体行政の都市内分権や活性化と〔住区委員会などとの〕事前協議の連結（liaison）」が実現すると述べているのである。

一見すると、一九七七年一〇月二〇日の審議では、他都市で実施されている住区委員会方式との違いを強調することで、リール市が当時導入を準備していた住区評議会の特徴を説明していたモーロワが、いま述べたように、一二月一三日の審議では両者の統合へと議論をシフトさせているようにみえる。ここではその背後に、アソシアシオン活動をより積極的に評価すべきとするカシュー（CACHEUX）議員の発言があったことを確認しておきたい。すなわち、同日の審議においてカシューは、リール市において当時約七〇〇団体が活発に展開していたアソシアシオン活動を「都市内分権と自主管理の学習手段」と位置づけ、むしろ彼らに活動手段（事務所や活動資金）を提供すべきであると主張しているのである。

カシュー議員によれば、これらのアソシアシオンは、住民のなかにある様々な要望を引き出し、住民と市議会議員との対話を促進し、政策上の選択肢を明確化する役割を果たす、むしろ貴重な存在であるとされる。時には住区の利害をめぐって、住区委員会と市当局とが政治的な対立の関係になることもあるにせよ、市当局とアソシアシオンの協

**【資料３－２】リール市議会議事録〔抜粋〕**

1978年６月29日議決78／1002号：住区評議会の組織編成

1977年10月20日の市議会審議の際、住区評議会とはどのようなものか、そのアウトラインが定められた。

我々が想起するのは、住区評議会が純粋に意見表明する権限を有する一つの行政機関であり、まさに都市内分権のエスプリにおいて、市内の地域共同体を活性化させながら、住民にとって自治体行政を身近なものにすることを可能にするに違いないということである。

今回の住区評議会設置は、フランス初のユニークなものであり、その成功のためには、慎重さと柔軟さが求められる。換言すれば、これは極めて普遍的な一つのルールなのであり、日常的な事柄や現実とふれ合うなかで明らかになる様々な要請に応じて、明確にされていくであろう。強調すべきは、住区評議会の実験的で拡張可能な性格である。

住区評議会を始動するにあたり、住区評議会に関わる３つの問題、すなわち、そのメンバー構成、運営、権限について答えることは不可避である。

１—住区評議会はどのようにメンバーを構成するか？　　〔…〕
２—住区評議会はどのように運営されるか？　　〔…〕
３—住区評議会の権限はなにか？　　〔…〕

議はまさに紛争とはどのようなものなのかを学ぶ機会なのであり、アソシアシオン活動は「責任を学習」する場である、と。

## （四）リール市における「住区評議会」の創設（一九七八年）

いまみてきたような一九七七年のリール市議会における議論と確認を経て、住区評議会の組織編成にかんする議決が一九七八年六月二九日と一九七九年五月二八日におこなわれている。[24] なお後者（議決79/1004号）は各住区に開設される市役所の住区支所の役割などにも言及しながら、住区評議会の運営を詳細に規定することで、前者（議決78/1002号）を補完する位置づけにある（【資料３－２】【資料３－３】参照）。本書では、これら二つの議決を総合し、リール市に設置された当初の住区評議会がどのように組織編成されていたのかを、メンバー構成、運営、権限の順に考察していくことにする。

【資料３－３】リール市議会議事録〔抜粋〕

1979年５月28日議決79／1004号：支所および住区評議会。組織編成と機能

４年あまり前のボワ・ブラン住区における第一号の支所開設をもって開始された自治体行政の都市内分権化の試みは、それ以降５つの住区に拡大され、しかもそのうちの２つの住区では、すでに住区評議会が設置されている。残り３つの住区支所（ヴォーバン、サン・モーリス、フォーブール・ドゥ・ベチューヌ）についても、向こう数カ月のうちに活動を開始し、これをもって当初の計画は達成される。

次のことを想起しなければならない！すなわち、当初からわれわれの絶え間ない関心事は、われらの街の「基本構成細胞」たる住区のレベルにおいて、行政活動を組織することにより、リール市民たちの日常生活をより人間味のあるものにすることにあった、と。

［…］

それゆえ、我々が取り組んできたプロセスが具体化され、幾ばくかの重要性を帯びるようになるとき、現状を明らかにするとともに、市役所の住区支所とこれらに活力を与える機関としての住区評議会がどのような条件において機能するのかを明確にしていくことが必要である。

［…］

### ａ　メンバー構成

リール市住区評議会のメンバー構成にかんする規定は、「一〇名程度の評議員」とされるなど、比較的曖昧なものであり、少なくとも設立当初のそれはさほど明確・厳格なものではなかったどころか、「『成り行きを見守る（voir venir）』ため、直ちにすべての議席を埋める必要はなく、適宜調整ができるよう幾つかの議席を残しておく」という文言に示されるように、むしろ実際に活動しながらプラグマティックにルール化していこうとの意思が伺える（【資料３－４】参照）。

なお上述のように、リール市議会における一九七七年一〇月二〇日の審議でおこなわれた報告では、評議員は住民による普通選挙で選出されるのが「理想」としながらも、法制度上の問題から、次善の策として市議会が指名するとしていた。しかし最終的には、一般メンバーにせよ、市議会代表評議員にせよ、市長を任命権者と定めていることがわかる。

**【資料3－4】リール市住区評議会（1978年設置時）の概略**

〔住区評議会のメンバー構成〕

各住区評議会は10名程度の評議員で構成され、この人数は最も人口の多い住区で、どうしても必要な場合には15名まで増やすことができる。

評議員は、そのクオリティや取り組みが住区の発展に資する、社会活動、家族活動、教育活動、文化活動、スポーツ活動関係諸団体の代表者たちのなかから、市議会により任期２年で選出される。

「成り行きを見守る」ため、直ちにすべての議席を埋める必要はなく、適宜調整ができるよう幾つかの議席を残しておく必要があるだろう。

市議会議員は、居住住区における住区評議会の会合に招待されるが、当該市議会議員は意見表明の発言のみで、彼らの独立性は、すべて彼らが投票を通じて決定に参加している唯一の機関である市議会の審議に資するものでなければならない。

各住区の「市議会代表評議員」は市長により任命される。同評議員は、住区から提起されるすべての問題に配慮し、当該住区の常任報告者を務めるという本質的な任務を有する。

### b　運営

住区評議会の運営にかんする規定は、一九七八年六月二九日の審議では十分に掘り下げられておらず、上述のように一九七九年五月二八日の議決78/1002号における詳細な規定によって補完される必要があった（【資料３－５】参照）。そして住区評議会の運営にかんするこれらの規定のうち、われわれが注目すべきは、住区評議会の会合が市長（あるいは市長が委任した助役ないし市議会議員）により議事運営されることになっていた点である。というのも、この時採用された住区評議会の組織編成モデルが住民合議を市政担当者により直接議事運営されるとしている点で、二〇世紀初頭のボルドーにおける「住区組合」の取り組み以来、フランスの諸都市において住区を区域とする要求集約活動を展開してきた地域住民団体としての住区委員会が採用してきた組織編成モデルと、決定的に異なっているからである。

これら二つのモデルの対立は、リール市の住区評議会をモデル（原型）としてモーロワ委員会報告書（二〇〇〇年）が住区評議会制の法制度化を提案したのを受けて、ジョスパン多元的左翼政府が近隣民主主義法案を上程すると、これが従来の近隣政治シス

**【資料３－５】リール市住区評議会（1978年設置時）の概略**

〔住区評議会の運営〕

A）会合までの準備期間

- 住区評議会の招集は次のいずれかによって決定される。

—評議員の過半数による要請

—市長ないしは市議会代表評議員（検討すべき議題数が一定数に達し、住区支所事務長が会合の開催を提案した場合）

- 各住区評議会は、少なくとも半年に一度、会合をおこなわなければならない。会合は市長により招集される。特に秋の会合は、予算見積もりと当該住区に関わる施設整備や諸計画の優先順位にかんする検討に当てられる。
- 議題は、会合の前段階において、住区評議会評議員および市議会代表評議員が共同して定める。その準備は住区支所事務長の下で速やかに進められ、関係各位に通知される。また、議題は次の３つに分類される。

—市当局との情報交換が必要な事項（市議会から議員を報告者として派遣するなどの対応）

—住区評議会会合で審議すべき事項

—その他の事項

B）住区評議会の会合

- 住区評議会は、（市議会の各種委員会について規定した）行政法典L.121-20条を援用し、市長により議事運営がおこなわれるが、市長は—会合の日程によっては—それを助役ないし市議会議員に委任することができる。
- 市長（あるいは市長が委任した助役ないし市議会議員）の発言は意見表明のためのものに限られる。
- 住区評議会の活動の方法は、市議会により承認されたものとなる。
- すべての議題は市議会への報告の対象となる。その他の問題については、いずれについても同評議会の過半数の賛成をもって承認される。
- 住区支所事務長が、法令に基づき、当該住区評議会の事務を所管する。
- 住区評議会の会合は公開される。

C）住区評議会における議決後の事務処理

- 議決後、住区評議会は速やかに総括調書を作成し、審議の際に提出された報告書を添付の上、関係各位に送付する。
- 議事録は住区支所の前に掲示される。

**【資料３－６】リール市住区評議会（1978年設置時）の概略**

〔住区評議会の権限〕
住区評議会の権限は、次のように要約される。すなわち、「住区評議会は、当該住区に関わるすべての問題について、評議会としての意見を提出する」と。また住区評議会は、提案をおこない、要望を述べ、当該住区に関わる「質問状」を市長に送付することができる。市長の回答は、口頭ないし書面（住区公報）でおこなわれる。

住区評議会は、市議会と住民との間の中間段階でなければならない。同評議会は、市議会における議決事項について説明を受け、諸計画について情報提供を受け、常に仲介者としての役割を果たさなければならない。住区住民からの反応、そして彼らの判断や彼らの批判に配慮しつつ、同評議会は住区としての意見をまとめ、市議会に回答しなければならない。

住区評議会の権限外の諸問題にかんする意見や提案は無効である。なお、無効か否かの確認は、市議会によっておこなわれる。

行政と市民との距離を縮め、リール市の行政管理や方針への市民たちのできるだけ多くの参加を保障することこそ、われわれの現在の念願である。そして、社会的・行政的・文化的サービスのすべてを担当する住区支所を各住区に設置することが、次の願望である。都市内分権化、言いかえるならば、民主主義化は、われわれの絶えざる大志である。

テムを不必要に攪乱するのではないかとの懸念となって、諸都市の自治体当局や住区委員会から表明されることになる（後述）。

### c　権限

リール市の住区評議会に与えられている権限は「当該住区に関わるすべての問題について、評議会としての意見を提出する」ことにあるとされる（【資料３－６】参照）。ただし、「住区評議会の権限外の諸問題にかんする意見や提案は無効」とされ、「無効か否かの確認は、市議会によっておこなわれる」とされており、このことは、住区評議会制をめぐる市当局の主導性問題がこの段階からすでに存在していたことを示している。

なお、同規定のなかに登場する「行政と市民との距離を縮め（rapprocher l'administration du citoyen）、リール市の行政管理や方針への市民たちのできるだけ多くの参加を保障する」という考え方は、その当時フランスにおいて発展を遂げていた政策思想としての地域民主主義をモーロワのイニシアティヴの下で「翻訳」したものであり、それがまさに一九七八年にリール市において創設された住区評議会であったといえる。

そして、「近接性（proximité）」という用語こそ使われていないが、ここに示された理念は二二年ののち、モーロワ委員会報告書（二〇〇〇年）において「近隣民主主義（la démocratie de proximité）」へと翻訳されることになる（後述）。

## 第二節　「地方分権化の将来にかんする委員会」報告書（二〇〇〇年）

### （一）モーロワ委員会における「近隣民主主義」の理念

多元的左翼政府を率いていた社会党のジョスパン首相（当時）が、モーロワを委員長とする委員会を設立し、「地方分権化の進展に向けた新たなパースペクティヴ」にかんする検討を依頼したのは一九九九年一〇月一三日（書簡の日付）のことであった[25]。

ジョスパン首相は、一九八二―八三年にミッテラン政権下で実施された地方分権改革関連諸法や「国土整備と持続的な開発」にかんするヴォワイネ法[26]および「コミューン間協力の強化と簡素化」にかんするシュヴェーヌマン法[27]（いずれも一九九九年）がフランスの地方行政を規定する重要な条文であったことを確認した上で、次に必要な地方分権改革法制は国と地方を一体で改革するものでなければならないとの観点から、同委員会をあらゆる党派、主要地方議員団体[28]、そして地方分権問題のエキスパートからなる多元的なメンバー構成とし、その第一の作業としてまず地方分権改革の実施状況を整理することを求め、つづく第二の作業として、地方分権改革が「より正当性を有し、より効果的で、より連帯の観点にたった」ものにすべく、様々な提案をおこなうよう要請している。[29]

そして、ジョスパン首相が定めたスケジュールにしたがい二〇〇〇年一〇月一一日に採択された報告書『地方公共活動の再建』（以下、モーロワ委員会報告書と表記）は、次の二本柱に基づき、実に一五四点にわたる提案をおこなっている。

①市民の視点に立った地方自治体と諸権限の再編

②地方自治体における政策決定の質および透明性の確保

こうして、様々な立場の人々からなるモーロワ委員会は、フランスの地方行政と地方分権改革の現状や問題点を洗い出し、その改善に向けた多岐にわたる提案をおこなっているが、本書が関心を寄せる「近隣民主主義」の概念は、報告書冒頭の「総括」において提示された「地方の公的活動を強化するための十二の基本方針」の七番目として登場する。

近隣民主主義

七―参加民主主義の新しい形態が法制度化されなければならない。これらの形態は、近隣住区のレベルにおいて適合的に実践されるものであり、とりわけ人口二万人以上のコミューンに対しては、住民を代表する住区評議会の設置が義務づけられる。

自治体における新しいプロジェクトの決定に対する住民の参画のあり方や多様な公的意見聴取の形態について改革がおこなわれることになる。アソシアシオンの代表者の権限が強化される。行政の透明化を促進するため、新しいコミュニケーション技術が系統的に導入されていく。

各種選挙におけるEU域外出身定住外国人の選挙権および被選挙権の設立問題が、次の二つの考え方の間で論議の対象となっている。すなわち、一方には市民権と選挙権との間の厳格な結びつきを重視する者、[30]他方には〔国籍を越えた住民の〕政治的統合という考え方により大きな広がりを与えたいと願う者がいるのである。コミューン議会選挙に限定した定住外国人への選挙権の付与という原則に、多くの人々が支持を与えている。

以上のような「近隣民主主義」にかんする同委員会の基本的な考え方を踏まえ、モーロワ委員会報告書は、住区評議会制の法制度化にかんして、より具体的な説明と勧告をおこなっている。

## (二) 住区評議会制の法制度化にかんする諸提案

同報告書は「住区評議会」[31]の必要性について次のように述べている。[32]

近隣合議への地域住民のさらなる参画

地方自治体の施策をさらに周知徹底していくには、すべての住民が公的討議に参加し、彼らに直接関わるテーマについて彼らが意見を述べ、彼らの住区での暮らしについて様々な提案をおこない、地域空間に参画できるようにすることが不可欠である。

住区評議会の創設

人口が一〇—二万人のコミューンについては、その状況に応じて、新しい機関が創設されるべきである。

【勧告第七一号】

人口二万人以上の都市コミューンに、支所ないし「住区評議会」[33]を創設する。その他の都市コミューンについては、この規定の実施を奨励する。

この提案と同等の重みをもって、コミューン議会議員のような地方議員（特に執行権の役職をもたない議員）の役割を再評価する。関係書類は、こうした議員たちにも配布されるべきであり、彼らが住区で活動し、日常生活上の様々なリスクに、コミューン諸機関との直接的な連携で対処できるよう、様々な責任が住区評議会の制度枠組みに付与されるべきである。

【勧告第七二号】

身近な存在である地方議員たちに住区（支所、住区評議会、近隣諸機関）での様々な責任を付与しつつ、彼らの役割を重視するとともに、パリ・リヨン・マルセイユにかんしては、行政区評議会（既存の行政組織）の諸権限を強化する。

住区評議会の構成にあたっては、地域空間に最もかかわりの深いないしは最も利害関係のある住民組織がそのメンバーとして認められるべきである。

【勧告第七三号】

住区評議会のメンバーは、自らの参加を承認しているかまたは自発的な参加の意思をもっているアソシアシオンの代表者や住民からなるリストに基づいて、コミューン議会が任命する。

住区評議会は、地方自治体から情報開示を受け、意見を表明し、付託を受ける権利を有する。住区空間に必要なのは身近な公共機関と迅速な対処であり、コミューン議会とコミューン諸機関の代表は、住区評議会に対し最終的な決定を下す役割を担うことになる。

【勧告第七四号】

予算を分配する。住区評議会と連携をとりつつ、市長から任命された地方議員の責任の下に近隣専門機関を設置する。

ギ・ポケによれば、ここで【勧告第七三号】が、住区評議会のメンバーシップの問題にかかわって、「自らの参加を承認しているかまたは自発的な参加の意思をもっているアソシアシオンの代表者や住民からなるリスト」に基づきコミューン議会が任命するとしているのは、モーロワ委員会が、住区機関のメンバーをボランティアないしはくじに委ねることに反対したためとされる(34)。

このことは、次のような事実があるだけに、幾らか皮肉なものがある。すなわち、モーロワ委員長自身が述べたように(後述)、ここで提案されている住区評議会は一九七八年にリール市のモーロワ市政下で創設されたそれを原型としているが、そのモーロワからリールの市長職を継承したマルチーヌ・オブリの市政が二〇〇八年に実施した近隣政治システム改革によって、同市の住区評議会におけるメンバー選出には、いまや有権者名簿からの無作為抽出制が導入されているのである(本書第五章参照)。

ともあれ、ポケが指摘するように、住区評議会のメンバーをコミューン議会が任命する仕組みでは、「住区評議会の構成」をコミューン議会が完全にコントロールしたり、「住区評議会をコミューン当局の単なる下請けに変えて」しまったりするおそれがあり、それゆえ、モーロワ委員会により提案された住区評議会制に向けられる批判の多くは、評議会メンバーの任命方法や、そもそも同評議会が住民参加の場となりうるかという根本的な問題にかかわっていた。

批判者たちにとって、動機づけが必ずしも強いとはいえない評議会メンバーたちの存在が、まさに「抜け殻」「真の争点に立脚した議論の欠如」そして「コミューン当局によって決定が下される前段階の単なる登記所」を想起させたのである。(35)

## (三)　モーロワの政治的意思

モーロワ委員長は、委員会報告書を提出した直後、ある雑誌のインタビューにおいて、住区評議会制を提案した趣旨を次のように説明している。

今日、いかなるデモクラシーにも、国会議員など代表者の選挙を通じた代表制の要素が必須です。しかし、我が同国人たちは、新しく、また当然の要求をもっています。彼らが望んでいるのは、とりわけコミューンのレベルにおける政策決定に自ら参加することです。こうした考え方から、住区評議会制を創設し、全国に一般化(généraliser)させなければなりません。私はリール市でこれを実際に試みていまして、私が市長職にあった三〇年間の大部分を住区への分権化に費やしてきただけに、確信をもってこれを語っているのです。近隣の日常的諸問題を規律するためには、市当局と専門諸機関そして住区評議会がしかるべき連携をとるなかで決定が住区のレベルで下される必要があります。私が思うに、この市民参加機関は、人口二万人以上の都市に一般化(généraliser)させる必要があります。これは、ジョスパン政府が以前から実施を約束していたものです(36)(傍点は中田)。

一九七七年にリール市議会で住区評議会の創設が提案され、市長としてモーロワが「自治体行政の都市内分権」へ向けた政治的意思を表明してから、およそ二三年の年月が経過していたが、ここに見出されるのは、モーロワ自身がリール市の市長として発展させてきた同市での取り組みを、法制度改革という方法を用いて全国の諸都市に「一般化(généraliser)」しようとする政治的意思である。

## (四) 小括

以上のように第一・二節では、一九七八年にリール市において設立された住区評議会と、二〇〇〇年のモーロワ委員会報告書におけるその法制度化(一定の人口規模を有するフランスの都市コミューンにその設置を義務づけ)の提案とがどのように関連づけられるかについて、ピエール・モーロワという一人の政治家を軸にして検討してきた。

まず第一節では、長年にわたりリール市政を率いるとともに、フランス第五共和政下で初めて左翼連合政府を率いる首相を務めたモーロワの政治的経歴について概観し、さらに一九七八年にリール市において住区評議会が導入された経緯を、当時の市議会議事録のなかで確認した。この時設置された住区評議会は、モーロワ市長(当時)の言葉を借りるならば、「自治体行政の都市内分権」を実現するための制度的基盤であり、市議会での審議の段階では、評議会メンバーの選出にかんして住民公選制の導入も検討されたが、結局法制度上の問題があるとの理由から、次善の策としてリール市議会が指名した者(地元で活発に活動するアソシアシオンの代表者など)をメンバー入りさせたことがわかった。市内をくまなく「住区」に区画し、そこに市役所の出先機関としての「支所」を置くとともに、住民合議機関としての「住区評議会」も併設するとする「自治体行政の都市内分権」の試みは、「リール型近隣政治システム」と呼ぶべき同市に独自の新しい方式であった。

そしてつづく第二節では、モーロワが委員長を務め、住区評議会制の法制度化を提案した「地方分権化の将来にかんする委員会」の報告書『地方公共活動の再建』（二〇〇〇年）の検討を通じて、同委員会がどのような理念においてその法制度化を提案したのかについて明らかにした。ここで注意すべきは、同委員会が住区評議会の設置を提案した段階では、人口二万人以上のコミューンがその対象であるとされていた点であり、二〇〇二年に成立した近隣民主主義法では人口八万人以上に「緩和」されている。

またその第四項では、雑誌のインタビューに対するモーロワの回答をみていくなかで、彼が一体どのような意図をもって、これを提案したのかについても明らかにした。ただし、こうしたモーロワの政治的意思は、コミューンのレベルにおける市長を中核とした既存の代表制民主主義システムに執着する国会議員たちの与野党を超えた批判にさらされ、このことが近隣民主主義法により導入された住区評議会制の基本性格を強く規定することになった。住区評議会制は、「近隣民主主義法案」の段階では、国会議員たちによりどのように議論されたのか。節を改めて検討していくことにする。

## 第三節　近隣民主主義法案の国会審議（二〇〇一―〇二年）

### （一）　住区評議会制の基本性格とその規定要因

モーロワ委員会報告書による提案を踏まえ、近隣民主主義法はその第一条から住区評議会制の導入を規定することになる。住区評議会の設置が義務づけられるコミューンの人口規模は、法案段階では二万人以上とされていたものが、国会審議を通じて「緩和」され、第一読会の段階で五万人以上、そして最終的には八万人以上となった。

したがって、人口八万人以上のコミューンはすべて、この新制度に基づき、当該コミューン内をくまなく複数の「住区（quartier）」に区画し、各住区に「住区評議会（conseils de quartier）」を設置するよう求められたことになるが、同制度が有する諸特徴のうち、われわれが最も注目すべきは、設置される住区評議会の「呼称（la dénomination）」、「構成（la composition）」さらには「活動様式（les modalités de fonctionnement）」について、その規定をそれぞれのコミューン議会に認めた点である。

ジャン＝リュック・ピサルーが指摘しているように、近隣民主主義法の第一条が『地方公共団体一般法典（Code général des collectivités territoriales）』のL.2143-1条に挿入する住区評議会制関連諸規定を定めているが、住区評議会制にかんする規定は後にも先にも同条項のみであり、その「運用ルールにかんする条項」が存在していないのである[37]（この点を定めた条文については本書の序章参照）。そしてこのことは、近隣民主主義法により設置が義務づけられた住区評議会について、同法がいかなるひな形も定めることなく、当該コミューン議会にその制度設計を一任していることを意味している。

住区評議会制がこのような性質を帯びることになった背景を、われわれはどこに見出すことができるのか。本書では、さしあたり近隣民主主義法案の国会審議に注目し、そこで示された国会議員たちの「住区評議会」に対するネガティヴ・イメージにその背景を求める。

例えば、近隣民主主義法案の国会審議について分析したレジス・マトゥシェビッチ[38]の分析にしたがうならば、住区評議会に対する国会議員たちのイメージや主張は次の二点で整理される。

**①常設型住民合議機関不要論**

マトゥシェビッチは、国会議員たちの発言のなかに同評議会へのネガティヴ・イメージを見出すとともに、その背景として彼らに共有された「普通選挙」神話の存在を指摘し、コミューンにおける政治的正統性は、ほかの誰でもなく民主的な直接普通選挙で選ばれたコミューン議会議員に見出されるべきものと考えられていると述べている（住区評議会の政治的正統性欠如問題）。その首長たる市長は「デモクラシーの体現者」であり、当該コミューン全体に気を配っている、地域住民にとっては最も身近な存在であって、常設の住区評議会など不要であるばかりか、この評議会がもしコミューン住民の「コンセンサス＝一般利益」に対しエゴイスティックな特殊利益を主張する不満分子のたまり場となれば、地方の代議制デモクラシーを危機に陥れるリスクさえはらんでいるという訳である。したがって、住区評議会の制度設計はすべて当該コミューン議会のコントロールの下に置かれなければならないことになる。

**②リール型近隣政治システム押しつけ反対論**

他方、住区レベルでの住民合議機関の地位については、従来からコミューンのレベルの条例によって独自に規定したり、コミューン当局と地域住民団体との間で「住区委員会憲章」を締結したりすることで独自に定義し、住民合議を自主的に実践している都市コミューンもあったことから、今回の法制度化によって、逆に各自治体がこれまで享受してきた「選択の自由」を国家法が制約してしまう危険性があった[39]。

当時アミアン市長を兼職する野党・フランス民主連合（ＵＤＦ）の国民議会議員であったジル・ドゥ・ロビアン（Gilles de ROBIEN）の同法案に対する国会審議での発言は、市長の政治的正統性に執着しながらも、この点にかんする現場からの明確な異議申し立てであった。すなわち、「近年、われわれの市当局は、［住区委員会］憲章を締結することで一定の自律性を既に獲得しているのであり、この自律性と普通選挙からもたらされる［市当局の］正統性とによって、われわれは周知のようなまちづくりや市民との対話を組織できている」[40]と。

上述のように、リール市議会における審議（一九七七年）において、モーロワ市長（当時）はリール市で導入が提案されている住区評議会方式とグルノーブル市など他都市ですでに実施されている住区委員会方式とを対立的にではなく、同時並行的に進行する「二つのプロセス」で捉えることで、両者は統合可能であるとの考えを示したが、いま明らかにされたように、近隣民主主義法案の国会審議において、そうした共存の方法はリール以外の都市では依然として受け入れられなかったことになる。

いま述べた少なくとも二つの論点（常設型住民合議機関不要論とリール型近隣政治システム押しつけ反対論）のなかに、われわれは国会議員たちが住区評議会に対し抱く様々なネガティヴ・イメージを見出すことができる。もちろん以上のような国会審議の結果、住区評議会制が人口八万人以上のコミューンに住区評議会の設置を義務づけながらも、制度的安定性の観点にたてば、その制度設計を当該コミューン議会に一任するとしたことにも意義は認められるのであり、本書はこれを次の三点で整理する。すなわち、（A）住区評議会の政治的正統性欠如問題については、公選議会としてのコミューン議会が有する政治的正統性に還元することで解消するとともに、（B）市民による熟議の場としての住区評議会とその直上段階に存在する公選議会としてのコミューン議会との間に生じうる「競合」を事前に回避し、さらに（C）従来から独自の仕組みを構築しているコミューンの取り組みに不要な制約を与えることも回避しているのである。

ともあれ、本書は、近隣民主主義法案の国会審議に関与した議員たちのそうしたネガティヴ・イメージや警戒心が一つの規定要因となって、住区評議会制が上述のような諸特徴を帯びることになったものと捉えるが、逆にそうした特徴をめぐっては、これを限界性や問題点とみなす様々な批判を呼ぶことになる。

## (二) コミューン当局の主導性批判

住区評議会の制度設計に対する住民からの意見聴取について特段の定めを置くことなく、あらゆる事柄についてコミューン議会が最終的な決定を下すという近隣民主主義法の想定は、この改革に否定的な見解を示すゴーダンの言葉をかりれば、「住区評議会を市当局の後見監督下におく」[41]ものであり、この住区評議会制がモーロワらの思い描いた「理想」に沿って機能するか否かは、結局のところ、同法の適用を求められる各市長(コミューン議会)が「住区民主主義」に対して抱いている「善意」の如何に依存することになる。[42]

また、以前から地域住民団体として住区における意見聴取活動に取り組んできた「住民団体・住区委員会全国連絡協議会(CARNACQ)」[43]からは、同法について、コミューン当局の主導性において本質的な改善がみられず、地域住民からの意見聴取が欠如しているとの批判がある。すなわち、『CARNACQの住区法制ガイド』においてテュルノンは、今回の法制度化に基づいて住区評議会を設立する場合にも、「最低限の住民合議や意見聴取が必要とされていないばかりか、示唆さえもされていない」し、「外部チェック」や「決定に不服な住民からの訴え」も定めていない点を指摘し、結局今回の法制度化は、住区評議会に対する市長の全能性を強化することになったと結論づけているのである。[44]

もちろん、実際に設置された各都市コミューンの住区評議会をめぐっては、上述のようにその政治的正統性や責任能力の問題が常について回るだけに、ゴーダンやテュルノンによる「市当局の全能性」批判がすべてにおいて正当なものということはできないであろう。
ともあれ、近隣民主主義法案の国会審議は、法制度化を通じた住区評議会制の「全国化」という委員会報告書段階におけるモーロワの意図とは裏腹に、住区評議会制の各都市コミューンにおける実践をめぐって、フランス全土を一種の「モザイク状況」にしたのである。

---

（1）「コミューン、県およびレジオンの権利と自由にかんする一九八二年三月二日の法律」により実施された。以下、地方分権法と表記。

（2）一九八一年大統領選挙決選投票（五月一〇日）から三日後、首相選定作業に入っていたミッテラン新大統領のもとを訪れたドフェールは、次のように述べたとされる。

一九七四年の大統領選挙の際、あなたは、勝利の暁には私を首相に指名するおつもりであると言われ、私はそれを承諾した。あれから七年以上の年月が過ぎ去った今、私は年をとり、あまりにも高齢です。私は、モーロワを首相指名なさるよう提案したい。私は、内務大臣のポストがいただければ十分満足です。内相になれば、地方分権化を実施することができるのだから。（傍点は中田）

Georges MARION, *Gaston Defferre*, Albin Michel, 1989, p.294. 拙著『フランス地域民主主義の政治論――分権・参加・アソシアシオン――』、御茶の水書房、二〇〇五年の序章参照。

（3）Pierre MAUROY, *Refonder l'action publique locale : rapport au Premier ministre*, Commission pour l'avenir de la décentralisation, La Documentation Française, 2000.

（4）シラク大統領（共和国連合）のもとで実施された一九九七年の総選挙（国民議会選挙）は、左翼陣営が多数派を形成するという結果に終わり、ジョスパンは首相としてシラクとともに「第三次保革同居政権《コアビタシオン》（一九九七―二〇〇二年）」を担うことになった。

（5）Loi du 27 février 2002 relative à la démocratie de proximité.
（6）Section française de l'Internationale ouvrière.
（7）Jean-Marc BINOT, Denis LEFEBVRE, Pierre SERNE, *100 ans 100 socialistes*, Bruno Leprince, 2005, pp.124-125.
（8）Congrès d'Issy-les-Moulineaux.
（9）Congrès d'Alfortville. 同大会は同時に、一九六九年に実施された国民投票の否決を受け、引責辞任したシャルル・ドゴール大統領の後任を選出すべく、同年六月に投開票がおこなわれたフランス共和国大統領選挙に向け新生社会党の候補者を選出するという使命も帯びており、ガストン・ドフェールがその候補者として指名された。
（10）*Ibid.*, pp.124-125.
（11）Convention des institutions républicaines.
（12）Centre d'études, de recherches et d'éducation socialiste（CERES）.
（13）Congrès d'Épinay.
（14）Congrès de Metz.
（15）フランスの社会党は「徹頭徹尾派閥の党」であり、派閥間の力関係は「動議（motion）」と呼ばれる方法で測定される。すなわち、党大会へ向けて、あらかじめ全体決議を作成するのが困難とされた場合、各派閥の長が党内外の分析と方針をまとめた「動議」を大会に提出し、代議員の採決に付される。そして、そこで獲得した賛同票の比率が、そのまま派閥間の力関係を示す仕組みになっているという。成沢宗男『ミッテランとロカール――フランス社会党戦国史 七一―九三――』（社会新報ブックレット、一九九三年）、八頁、二四頁。
（16）BINOT, LEFEBVRE, SERNE, *op.cit.*, 2005, pp.124-125.
（17）正確には二二万六〇一四人（二〇〇九年一月一日現在）。Direction générale des collectivités locales（Ministère de l'intérieur), *Les collectivités locales en chiffres 2009*. « Les villes de plus de 100 000 habitants ： Liste des 40 communes de plus de 100 000 habitants au 1$^{er}$ janvier 2009 ».
（18）BINOT, LEFEBVRE, SERNE, *op.cit.*, 2005, pp.124-125.

(19) Mairie de Lille, Conseil municipal, Séance du 20 octobre 1977. 以下、リール市議会の議事録はすべて、二〇一三年九月五日・六日にリール市役所資料室（archives）にて収集したもの。なお、同資料室に保存されている市議会の議事録には、二つのカテゴリーがあり、一つは予算その他政策上のテーマを区別することなく一定の時期ごとでまとめたもので、もう一つは、製本等がおこなわれていない各種文書（資料）である。後者のなかには、リール市を所管するパドカレ県庁に提出するためのものも含まれている（一九八二年の地方分権改革により官選県知事の対コミューン後見監督制が緩和される前のもの）。前者のカテゴリーのものにはページ番号が付されているものの、必ずしも体系的とはいえず、後者のカテゴリーのものにはページ番号は付されていないことから、本書ではもっぱら審議の日付（議決番号や発言者名）を明示することで、出所を明らかにする。

(20) Mairie de Lille, Conseil municipal, Séance du 20 octobre 1977. この点にかかわって、同議員は、一定の周知期間をおいて、市議会議員選挙と同日に並行して評議員の選挙をおこなうとしているエルム市（Hellemmes）の事例に言及している（同市はリール市と連携関係にある隣接コミューン）。

(21) ただし、後述の通り、住区評議会メンバーの住民公選制は、審議において法制度上の問題を理由として、退けられている。その理由が具体的に示されている訳ではないが、そうした選出制度の導入は、予算などの重要決定に部分的にでも関与する住民公選議会（住区評議会）をリール市議会が国の許可なく設立することになるおそれがあったものと想像される。あるいはより政治的な文脈で解釈するならば、住民による直接普通選挙により選出された住区評議会の多数派を、もしリール市議会内の多数派とは異なる党派が占めた場合、政治的正統性において対等な二つの「多数派」による深刻な対立が予測されたため、それを避ける目的で、住区評議会メンバーの住民公選制が退けられたとみることも可能である。

(22) グルノーブル市では、一九六五年のコミューン議会選挙に自治体活動グループ（GAM）を率いて勝利し、市長に就任したユベル・デュブドゥが同市において活動を展開していた地域住民団体「住区連合（Union de quartier）」との緊密な連携を軸とした近隣政治システムを確立していた。デュブドゥ市長によるグルノーブルの市政改革については、本書第二章参照。

(23) Mairie de Lille, Conseil municipal, Séance du 13 décembre 1977.

（24） Mairie de Lille, Conseil municipal, Séance du 29 jeune 1978 et Séance du 28 mai 1979.
（25） Lionel JOSPIN, « lettre de mission », Pierre MAUROY, *op.cit.*, 2000, p.141.
（26） Loi n° 99-533 du 25 juin 1999 d'orientation pour l'aménagement et le développement durable du territoire.
（27） Loi n° 99-586 du 12 juillet 1999 relative au renforcement et à la simplification de la coopération intercommunale.
（28） なお、「フランス・レジオン協会」を代表して同委員会にメンバー入りしていたのは、二〇〇二年の共和国大統領選挙で再選されたシラクが最初の首相に任命した同じく新ドゴール派のジャン＝ピエール・ラファランであった。Pierre MAUROY, *op.cit.*, 2000, p.143. このラファランが、就任当初から「地方分権改革・第二幕（Acte II）」への強い意思を表明し、実行に移したことは大変興味深い（本書第一章参照）。
（29） Jean-Claude NEMERY, « X. Le rapport de la commission Mauroy et la démocratie locale », *Annuaire des collectivités locales*, Tome 21, 2001. p.164.
（30） 国籍保有者のみを有権者とみなす伝統的な立場。フランス共和主義においては、血統主義と出生地主義を併用した比較的帰化のしやすい国籍法制をとってきたことと相まって、比較的最近まで定住外国人へ参政権は付与されなかった（本書第七章参照）。
（31） ミシェル・ラセラによれば、全国の都市コミューンに住区評議会制の設置を提案したのは、モーロワ委員会が初めてではなく、すでに一九九八年に提出された都市政策にかんするジャン＝ピエール・シュウー（Jean-Pierre SUEUR）の報告書『都市を変革する』（RAPPORTS de Jean-Pierre SUEUR, *Changer la ville : Pour une nouvelle urbanité*, Éd. Odile Jacob, 1999）のなかで、住区にかかわる諸問題について、当該住区住民の声がコミューン議会の審議に反映するよう、住区評議会を大都市コミューンにあまねく創設することが提案されていたという。Michel RASERA, *La démocratie locale*, LGDJ, 2002, pp.134-135. なお、このシュウーは、「フランス大都市市長会」の代表者として、モーロワ委員会のメンバーに加わっている。Pierre MAUROY, *op.cit.*, 2000, p.143.
（32） *Ibid.*, pp.86-88.
（33） 住区に設置される住民合議機関として、【勧告第七一号】は支所ないし「住区評議会」を提案しているが、生活実態調査研究センター（公共政策評価部）で「近隣民主主義法と都市政策への住民参加」について検討しているギ・ポケによれば、両者の違いは、「支所」がコミューン当局の単なる出先機関であるのに対して、「住区評議会」には一定の自律性が認められる点にあるとされる。Guy POQUET（Département Évaluation des politiques publiques）, *Démocratie de proximité et participation des habitants à la politique de la ville : de la promiscuité des cages d'escalier à la reconnaissance du citoyen-usager : axes méthodologiques de mise en œuvre,* Cahier de recherche, CRÉDOC（Centre de recherche pour l'étude et l'observation des conditions de vie）, 2001, p.10.

（34） *Ibid.,* p.10.

（35） *Ibid.,* p.10.

（36） Pierre MAUROY, « ajuster la décentralisation à l'évolution du temps », *Regards sur l'actualité, Mensuel* N° 271, La Documentation française, mai 2001, p.7.

（37） Jean-Luc PISSALOUX, « Les conseils de quartier : manifestation emblématique de la démocratie locale participative ou large mystification ? », Anne MARCEAU, *La démocratie locale à la recherche d'un nouveau souffle,* L'Harmattan, 2013, p.93.

（38） Régis MATUSZEWICZ, « Représentations et pratiques des conseils de quartier : une démocratie participative en devenir sous contrainte », Stéphane GUERARD（dir.）, *Crise et mutation de la démocratie locale : en Angleterre, en France et en Allemagne,* L'Harmattan, 2004, pp.199-224.

（39） Michel RASERA, *La démocratie locale,* LGDJ, 2002, p.136.

（40） *J.O. Assemblée nationale, Débat parlementaire,* 13 juin 2001, p.4230. Cité par Régis MATUSZEWICZ, *op.cit.*, 2004, p.203.

（41） Jean-Pierre GAUDIN, *La démocratie participative,* ARMAN COLIN, 2007, p.115.

（42） Emmanuel AUBIN et Stéphane BRACONNIER, *Droit de la Nouvelle Décentralisation : Principes directeurs, Dimension humaine de la décentralisation, Compétences évolutives des collectivités territoriales,* Gualino Editeur, 2005, p.161.

（43） Carrefour national des Associations d'Habitants et Comités de Quartier. パリ、リヨン、マルセイユ、グルノーブルの住区組織が一九七六年に結成した全国組織。フランスでは二〇世紀初頭にボルドーで登場して以来、「住区委員会」などの名称の住区組織がグルノーブルやマルセイユなど諸都市で結成されていたが、イタリアでの実践事例に影響を受けつつ、一九七〇年代に大きく発展を遂げた。

（44） Jean TURNON, *Guide CARNACQ des institutions légales des quartiers*, Éd. du CARNACQ, 2002, p.4.

# 第四章　理　論——民主主義モデルとしての「近隣民主主義」——

「近隣民主主義」は、すでに述べたように、一九六〇年代後半以降のフランスにおいて発展を遂げた政策思想としての地域民主主義を、さらに深化させるものとして二一世紀初頭に登場した概念である。本章の目的は、「近隣民主主義」という概念を一つの民主主義モデルとみなすことで、その特質を理論的な観点から考察することにある。

そのためまず、住区評議会制を制度的・実践的形態と位置づけるフランスの「近隣民主主義」モデルが、世界で実践される都市参加民主主義諸モデルとの国際比較研究[1]においてどのように特徴づけられるのかについて明らかにする（第一節）。次いでは、とりわけ一九九〇年代以降本格化したとされるフランスにおける参加民主主義制度の進展プロセスについて整理した上で、それらの制度との比較においてフランスの住区評議会制にはどのような特徴が見出されるのかを明らかにする（第二節）。そして最後に、住区評議会制の導入が、フランスの都市近隣政治にどのようなインパクトを与えたのかについて検討する。より具体的には、近隣民主主義法（住区評議会制）が各都市におけるその実施プロセスを通じて、都市政治の実態にどのような変化をもたらしたのかについて、フランスの地中海沿岸三都市における住区評議会の実態調査研究や、世界の諸都市における参加民主主義やガヴァナンスにかんする比較分析を参照しながら明らかにしていく（第三節）。

## 第一節　世界の都市参加民主主義諸モデルと近隣民主主義モデル

### （一）　都市参加民主主義モデル

ここではまず、近年発展をみている都市参加民主主義研究のなかで一つのモデルと位置づけられる近隣民主主義モデルについて、比較の観点から考察することで、その特徴を明らかにしていくことにする。

しかしそもそも、こうした国際比較研究を成立させるためには、都市参加民主主義自体が世界的な広がりをもって実践されていなければならない。バケ、レイ、サントメールは、世界の諸都市における実践事例の比較研究に取り組んだ共編著[2]において、彼らをこの研究に向かわせる問題状況や問題意識がどのようなものなのかについて、次のように説明している。すなわち、政策決定過程や統治様式が、国家機関と様々な公私のパートナーとの協同などによって複雑さを増し、時には「市民社会の代表者たち[3]」にまでその範囲が広げられるなか、伝統的な行政管理方法が世界各地で再検討され、他方で地域レベルとりわけ都市における公共政策の決定や実施に市民参加の要素を取り入れていこうとする動きが広がっており、多くの大都市が住民間格差の拡大や顕在化に対して、市民参加に基礎を置いた地域レベルでの取り組みを組織するようになっている、と。そして、こうした動向を描写するため、経済・行政・政治の実践的領域やアカデミズムの世界では、近年「都市ガヴァナンス」「近隣行政（gestion de proximité）」「ニュー・パブリック・マネージメント（ＮＰＭ）」「地域行政の近代化」などをキー概念としながら、「効率的行政」「社会関係の変容」「地域民主主義」が論じられるようになっており、これらの考え方によって「国家の再定位」「様々なパートナーシップ

**【資料４－１】５つの都市参加民主主義モデル**

1.「経営者」モデル（東欧、第三世界、アングロサクソン地域：経済的アクター優位の官民協力）
2.「市民参加による近代化」モデル（北欧、ニュージーランド、ドイツ、英国：公共サービスの受給者としての市民のための行政改革）
3.「近隣民主主義」モデル（フランス、ヨーロッパ全体へ普及）
4.「エンパワーメント」モデル（第三世界、アングロサクソン地域：国家がしかるべき役割を果たさないなか、財政力のあるＮＧＯが市民参加形態を主導）
5.「参加民主主義」モデル（ラテンアメリカ、ポルトアレグレやスペイン・イタリアでの参加型予算の事例）

出典：Marie-Hélène BACQUÉ, Henri REY et Yves SINTOMER, « Conclusion : La démocratie participative, modèle et enjeux », *op.cit.,* 2005, pp. 293-299.

の発展」そして「市民社会のイニシアティヴ」を特徴とする「新しい公共政策モデル」が描かれようとしているという。[4]

以上の点を踏まえつつ、世界の諸都市で実践されている都市参加民主主義の事例収集とその国際比較分析を総合化する作業に取り組んだバケ、レイ、サントメール[5]は、下記のような三つの基準をもとに検討を加え、「近隣民主主義」モデルを含む五つの理念型（都市参加民主主義モデル）を提示している（【資料４－１】参照）。

【基準Ⅰ：政治的意思（市民参加手続きの諸目標）】

市民参加手続きの諸目標は、様々な布置状況に応じて相互に接合される。

地方自治体の近代化計画、社会秩序の維持あるいは弱者へのエンパワーメントといった社会的諸目標、権力の正統化あるいは権力の分有によるシステムの変革といった政治的諸目標など

【基準Ⅱ：政治的・社会的文脈】

同一の市民参加手続きでも、そのプロセスが適用される社会に応じて異なった帰結をもたらす。

国によって異なる市民参加への態度、参加制度を利用したり、創設に寄与したりするアソシアシオン空間や社会運動の有無、地方

【資料４－２】２つの都市参加民主主義モデルの比較（３つの基準）

| | 近隣民主主義モデル | 参加民主主義モデル |
|---|---|---|
| 基準Ⅰ<br><br>市民参加手続きの諸目標 | • 近隣行政、公共サービスの適応、ノウハウの集積の重視 | • 行政管理、ノウハウの集積、行政へのコントロールに対する行動的市民の積極的参加 |
| | • リソースの再配分という目的なき「連帯」 | • 社会的優先順位の転換、リソースの再配分 |
| | • あくまでも言葉の上での「政治化」「地方議員と市民の近接化」「近接性による代表制民主主義の補完」 | • 強度の高い「政治化」「政治システムの変革」「権力の分有」 |
| 基準Ⅱ<br><br>政治的・社会的文脈 | • 近接性による公権力の再定位 | • 市民セクターへの依存や民主化を通じた公権力の再編成 |
| | • トップダウン型力学、脆弱な社会運動、市民参加手続きにおける社会運動の不在 | • トップダウン型力学とボトムアップ型力学の接合、市民参加手続きにコミットする強力な社会運動 |
| 基準Ⅲ<br><br>市民参加手続きの制度体系 | • 基本的に意見聴取的な役割 | • 決定権ないし地方政府との共同決定権 |
| | • 不明瞭なルール（とりわけ討論の総括の場面）、低質の熟議 | • 明瞭なルールに基づく市民参加手続きの追求、上質の熟議 |
| | • コンフリクトの不在 | • コンフリクトと集団的討議を通じた一般利益の導出 |
| | • 上層で決定されたルール、市民参加手続きにおける市民社会の自律性の脆弱性 | • 地方政府と共同決定したルール、基盤としての市民参加手続きにおける市民社会の強い自律性 |

出典：Marie-Hélène BACQUÉ, Henri REY et Yves SINTOMER, « Conclusion : La démocratie participative, modèle et enjeux », *op.cit.*, 2005, pp. 298-299.

自治体の自律的活動領域の有無、失業や貧困といった社会経済問題のインパクト

【基準Ⅲ：市民参加手続きの制度体系】

類似した文脈においても、市民参加手続きは多様な意味をもつ。

市民参加手続きが基礎を置くのが住区評議会であるか、（ブラジルのポルトアレグレで実施されているような）参加型予算であるか、熟議が明確なルールに基づいて組織されるか否

**【資料４－３】近隣民主主義モデルの一般的特徴**

「近接性」という表現には、まずなによりも住区という地理的近接性に有効性を見出そうとする理念が投影されており、こうした近隣空間における住民からの意見集約によって近隣行政の改善をめざしている。（ブラジルのポルトアレグレで実施されているような）参加型予算などを想定した参加民主主義モデルと比較したとき、近隣民主主義モデルにはリソース再配分の機能が含まれない点に特徴があり、主に「社会秩序の維持」や「社会的排除との闘い」が課題として想定され、最もましな場合でも「特に市場が生み出す社会空間的分断の流れに対抗する」ことを旨とする「連帯」が唱えられる程度である。

政治的次元においては、エリート主義的民主主義とは対照的に、有権者と代表者との「対話」を重視するのが近隣民主主義モデルであり、少なくとも言説上、〔同モデルの下では〕代表制はもはや有権者と代表者を「区別する様式」でも、「隔離する様式」でもなく、「コミュニケーション様式」であるとされる。

近隣民主主義がもたらすこうした流れは、決定権者たちに英語でいうところの「responsiveness（敏感さ）」を与えるものであるが、反対に重大な社会問題をテーマとして取りあげない「政治のミクロ化」が懸念される。一部の例外を除いて、地方議員たちが最終的な決定権を独占しており、市民社会の側にその自律性を促進する制度的保障は存在しないが、こうした基本的にトップダウン型の組織化・動員のあり方を問題視する声は聞かれない。

出典：Marie-Hélène BACQUÉ, Henri REY et Yves SINTOMER, « Conclusion ： La démocratie participative, modèle et enjeux », *op.cit.*, 2005, pp. 298-299.

か、行政活動や財政手法が近代化されているか否か、市民参加が近隣の次元に含まれているか否かなど

**（二）「参加民主主義」モデルと「近隣民主主義」モデル**

このように、五つの理念型からなる都市参加民主主義モデルを提示した上で、バケ、レイ、サントメールは、これらのモデルとの比較において近隣民主主義モデルの特徴と問題点を整理している(6)。

彼らが重視している「参加民主主義」モデルとの比較は【資料４－２】のように一覧化される。また、「近隣民主主義」モデルのより一般的な特徴は【資料４－３】のように整理される。

## （三）「近隣民主主義」モデルから導出される二つのパースペクティヴ

さらにバケ、レイ、サントメールは、上述の「近隣民主主義」モデルから導出されるパースペクティヴを以下の二つに整理し、批判的に吟味している。[7]

【パースペクティヴ①】

市民参加の法制度化が治者・被治者間コミュニケーションを強化することで、代表制民主主義を補完・修正

このパースペクティヴに立つ論者とされるベルナール・マナンの見解[8]によれば、代表制民主主義は寡頭政治と民主政治という二側面からなる混合政体と捉えられ、政治参加制度が世論の圧力や公開での審議という間接的圧力を強化することによって、民主政治の側面の強化をめざしているとされる。

ただしこれは、代表制民主主義の枠組みを一歩たりとも出るものではなく、被治者による治者のコントロールといった代表制民主主義の定義の一定の拡大が必要である。

【パースペクティヴ②】

代表制民主主義への参照の相対化と熟議民主主義の台頭を背景とするその理論化によって代表制民主主義を再定義

このパースペクティヴに立つ論者とされるロイック・ブロンディオーの仮説[9]から導出される。投票という集計型民主主義とは反対に、熟議を通じて明確化された世論を重視する熟議民主主義は、共和主義や自由主義の古典的教義に対して一つの認識論的・規範論的モデルを提案しながらも、代表制民主主義へのオルタナティブとして提示されているわけではなく、政治的決定はあくまでも代表者によって独占されたものと想定される。

本書にとってとりわけ重要なのは、近隣民主主義モデルのパースペクティヴが、代表制民主主義への（完全な）オ

ルタナティブとして提示されているわけではなく、政治的決定はあくまでも代表者によって独占されたものと想定され、「参加型予算」などを想定した参加民主主義モデルと比較した時、「近隣民主主義」にはリソース再配分の機能が含まれていないという彼らの指摘である。

そうした事態がフランスの文脈で生み出される具体的背景について、彼らの言及はないが、一ついえることは、二〇〇二年の近隣民主主義法の国会審議において、コミューンにおけるコミューン議会（とりわけ議会内で互選された市長）の政治的正統性の独占に執着する兼職国会議員たちから住区評議会制批判が噴出した結果、この国家法が各都市に設置される住区評議会の制度設計（「制度の呼称」「メンバー構成」「活動様式」の規定）についていかなるひな形も定めず、これらをコミューン議会に一任した上で、住区評議会の権限については「住区評議会は市長から意見を求められ、当該住区ないし当該都市にかかわる諸問題に対して提案を市長におこなうことができる」と極めて控えめに規定するにとどめた点である（近隣民主主義法案の国会審議過程にかんする分析については本書第三章参照）。

近隣民主主義法の立法者は、いわばミニ・パブリックスとしての住区評議会をめぐる正統性の問題[10]を、コミューン議会が有する政治的正統性にさしあたり還元することで解決を図ったものと理解できる（近隣民主主義法の立法者によるそうした配慮が有する意義については、本書第三章第三節を参照）。しかしいうまでもなく、コミューン議会は市民による熟議の場としての住区評議会の直上段階に存在する公選議会であり、それぞれが有している政治的正統性をめぐって両者は競合関係にある。同法の実施プロセスにおいては、市長・コミューン議会がミニ・パブリックスとしての住区評議会を独占的に制度設計するという都市政治の権威的実態が実際に観察されたことについては後述するが、「住区評議会」の設置を規定する諸都市の『憲章』を比較検討したピサルーは、住区評議会の権限にかんする近隣民主主義法第一条（地方公共団体法典L.2143-1条）の控えめな規定よりもさらに踏み込んで、住区評議会の権限を限定している次の三都市を例示している。[11]

ブザンソン市（Besançon）「住区評議会は決定機関ではない」

カーン市（Caen）「住区評議会はいかなる場合も第二のコミューン議会ではない」

ヴェルサイユ市（Versailles）「住区評議会は諮問機関であって、決定機関ではない」

こうした状況を想定するならば、コミューン議会側が、政治的正統性をめぐる競合を念頭に、住区評議会に対し普通選挙による政治的正統性も、また予算配分権を含むいかなる最終決定権限も配分しないという事態も、比較的容易に想像されるであろう。

## 第二節　フランスにおける参加民主主義諸制度と住区評議会制

### （一）　一九九〇年代以降のフランスにおける参加民主主義制度の発展

いわゆるフランス共和主義の伝統を背景として、普通選挙を正統性の基盤とした代表制民主主義を絶対視する傾向の強いフランスにあってもなお、今日、自治体政策形成へ市民の参加を促進する参加民主主義の法制度化が進められている。フランスにおける「地域参加民主主義の様々な発展」について考察したブロンディオーによれば、同国におけるこうした近年の参加民主主義制度の発展は、フランス人たちの政治的態度や政策決定のあり方の変容を意味するとされる。そしてこのことは、公共政策にかかわりのあるすべての者（専門職員、地方議員、住民など）に影響を与えずにはおかない[12]とされているように、都市近隣住区における居住者参加型ガヴァナンスの可能性について模索する本書にとっても、極めて重要な意味を有している。

ブロンディオーは、今日のフランスにみられる参加民主主義制度の発展を二つの文脈（政治的文脈と法制度的文脈）で整理している。(13)

まず政治的文脈とは、政治の民主主義的改善にかんする当事者たちの関心の高まりを意味する。すなわち、ブラジルのポルトアレグレにおける「参加型予算」の事例が原動力となって、フランスでは左翼陣営を中心に関心が高まり、さらに参加民主主義制度の拡大や住民投票制度の制定などにも後押しされて、地域の公共空間をいかに民主化していくのかという課題が多くの人々によって共有されるようになったことを指している。ただし、ブロンディオーによれば、ここでのコンセンサスはうわべのものにすぎず、その用語法ひとつとってもあいまいさが散見され、定義は話者によりバラバラであるなど、多くの課題が残されているとされる。

次に法制度的文脈については、まず何よりも一九九〇年代以降のフランスにおいて、参加民主主義制度のめざましい刷新がみられた点を確認しておく必要がある。すなわち、これらの参加民主主義制度は、ブロンディオーによれば、現代民主主義のあり方を刷新するものであり、その例証として現在地方自治体では、大規模公共事業に際し住民との事前協議が実施されるようになっているという。

こうして、フランスにおいても一九九〇年代以降様々な参加民主主義制度が創設されていったが、ブロンディオーによれば、それらはフランスの文脈に即して次の三つの市民参加手続きに分類されるという。(14)

【市民参加手続き・i】近隣住区レベルでの協議会・評議会

アメリカ合衆国ニューイングランドでのタウンミーティングという、一八世紀にまでさかのぼる地域民主主義の最も伝統的な形態の今日的実践形態である。したがって、今日、自治体住民の全体ないし一部を自治体政策決定過程に参加させようとする取り組みは、こうした古典的参加形態を応用したものと捉えられる。

ヨーロッパでは住区評議会がこれに相当し、特に一九六〇年代後半のフランスとイタリアにおいては「住区委員会（comités de quartier）」が発展した。ただし、この一九六〇年代のフランスにおける参加民主主義の盛り上がりが、上述のGAM（本書第二章参照）のようなアソシアシオンによる「下から」のボトムアップ型動員に基づくのに対し、一九九〇年代の場合、ほとんどの事例が地方自治体主導による「上から」のトップダウン型動員であった点を確認しておく必要がある[15]（後述）。

【市民参加手続き ii】住民からの意見聴取

住民からの意見聴取は、施設整備計画や環境に悪影響を及ぼすおそれのあるインフラ整備に先駆けておこなわれる。一九八三年のブシャルドー法によって導入された「公聴会（enquête public）」は、住民からの意見聴取の方法としては、最も萌芽的で最も批判の多いものであった。

近年、超高圧電線、TGV、高速道路といった施設整備計画をめぐって地域住民との紛争が巻き起こったことで、公権力は「公的討議（débat public）」によって紛争を事前に防止・調整するようになった。公的討議にかんする法制度化が、フランスにおける市民参加に新しい形態を与えたのであり、二〇〇二年の近隣民主主義法によって規定された「全国公的討議委員会」が、この市民参加手続きの参照枠組みとなっている。

【市民参加手続き iii】熟議民主主義の実験

ほとんどが社会科学の分野で考案されたより独創的な取り組み。

一九七〇年代にドイツで考案され、社会学者のピーター・ディエネルによって手直しされた「市民陪審制（jurys de citoyens）」、デンマークで考案され、フランスでも一部導入された「コンセンサス会議（conférence de consensus)」、そして「熟議型世論調査（sondage délibérative）」などがこれに該当する。

ブロンディオーによるこの三分類では、「公的討議」が【市民参加手続きii】に分類されており、公権力との双方向的な協議・熟議の過程というよりは、公権力がおこなう一方向的な住民からの意見聴取の過程と捉えている点が、目をひく点である。

以上確認してきたように、参加民主主義諸制度がフランスにおいて本格的に導入されたのは一九九〇年代以降のことであったが、これらのなかで、住区評議会制（二〇〇二年導入）はどのように位置づけられるのか。このことが本書にとって最も重要な点である。

## （二）参加民主主義諸制度における住区評議会制の位置

ブロンディオーは多角的に参加民主主義諸制度の分類を試みているが、[16]ここでは「参加形態（近隣住区レベルでの協議会・評議会か、住民からの意見聴取か）」と「法制度化の度合い（常設型制度か、特設型制度か）」という二つの基準で分類してみる（【資料４－４】参照）。

その結果、他の多くの特設型制度[17]に対し、常設型制度に分類されるフランスの公的な参加民主主義制度は、実は近隣民主主義法により導入された住区評議会制のみであることがわかる。上述のように、フランスでは市長（コミューン議会）による政治的正統性の独占という考え方が依然として根強く、このことに鑑みれば普通選挙により選出されているわけではない一般市民のための参加民主主義制度が、しかも常設型の合議機関として導入されたこと自体特筆に値する。

近隣民主主義法が住区評議会制を導入した点において、同法はフランスにおける「地域参加民主主義」の発展に貢

【資料４－４】フランスにおける参加民主主義制度とその２分類

| | | 参加形態 | |
|---|---|---|---|
| | | 近隣住区レベルでの協議会・評議会 | 住民全体からの意見聴取 |
| 制度化の度合い | 常設型制度（長期的持続的な市民参加の保障） | １．1960—70年代の都市自治体:自発的結社としての住区委員会、住区連合など（「下から」の動員）<br>２．近隣民主主義法（2002年）:「住区評議会制」（「上から」の動員） | |
| | 特設型制度（住民との紛争の予防） | | １．都市指針法（1991年）:住区住民の生活条件改善に関わる都市政策のあらゆる実施に向けた事前協議の義務づけ<br>２．地方行政指針法（1992年）:第2編「地域民主主義」（情報公開制度・諮問型住民投票制度）<br>３．バルニエ法（1995年）:フランス独特の「公的討議（débat public）」の創設と環境に影響を与えるあらゆる大規模事業にかんする事前協議の義務づけ<br>４．国土整備と持続的な開発にかんするヴォワイネ法（1999年）:「市民社会」の成員が参加し、様々な自治体が参加する「地域（pays）」や「都市共同体（agglomération）」における様々な憲章の策定にあたる開発協議会の設置<br>５．都市連帯刷新法（2000年）:都市開発計画の策定における事前協議の義務づけ<br>６．近隣民主主義法（2002年）:「全国公的討議委員会」 |

出典：Loïc BLONDIAUX, *op.cit.*, 2005, pp.120-125

献した立法と評価するピサルーは、フランスで導入されている他の参加民主主義諸制度が「極めて明瞭な対象について、限定された期間においてしか実施されない」と述べるとともに、このこととの比較において「住区評議会制は明らかに異なっている」としている。その理由は、上述のブロンディオーと同様、住区評議会制が常設型の参加民主主義制度であることに着目しているからであると考えられる[18]。

ただし、ブロンディオーが常設型制度に分類する二つの取り組みのうち、一九六〇―七〇年代の都市自治体にみられた自発的結社としての住区委員会、住区連合などを「下から」の動員によるものとみなすのに対し、近隣民主主義法による住区評議会制を「上から」の動員によるものと捉えている点については、注意が必要である。そしてこの点は、一九九〇年代以降のフランスにおける参加民主主義の制度化が自治体当局の側の要請に基づくものとみなすルフェーブルとノンジョンの見解とも符合する（本書第二章参照）。

### （三）　世界の参加民主主義諸制度とフランスの住区評議会

次に、二〇〇二年の近隣民主主義改革により導入された住区評議会制が、他の参加民主主義諸制度との比較において、どのように特徴づけられるのかについて検討してみたい。

ここでは、先に紹介したバケ、レイ、サントメールが、彼らの共編著[19]において、世界の諸都市で実施されている参加民主主義諸制度を幾つかの分析指標で分類する必要があるとしつつ、そこで提示している分類体系をさしあたり下記の五つに整理してみる。

【参加民主主義諸制度の五つの分類体系】

①地域で実際に活用されている参加制度（住民集会、住民投票、住区評議会、住区基金、参加型予算、市民陪審

制、諮問評議会など）

②市民の参加形態（社会セクターを通じた職能的、経済的、社会的利益の代表、組織を通じた市民参加、自覚的市民による個人参加、くじによる無作為抽出、住民全体からの意見聴取など）

③参加の強度（住民への情報公開、住民からの意見聴取など）

④市民社会の動員（上からの動員、下からの動員）

⑤参加の頻度（一時的な意見聴取、常設型住民合議機関の定期開催など）

その上で、これらの分類体系をクロスさせることで、参加民主主義諸制度にはそれぞれどのような特徴が認められるのか一覧にしたものが、【資料４－５】である。

この比較から明らかになる住区評議会の特徴は、例えば住民投票が住民全体を対象とした「一時的」動員にとどまるのに対し、住区評議会は市民が近隣のレベルで参画する「定期的」合議のシステムであるという点である。しかし他方で、参加型予算が住民による決定という強い決定権限を有する場合もあるのに対し、住区評議会にはそうした決定権限が与えられることがない点は、すでに述べたように同制度のもう一つの特徴である。

参加民主主義制度としての住区評議会制の導入は、実際のところ、都市近隣住区の政治（都市空間における居住者参加型ガヴァナンスの動向）にどのような影響を与えたのか。本書では第Ⅱ部において、筆者自身が実施したフランス諸都市（アミアン市とリール市）での現地調査に基づいて、住区評議会制導入後の都市政治の実態にかんする考察をおこなうことになるが、次節ではその前提として、まず都市のガヴァナンスと参加民主主義諸制度がどのような関係にあるのかについて整理した上で、フランス内外の諸都市における参加民主主義制度（フランスの場合は住区評議会制）は、都市のガヴァナンスにどのような影響を与えたのかについて検討していく。

**【資料４－５】参加民主主義諸制度の諸特徴**

<table>
<tr><th></th><th>組織を通じた<br>市民参加</th><th>自覚的市民による<br>個人参加</th><th>くじによる<br>無作為抽出</th><th>市民全体</th></tr>
<tr><td>住民投票</td><td></td><td></td><td></td><td>・一時的実施<br>・住民による決定または住民からの意見聴取<br>・多様なレベル<br>・上からの動員（プレビシット型）と下からの動員（住民発議型）</td></tr>
<tr><td>住区評議会</td><td colspan="3">・多くの場合、複数の住民カテゴリーからなる混合形態<br>・定期的開催<br>・ほとんどの場合、住民への情報提供または住民からの意見聴取<br>・近隣レベル<br>・ほとんどの場合、上からの動員</td><td></td></tr>
<tr><td>参加型予算</td><td colspan="3">・多くは動員された市民、ただしアソシアシオンや無作為抽出された市民または諸部門（子どもなど）に帰属する市民<br>・定期的開催<br>・住民からの意見聴取または住民による決定<br>・基礎自治体レベル（場合によっては近隣レベル）<br>・半分以上が、上からの動員</td><td></td></tr>
<tr><td>市民陪審制</td><td></td><td></td><td>・一時的実施<br>・住民からの意見聴取<br>・多様なレベル<br>・上からの動員</td><td></td></tr>
<tr><td>諮問評議会</td><td>・諸部門（外国人、若者、高齢者…）やアソシアシオン（多くの場合利益団体）に依拠<br>・通常は定期的開催、時には一時的開催<br>・住民からの意見聴取<br>・多様なレベル<br>・上からの動員</td><td></td><td></td><td></td></tr>
</table>

出典：Marie-Hélène BACQUÉ, Henri REY et Yves SINTOMER, « Introduction », *op.cit.*, 2005, pp. 23-25.

## 第三節　参加民主主義制度の導入と都市のガヴァナンス

### （一）　都市のガヴァナンスと参加民主主義制度

バケ、レイ、サントメールによれば、「ガヴァナンス」概念は、多くの場合二つの側面（記述的側面と規範的側面）が認められるとされるが、よく議論の対象とされる同概念の含意は、大きく分けると、次の四つの要素に整理できるとされる。[20]

①様々な公的機関による同一活動への同時的関与

②官民協同の発展（民とは企業やアソシアシオンを指す）

③権限を有する公的機関による決定の権威的適用というよりは、諸問題の解決を通じて実行されるプラグマティックなアプローチ

④古典的代表制民主主義からある程度切り離され、交渉ネットワーク・連携・再編のかたちをとった、より非制度的経路を経る決定過程

こうした現実世界におけるガヴァナンス状況の動向とその学術研究の進展を踏まえた上で、バケ、レイ、サントメールは、参加民主主義的制度の導入を通じた市民という「第四の権力」の出現を想定する彼らのパースペクティヴがどのような位置づけにあるかについて明らかにしている。すなわち、彼らは自身の議論が制度分析に傾斜しすぎているとの批判があり得ることをあらかじめ想定した上で、立法権以外にも政策決定過程に参画する権力の多元性（政党、

企業、社会運動など）を想定する「多元主義」民主主義理論の見地に立つならば、公職にないアクターによって国家の基本的決定が下されている現状は従来から観察されているし、その意味で市民という「第四の権力」の出現などいまに始まったことではないことも認めつつ、今日の現象は、立法権の影響力を相対化するより包括的なダイナミズムの下にある政策決定の新しい制度形態の発展と捉えられるべきとしている。このように考えるならば、市民という「第四の権力」の出現を展望する「参加民主主義」モデル自体も様々な「ガヴァナンス」モデルの一つに数えられる。

ガヴァナンス状況の今日的な進展と参加民主主義諸制度の導入をめざす取り組みとの関係を以上のように整理した上で、参加民主主義制度（フランスの場合は住区評議会制）が、都市近隣住区における居住者参加型ガヴァナンスのあり方にどのような影響を与えたのかは、本書にとって極めて重要な問いであるといえる。

以下、フランス内外の諸都市においてどのような変化がみられたのか（みられなかったのか）について検討した先行研究を紹介してみたい。

## （二）　住区評議会制導入が都市近隣政治に与えたインパクト

地中海沿岸に位置するフランスの三都市（マルセイユ・トゥーロン・ニース）における住区評議会制の実施状況を調査したチェザレ・マッティーナ[21]は、近隣民主主義法（二〇〇二年）が「一部の過大評価とは対照的に、公的決定や地域政治の民主化への市民参加拡大プロセスと関連していない」と断言した上で、住区評議会制の実施がこれらの都市コミューンにもたらした影響を次のように整理する。[22]

この論文においてマッティーナは、「市当局の政治リーダーと都市社会の諸セクターとの関係にかんする長い社会政治的・制度的蓄積」があり、「一九〇一年のアソシアシオン法に準拠した住区委員会の存在」によって特徴づけられる上記の三都市をフィールドに定め、住区評議会制の導入が求められた局面（二〇〇二―〇三年）について検討している。

特に注目されるのは、これら三都市が「社会史的・比較論的パースペクティヴ」から動態的に分析されている点であり、その結果、三都市の「住区委員会」が従来市当局と取り結んできた特権的関係は、住区評議会制の導入によって暗黙のうちに再検討に付され、特にこれらの地域住民組織が従来享受してきた「三つの正統性（地域的・制度的・名望家的）」にかんして再定義がなされたことが明らかにされ、このことが都市政治社会空間におけるバランスを大きくかき乱すことになったとされる。

従来の「住区」とは異なる新たな線引きがおこなわれ、この新しい「住区」に法制度的性格を帯びた「住区評議会」が設置された結果、従来市政担当者との個人的・直接的な交渉の場をあたかも名望家のように独占してきた住区委員会の会長たちは、不本意ながら、いまや新設「住区評議会」の構成メンバーの一人に格下げとなったのである（ガヴァナンスの論理）。

ただし、これら三都市で観察された一連の現象を捉えて、住区評議会をアリーナとした、何か自律的なアクターからなる水平的で民主的なガヴァナンスの実現を期待するのはいささか早計である。というのも、マッティーナによれば、従来住区委員会により独占されてきた市当局と住民との政治的仲介機能は、市政担当者によって排他的・一方的に再定義され、市政担当者たちはこのように市の行政機構を再編成することで、地域住民からの要求吸い上げをより円滑にし、その意味で市当局と都市社会との関係を自分本位に再定義したとされるからである（ガヴァメントの論理）。

結局、近隣民主主義法が住区評議会の制度設計を直上段階のコミューン議会に一任したことは、同法の諸都市における実施段階において「ガヴァメントの論理」が権威的に作用することを可能とし、都市近隣住区における居住者参加型ガヴァナンスの促進策という住区評議会制に対する楽観的にすぎる想定とは逆に、その可能性は当初の段階から制約されていたのである。

## （三）　参加民主主義制度による既成政治秩序の変革可能性

参加民主主義の制度化がもつ都市ガヴァナンス空間創出促進の効果が、結局ガヴァメントの論理の排他的・一方的作用によって無力化されてしまうという事態は、フランスにおける住区評議会制の問題に限られるものではない。世界の大都市における参加民主主義とガヴァナンスについて比較分析したベルナール・ジューヴは、諸都市で試みられている参加民主主義の制度化が、市民の政治へのかかわり方の刷新やガヴァナンスという新しい参加形態の探求という見かけとは裏腹に、結局、地方議員たちを政策調整の中心に再定位するとともに、従来の地域政治秩序やこれを支える諸価値に対する再検討を著しく制約していると指摘している。

こうした権力関係は、市民社会の「代表」という役割を与えられたアクターたちを当局側が「承認」するなかで構築されるために、終始従属的な立場に立たされる市民社会の「代表」は、あくまでも当局側が設定した空間において、しかもそこでの様々な規範に沿って行動することを余儀なくされる。こうして参加民主主義制度という舞台に招請された市民社会の「代表」アクターたちは、心ならずも現行政治秩序の再生産に加担することになる。こうした現状を踏まえ、ジューヴは参加民主主義の制度化を通じて決定システムを形式的に開放したところで、政治的多元主義が必ずしも政治秩序における「ハイフネーション」になるとは限らないとの見解を導き出すのである。[23]

以上のように、「都市ガヴァナンス」空間の創出という政治課題が、少なくとも近隣民主主義法により都市コミューンに住区評議会の設置を義務づけただけでは容易に実現できるものでないことは、先行研究の成果において確認された。

しかしそうであるからこそ、地道な現地調査研究を通じて、都市近隣政治の様々な動向のなかに居住者参加型ガヴァナンス実現の契機を見つけていくことが求められているともいい得る。本書第Ⅱ部では、近隣民主主義改革（二〇〇二年）により導入された住区評議会制が、フランスの諸都市において実際どのように実践され、われわれはそこからどのような先進事例と問題点を見出すことができるのかについて、筆者がアミアン市およびリール市で実施してきた現地調査に基づいて明らかにしていく。

---

（1）日本におけるこの分野の研究書として、小川有美編『ポスト代表制の比較政治――熟議と参加のデモクラシー――』（比較政治叢書③、早稲田大学出版部、二〇〇七年）を参照。また、「熟議民主主義」の政治理論的研究として、田村哲樹『熟議の理由――民主主義の政治理論――』（勁草書房、二〇〇八年）を参照。田村は、国内外でこれまで展開されてきた民主主義の諸理論を丹念にレビューし、これらを批判的に継承しつつ、独自の民主主義政治理論を構築している。

（2）Marie-Hélène BACQUÉ, Henri REY et Yves SINTOMER, « Introduction : La démocratie participative, un nouveau paradigme de l'action publique ? », BACQUÉ, REY et SINTOMER (dir.), *Gestion de proximité et démocratie participative : Une perspective comparative*, La Découverte, 2005, pp.9-46. 編著者のバケ、レイ、サントメールは、共通のプロブレマティーク、概念、方法論に基づく各国の実践事例の本格的国際比較分析を通じて、「近隣行政と参加民主主義の接合」をめざしているとする。また同時に、より現実的な問題状況として「社会的・経済的危機に見舞われた下層大衆住区において、公的機関が困難な問題に立ち向かい、都市の貧困抑制や住民参加の発展をめざした行政施策を講じている」現状を指摘し、その経験的分析を同書の課題に設定している。*Ibid.*, pp.13-14.

（3）　同編著書における都市参加民主主義の国際比較研究において「市民社会（société civile）」の自律化の度合いが重要な指標となっているが、バケ、レイ、サントメールによれば、この用語は、国家領域にも、資本主義経済領域にも属さない「諸アクター」そして「諸組織」を指しているという。*Ibid.*, p.11.

（4）　*Ibid.*, p.11.

（5）　Marie-Hélène BACQUÉ, Henri REY et Yves SINTOMER, « Conclusion : La démocratie participative, modèle et enjeux », BACQUÉ, REY et SINTOMER (dir.), *op.cit.*, 2005, pp.293-299.

（6）　*Ibid.*, pp.298-299.

（7）　Marie-Hélène BACQUÉ, Henri REY et Yves SINTOMER, « Introduction », *op.cit.*, 2005, pp.34-39.

（8）　ここではマナンの次の著作が参照されている。Bernard MANIN, *Principes du gouvernement, représentatif*, Calmann-Lévy, 1995.

（9）　Loïc BLONDIAUX, « Sondages et délibération. Une épistémologie alternative de l'opinion publique ? », Loïc BLONDIAUX et Yves SINTOMER, « L'impératif délibérative », *Politix : Revue des sciences sociales du politique*, Vol. 15, N°. 57, 2002.

（10）　ミニ・パブリックスをめぐる正統性の問題については、構成主義の観点から熟議民主主義論とりわけミニ・パブリックス論のもつ意義について検討した田村哲樹「熟議による構成、熟議の構成—ミニ・パブリックス論を中心に」、小野耕二編『構成主義的政治理論と比較政治』（ミネルヴァ書房、二〇〇九年）を参照。田村は、「ミニ・パブリックスにおける熟議参加者たち自身が、熟議を経た意見を多数者のそれと見なして受け入れる」という次元（一階の多数者構成問題）に加えて、ミニ・パブリックス参加者以外の人々が「ミニ・パブリックスにおける熟議を経た意見を多数者のそれとして受け入れる」という次元（二階の多数者構成問題）の存在を指摘し、後者の問題を制度設計、制度持続、ミニ・パブリックスと公共圏との相互作用の三点で検討している。

（11）　Jean-Luc PISSALOUX, « Les conseils de quartier : manifestation emblématique de la démocratie locale participative ou large mystification ? », Anne MARCEAU, *La démocratie locale à la recherche d'un nouveau souffle*,

L'Harmattan, 2013, p.91.

（12） 特に、住民たちは、新たに導入された市民参加制度の大半が自治体政策をめぐる論点整理や決定過程への住民参加を企図していることから、統治者と被治者を厳格に区分する同国の政治システムのもとで二〇〇年以上にわたり与えられてきた限りなく受動的な役割とは対照的に、参加が求められるようになっているとされる。また、コミューン当局の専門部局をはじめとする職員たちは、いまや新たな出費について根拠を示し、住民たちと対峙しなければならなくなっているし、地方議員たちも、政策決定過程を主導する彼らの役割に疑いの目が向けられるようになっており、もはや普通選挙のみでは彼らの正統性を担保できなくなっているという。Loïc BLONDIAUX, « L'idée de démocratie participative : enjeux, impensés et questions récurrentes », BACQUÉ, REY et SINTOMER (dir.), *op.cit.*, 2005, p.125.

（13） *Ibid.*, pp.120-121.

（14） *Ibid.*, pp.121-123.

（15） 様々な形態をとった都市住民参加工房も同様の事情である。すなわち、本書第一章で紹介したフランスのルベ市（Roubaix）におけるアルマ・ガール（l'Alma-Gare）のように、一九七〇年代には都市住民運動と結びついて盛り上がりをみせた都市住民作業所も、いまではその勢いを失っている。*Ibid.*, p.122.

（16） *Ibid.*, pp.120-125.

（17） ブロンディオーによれば、特設型制度に分類される「住民からの意見聴取」が制度化された背景には、すでに述べたように、近年、超高圧電線、ＴＧＶ（フランスの高速鉄道）、高速道路といった施設整備計画をめぐって公的機関と地域住民との間に生じた紛争があるとされ、公的機関は「公的討議」によって紛争を事前に防止・調整するようになったとされる。

（18） Jean-Luc PISSALOUX, *op.cit.*, 2013, p.91.

（19） Marie-Hélène BACQUÉ, Henri REY et Yves SINTOMER, « Introduction », *op.cit.*, 2005, pp.14-24.

（20） BACQUÉ, REY et SINTOMER, « Introduction », *op.cit.*, 2005, pp.37-39.

（21） Cesare MATTINA, « Gouverner la « démocratie locale » urbaine. Comités de quartier et conseils de quartier à

Marseille, Toulon et Nice », *Sociologie du travail*, 50, 2008, pp.184-199.

(22) *Ibid.*, pp.192-197.

(23) Bernard JOUVE, « La démocratie en métropoles : gouvernance, participation et citoyenneté », *Revue française de science politique*, vol.55, n°2, 2005, pp.326-327.

# 第Ⅱ部　フランスの諸都市における住区評議会制の実践

# 第五章　実　践①――「近隣政治システム」をめぐる二つの変動要因――

## 第一節　住区評議会制と近隣政治システム

### （一）　近隣政治システムをめぐる二つの変動局面

社会党のリオネル・ジョスパン率いる多元的左翼政府[1]が成立させた近隣民主主義法（二〇〇二年）[2]は、人口八万人以上の都市コミューンに「住区評議会」の設置を義務づけることで「近隣合議への地域住民のさらなる参画」をめざしたが、幾つかの都市コミューンでは従前から独自に住民合議のシステムを確立していたことから、この新しい制度との齟齬を懸念する声も聞かれた。

序章ですでに述べたように、本書では、近隣民主主義法によって全国一律に導入されたこの新制度を「住区評議会制」と呼び、他方各都市コミューンの政治社会空間において独自に形成されている住民合議の仕組みを「近隣政治システム」と呼ぶものとする。特に後者については当然その地域的多様性が前提となる（リール型、アミアン型など）。しかし同時に、同一コミューン内での歴史的な変遷も視野に入れておく必要がある。本章ではこの歴史的変遷を幾つかの変動要因によるものと把握するが、具体的にはさしあたり次の二つの局面を想定して、議論を進めていく。

【第一の変動局面】二〇〇二年の住区評議会制導入

【第二の変動局面】二〇〇八年三月のコミューン議会選挙[3]

ある特定の都市コミューンを調査対象地域として定め、当該コミューンの近隣政治システムが住区評議会制の導入時にどのような変容を経験し、どのような対応をみせたかにかんする研究は、従来から存在した。[4]本書はこれに第二の変動局面として二〇〇八年三月のコミューン議会選挙をつけ加えることで、ある都市コミューンの近隣政治システムの動向を中長期的なスパンで観察することをめざしている。

この二〇〇八年三月コミューン議会選挙は、本来であれば前回の改選（二〇〇一年三月）から六年後の二〇〇七年三月におこなわなければならなかったものを、一年延期して実施した特殊な選挙[5]であったが、本書の関心においてこの選挙に与えられる位置づけは、この選挙がまさに二〇〇二年の住区評議会制導入後初のコミューン議会選挙であったという点にほかならない。

しかしそもそもこのことが意味をなすのは、制度上コミューン議会の議員構成（議会多数派＝市政担当者）が当該コミューンにおける近隣政治システムのあり方を大きく規定するからである。すなわち、近隣民主主義法は上述のように人口八万人以上のコミューンに対し、コミューン内をくまなく「住区」に区画し、各住区に「住区評議会」の設置を義務づけたが、注目すべきは、同法案にかんする国会審議の結果、設置される住区評議会の各コミューンにおける「呼称」、「構成」さらには「活動様式」について、その規定をコミューン議会に認めたことである（本書第三章参照）。これは、設置を義務づけられている住区評議会について、いかなるひな形も国家法が定めることなく、当該コミューン議会にその制度設計を一任していることを意味している。したがって、二〇〇九年現在の統計で人口八万人以上のコミューン数が五三（フランス本土のみ）[6]であることに鑑みれば、住区評議会の制度設計や実施状況もこの条件に該当するコミューンの数だけ多様に存在することになる（本書の序章参照）。

それゆえ、六年に一度コミューン議会が改選されるたびに、当該コミューンの近隣政治システムは、そのあり方が市長主導で再検討され得ることになり、場合によっては、市政担当者の交代という政治的な事情によって、システムが大きく変更されることもある。そしてもしこのシステムのあり方について選挙運動時にしかるべき争点化がなされなかった場合、その問題性はより深刻なものとなるであろう。

## （二）　本章の目的と構成

以上のような問題状況を踏まえ、本章の目的は、二〇〇八年に実施されたコミューン議会選挙において市政担当者の交代があったアミアン市を事例として採り上げ、同市における近隣政治システムの変動についてスケッチし、そのシステムの特徴を明らかにすることにある。

そのため第二節では、一九八九年に登場したジル・ドゥ・ロビアン（Gilles de ROBIEN）率いる中道右派市政の下で形成された近隣政治システムの概要について明らかにした上で、第一の変動局面たる二〇〇二年の住区評議会制導入時、同市では一体どのような対応がなされたのかについて簡潔に述べる。

ただし上述のように、アミアン市では、第二の変動局面としての二〇〇八年三月コミューン議会選挙において、議会内野党勢力が市政担当者の交代を実現している。そこで第三節では、この第二の変動局面において近隣政治システムの問題がどのように争点化されていたのかについて、彼らのマニフェストを参考にしながら明らかにしたあと、社会党のジル・ドゥマイ（Gilles DEMAILLY）率いる左翼連合市政が当時思い描いた近隣政治システムについて、その制度設計の要点を明らかにしていく。

最後に第四節では、アミアン市におけるこの新システムの特徴を比較の観点から明らかにするため、さしあたり三つの比較基準を提示したあと、一方ではアミアン市の旧システムとの比較によって、他方では住区評議会制の原型として一九七八年以来独自の発展を遂げているリール市のシステムとの比較によって明らかにしていくことにする。

## 第二節　第一の変動局面――二〇〇二年の住区評議会制導入――

### (一)　ロビアン市政下における近隣政治システムの形成

パリの北方約一三二キロに位置し、ピカルディの州都（ソンムの県庁所在地）であるアミアン市は、人口一四万人弱[7]の地方都市である。[8]

同市では、一九八九年のコミューン議会選挙で勝利し、市長に就任した中道右派のロビアン（在任期間：一九八九―二〇〇七年）が自らの市政への住民動員戦略として「地域民主主義」を掲げ、同年、その中核的役割が期待された地域住民アソシアシオン「住区委員会（Comités de Quartier）」が設立されている（一九〇一年のアソシアシオン法に準拠）。市内を二六に区画した上で、各住区に設立された住区委員会を組織する「アミアン市住区委員会連合（l'Union des Comités de Quartier de la ville d'AMIENS）」は、一九九四年には市当局との間で『住区委員会憲章』を締結し、二〇〇〇年にはその改定がおこなわれている（**【資料5－1】【資料5－2】**参照）。

このように二〇〇八年までのアミアン市における近隣政治システムは、『憲章』が市当局からの自律性を強調した

**【資料5－1】アミアン市『住区委員会憲章』（2000年1月14日締結）概要**

1．住区委員会の性格：政治中立的で、自律的および自立的であり、当該住区に関わる諸問題・諸計画について、市当局やその他の機関と直接議論を交わす権限が与えられた組織
2．各住区委員会メンバー：当該住区の住民、団体、社会的・経済的アクター（政治・行政に携わる者は会長や執行委員となれない）
3．住区委員会の役割：地域民主主義の主要な担い手として、各住区委員会は当該住区に関わるすべての問題に関与 。そのため、住民からの批判や要望を集約し、市当局へ届けるとともに、住区に関わる市の計画全体について意見を提出し、各住区における生活条件の改善へ向けたあらゆる提案を住民から集約 。
4．住区委員会連合：住区委員会とともに検討作業を行い、必要な手段を提供し（検討委員会の設置や専門家からの意見聴取）、提案を策定の上、市当局に提出する。
5．市当局：無料で集会所を提供し、毎年、その活動に必要な予算を支出。少なくとも2年に1度、市長、市議会議員および諸機関の長の出席の下、各住区において公開討論会開催。
6．意見聴取委員会：市議会議員5名と住区委員会側の5名の合計10名の委員によって構成。「憲章」の円滑な執行を司る責任を負い、少なくとも年1回、同連合事務局または市当局の要請に基づいて招集。

出典：*Charte des comités de quartiers* の抄訳。

住区委員会（連合）の自発的結社としての性格に特徴を求めることができるものの、ロビアン市政自身が「市当局と住民との意見交換のための特権的パートナー」[9]と位置づけるなど、実態としては、一九八九年に登場したこの中道右派市政が、「地域民主主義」の名目において、なかば「上から」実施した近隣政治システム改革によってつくり出されたものと考えられる。[10]そして後述するように、二〇〇八年のコミューン議会選挙による市政担当者の交代によって、かつて中核的な役割を担ってきたアミアン市住区委員会連合の処遇が争点化されることになる。

なお注意を要するのは、ロビアン市政が、二〇〇四年、二六に区画された「住区」とは別に、市内を六つの「領域セクター」に区分し、それぞれに支所とセクター担当助役を配置していた点である（【資料5－2】参照）。というのも、この領域セクターのレベルで定期的に開催される公開討論会において、実際には担当助役（与党市会議員）と当該セクター内の住区委員会の執行部メンバー

【資料５－２】ロビアン中道右派市政の近隣政治システム

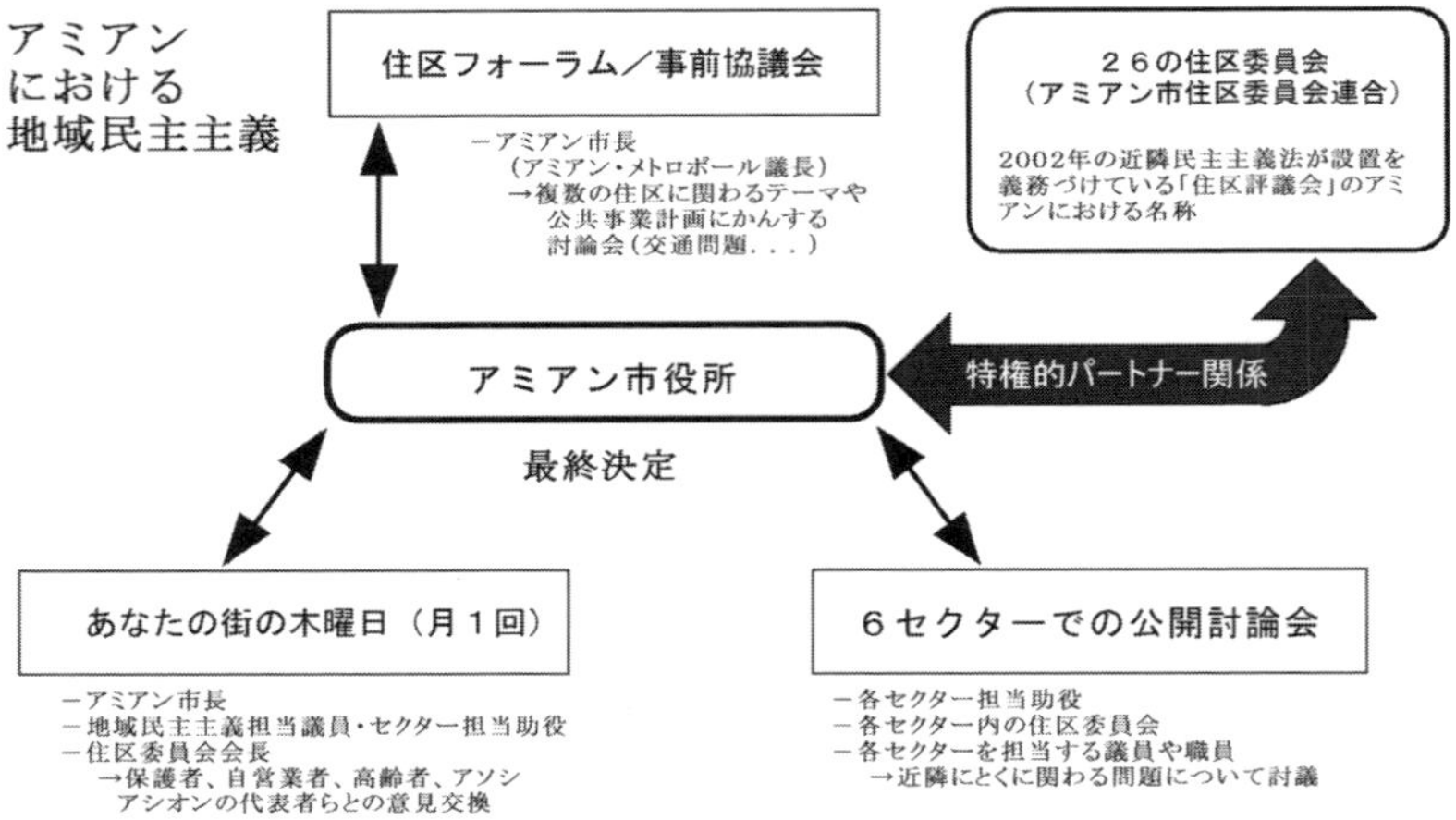


出典：Mairie d'Amiens, *Le Guide de la Démocratie Locale* を参照して筆者が作成。

が意見交換をおこなっており、他の都市コミューンが住区評議会などの住民合議機関を通じて、議会と住民との意見交換をおこなっているとすれば、アミアン市ではこの領域セクターにおける公開討論会がその機能を代替していたと考えることも可能だからである。

### （二）二〇〇二年の住区評議会制導入時におけるアミアン市の対応

第一の変動局面にあった二〇〇二年当時、アミアン市政を担当していたロビアン率いる中道右派市政は、人口八万人以上のコミューンに住区評議会の設置を義務づけた近隣民主主義法に、どのように対応したのであろうか。

近隣民主主義法案が国会に上程された段階から、同市ではすでに「独自の手法を発展させてきた」との観点にたって、同市の近隣政治システムに対する国家法の介入を危惧していたが[11]、さらに国会審議では国民議会議員を兼職していたロビアン市長が自ら住区評議会制の導入による何らかのひな形の押しつけに反対の討論をおこなうなど、多くの反対論が噴出した結果、上述のように、

【資料５－３】アミアン市議会（2002年６月27日議決）抜粋

近隣民主主義にかんする2002年２月27日の法律第2002―276号が、人口８万人以上のコミューンに対し住区評議会の創設を義務づけていることから、アミアン市議会は次の点について確認する。

1．アミアンにおけるこれまでの経緯に鑑み、アミアン市の住区評議会を今後も「住区委員会」と呼ぶ。
2．アミアンにある26の「住区委員会」の区画と呼称については、上述の「住区委員会憲章」において定められているものを今後も適用する。
3．住区委員会の組織編成および活動形態については、「住区委員会憲章」において定められているものと同一のものを今後も維持する。
4．少なくとも２年に１度、市長、市議会議員および諸機関の長の出席の下、住区委員会の申し出た議事日程により、各住区において公開討論会を開催する。
5．同憲章の規定に基づき、「アミアン市は、地域民主主義の実践を発展させるべく、各住区委員会に無料で集会所を提供」し、毎年、その活動に必要な予算を支出する。

近隣民主主義法は人口八万人以上のコミューンに対し「住区評議会」の設置を義務づける一方で、その制度設計についてはいかなるひな形も設けず、これを当該コミューン議会に一任した（本書第三章参照）。

それゆえ、人口一四万人弱のアミアン市は、何らかのかたちで「住区評議会」の設置を求められながらも、ロビアン市政の下で発展させてきた近隣政治システムを継続させることが可能となった訳である。事実、アミアン市議会は、アミアン市の住区評議会を今後も「住区委員会」と呼ぶとともに、すでに締結されている「住区委員会憲章」を今後も有効なものと認めたのである（【資料５－３】参照）。

## 第三節　第二の変動局面
### ――二〇〇八年のコミューン議会選挙――

### （一）二〇〇八年三月のコミューン議会選挙

二〇〇八年三月、上述のようにフランスでは全国一斉でコミューン議会選挙が実施された。アミアン市では、地元ピカルディ大学の元学長で糖質化学研究者のジル・ドゥマイ率いる左翼連合リスト（社

【資料５－４】2008年３月コミューン議会選挙の結果—アミアン市—

（リスト名・得票率・筆頭者名）

| | | |
|---|---|---|
| 第１回投票—2008年３月９日（日） | | |
| ①左翼連合リスト | 41.37% | Gilles DEMAILLY |
| ②市長与党リスト | 38.88% | Gilles DE ROBIEN（現職） |
| ③極左リスト | 6.43% | Francis DOLLÉ |
| ④中道—民主運動リスト | 5.82% | Yannick LEFLOT-SAVAIN |
| ⑤右翼諸派リスト | 4.35% | Dominique FACHON |
| ⑥極左リスト | 3.14% | Bruno PALENI |
| 第２回投票—2008年３月16日（日） | | |
| ①左翼連合リスト | 56.21% | Gilles DEMAILLY |
| ②市長与党リスト | 43.79% | Gilles DE ROBIEN（現職） |

会党、フランス共産党、緑の党、左翼急進党、共和主義者と市民の運動）が、第一回投票で現職市長のロビアン率いる市長与党リストを上回り、選挙法の規定にしたがい、第二回投票はこれら二リストの一騎打ちとなった。結果は左翼連合リストの勝利に終わり、三期一九年にわたりつづいたロビアンの中道右派市政が終焉した（【資料５－４】参照）。

アミアン市の市政担当者という地位にたどり着いたドゥマイは、同市の近隣政治システムをどのように捉え、どのように発展させようと構想していたのか。住区評議会制導入後の制度枠組みのもとでは、各都市コミューンの近隣政治システムの定義における市長の全能性が問題視されるだけに、この問題が（選挙などを通じて）争点化されることは極めて重要である。

ここでは、二〇〇八年のコミューン議会選挙へ向けて、アミアン市の左翼連合リスト「統一と連帯（UNIS ET SOLIDAIRES）」が発表したマニフェスト『民主主義・連帯・エコロジー』を検討することで、彼らがどのような現状認識に立っていたのかを、明らかにしてみたい。

## （二）コミューン議会選挙における争点としての近隣政治システム

ドゥマイを筆頭者とする左翼連合リストのマニフェストのなかで、近隣政治システムにかんする政策は、最後の項目である「六．もう一つのガヴァナンス：思っていることを言葉にしよう」において論じられている。[12]

三期一九年にわたりつづいてきたロビアン市政に代わる「もう一つのガヴァナンス」とは、ドゥマイ陣営の観点に立つならば、発言権を広く住民に認め、むしろ住民に発言を促すことで実現される地域民主主義ということになる。定住外国人（非ヨーロッパ市民）や未成年者の意見表明にかんする言及は、まさに彼らのそうした問題意識の現れといえる。実際、近隣民主主義法が彼ら定住外国人にも適用されるとの公約は、二〇〇九年一月に実現しており、アミアン市の新設「住民評議会（conseils d'habitants）」のメンバーの一部は、フランスの有権者リストにも、欧州議会選挙の有権者リストにも載ることのないＥＵ域外出身定住外国人などの「非登録者」によって担われることになった（その意義と問題点については本書第七章で詳述）。

またこのマニフェストでは、新たに設置される住民合議機関の名称が「住民評議会」ではなく、「近隣評議会（conseils de proximité）」と呼ばれているが、重要な点は、この新制度が、ロビアン市政下の近隣政治システムの中核をなしていた住区委員会の代替としてではなく、領域セクターのレベルにおける公開討論会の代替として構想されていたことである（【資料５－２】【資料５－６】参照）。上述のように、当時市内をくまなく区画していた六つの領域セクターにそれぞれ担当助役が配置されていたが、マニフェストはこの領域セクター担当助役を廃止するとし、実際、従来の仕組みに代えて、アミアン市内は東西南北の四セクター（住区ではなく）に再区画され、それぞれに住民評議会が設置された（後述）。

## （三）　ドゥマイ新市政下における近隣政治システム

二〇〇八年コミューン議会選挙に勝利し、アミアン市長に就任したドゥマイは、与党議員のなかからエチエンヌ・

【資料5－5】アミアン市議会（2009年1月29日議決）抜粋

近隣民主主義にかんする2002年2月27日の法律第2002—276号への対応として、われわれは4つの住民評議会の設置を提案する。
1．2002年6月27日の議決第47号を廃止する。
2．アミアン市の住区評議会は「住民評議会」と命名され、東西南北の4評議会が設置される。
3．各住民評議会は35名のメンバーで構成される。
—コミューン議会議員（執行部非所属）枠：与党5名と野党2名
—住民枠（28名）：有権者名簿からの抽選
4．住民枠28名の抽選方法
—23名はフランス人有権者名簿から抽選
—1名は欧州議会選挙有権者名簿から抽選
—4名は名簿登録されていない住民からの応募に基づく候補者リストから抽選
5．「参加民主主義憲章」が採用される。

デジョンケール（Etienne DESJONQUERES）を第一助役に任命するとともに、「地域民主主義・アソシアシオン活動」担当[13]に補するとした。デジョンケールは、上述のマニフェストをたたき台としながら、およそ一〇ヵ月にわたる各方面からの意見集約を進め、二〇〇九年一月二九日、アミアン市議会に新しい近隣政治システムを提案し、承認を受けることになる[14]（【資料5－5】参照）。

なお、同評議会のメンバー選出に無作為抽出制が導入された点は目を引くところであり、この点については第四節におけるリール市住区評議会との比較において論じるとともに、その意義と問題点については、次章でより理論的に検討していくことにする。

この議決により採用されることとなった「参加民主主義憲章」は、その後アミアン市が発行した『参加ガイド』に「アミアン市参加憲章」[15]として掲載されている。上述のマニフェストと同様、「前文」において「もう一つのガヴァナンスをめざし、思っていることを言葉にしよう」とのスローガンを掲げる「参加憲章」であるが、「全般的目標」をみると「民主主義は全体（ensemble）を刷新するための鍵でなければならない」との基本理念が示されたのち、「市民参加と住民からの意見聴取に基づくアクティヴな民主主義」や「相互批判的対話に開か

【資料５－６】ドゥマイ左翼連合市政の近隣政治システム

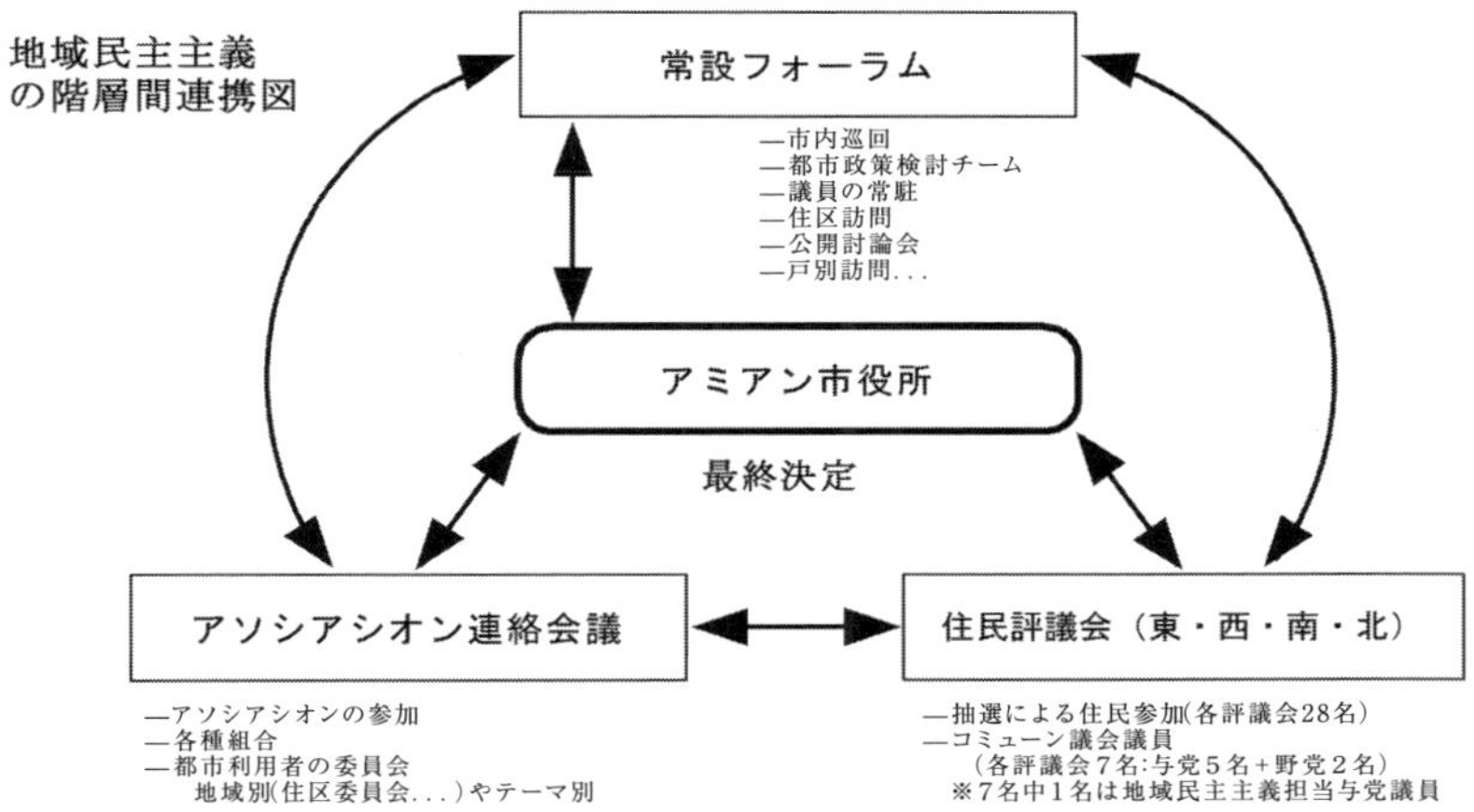


出典：Mairie d'Amiens, *Guide de la participation* を参照して筆者が作成。

れた民主主義」への意思が表明されている。

またこの『参加ガイド』には、アミアン市の政策決定過程における住民からの意見集約の構図が「地域民主主義の階層間連携図」[16]として図示され（【資料５－６】参照）、今回新たに「住民評議会」「常設フォーラム」「アソシアシオン連絡会議」の三機関が設置されたことがわかる。

ここではまず、新しい近隣政治システムの焦点となっている新設「住民評議会」についてみていくが、同評議会にどのような権限が付与されるのかという問題は、市当局の主導性を相対化し、都市内分権を進めていく観点からするならば、メンバー構成と並んで重要であるといえる（運営と手段については【資料５－７】を参照）。

憲章によれば、「アミアン市民を公的決定に参加させる意見集約機関」と位置づけられる住民評議会には、市の総合的な計画全体について諮問を受け、住民自身による「報告書」の作成が可能となるよう活動空間を拡大し、アミアン市やアミアン・メトロポール（アミアン市を中心とする自治体間協力型広域行政組織）

【資料５－７】新設「住民評議会」の運営と手段

●運営

ａ—運営方法

- １年に最低５回の会合（市の施設で開催）。
- 必要に応じて作業部会の設置。
- １年に１回の４評議会合同会議（市長の臨席）。
- １年に１回、市議会への報告書提出
- 会合の開催日程は評議員により決定され、会合の３週間前に招集。
- 議事日程は評議員により互選された５名のメンバーからなる事務局により設定。
- 議事録は必ず作成され、評議員と議員に配布され、ホームページで公開。その抜粋を市の情報誌に掲載。

ｂ—評議会のメンバー更新

- 評議員の任期は２年で、再任不可。
- 「住民」枠の評議員が辞任した場合は、抽選に基づき別の者を補充。
- ２年の任期満了後、住民評議会は抽選によりメンバー更新。

●手段

ａ—議論の促進：評議会の議論を促進し、評議員の発言を促す１名のファシリテーターの配置

ｂ—研修：年に最低３回の研修（地方自治体の運営、意見表明や発言）

ｃ—専門家：評議会として見解を明瞭にするため、テーマや地域に応じて、専門家（アソシアシオンやその他の団体、あるいは議員や担当職員）の出席を要請

ｄ—活動の補償：会合へ出席する評議員への費用補償（ベビーシッター、欠勤）

から提起された「住区や市にかんする計画」について様々な提案をおこない、意見を表明する権限が与えられていた。また、市や住区にかかわる幾つかの総合的なテーマ（公的空間で開催される祭典の位置づけや役割、ある住区における広場の整備、駐車場、公共交通機関など）については、住民評議会が立案の段階から関与するとされた（住民評議会が実際に採り上げ、取り組んだ諸テーマ等については本書の終章で詳述）。

## （四）アソシアシオン連絡会議の新設と住区委員会の処遇

次に、このシステム改革で新たに設置されることになった「アソシアシオン連絡会議」についてみていこう。この点は、新システム下における住区委員会（連合）の処遇の問題（後述）にかかわることから、極めて重要である。

**【資料５－８】「アソシアシオン連絡会議」が対象とする地域とテーマ**

| |
|---|
| ●４地域：東西南北（住民評議会の区画）<br>●29テーマ：住宅、連帯、持続的開発、教育、学校、治安、経済、差別、若者、生涯教育、都市計画、駐車場、祭典、公衆衛生、商業、社会と連帯の経済、戸籍、高齢者、国際関係、移動、公共交通、高等教育、文化、退役軍人、雇用・職業訓練、スポーツ、財政、地域民主主義、レジャー |

憲章によれば、この機関は地域別・テーマ別に設置され（【資料５－８】参照）、助役は専門的知識を共有する目的で、アソシアシオンに参加を呼びかけるとされており、まさにこの機関が議員とアソシアシオンの共同活動空間と位置づけられる。会合はそれぞれ一年に最低一回開催されると規定される。

特筆すべき点として、この憲章があえて住区委員会にその一部を割いていることが挙げられる。上述のように、アミアン市議会は、二〇〇九年一月二九日の議決で、同委員会を近隣民主主義法が想定する住区評議会であるとする旧議決（二〇〇二年六月二七日）を廃止しており、同委員会の今後の活動空間はこの「アソシアシオン連絡会議」であるとするドゥマイ市政の意向をここで示しているものと考えられる。憲章によれば、住区委員会は「一九〇一年法に基づくアソシアシオン」であり、「住区レベルの自治体計画にかんする事前協議や検討に特化した枠組み」として、「地域問題を担当するアソシアシオン連絡会議に統合される」とされている。

なお憲章によれば、これらの機関以外にも、「住民一人一人が新たな実践に参画する能力と意思を高めていくべく、情報公開と能力形成のため」の諸措置がとられるとし、具体的には「地域民主主義・アソシアシオン特命チーム」の市役所内設置や市役所からの情報誌発行、さらに双方向型のインターネット・サイトの設置が想定されていた。

## 第四節　近隣政治システムの比較分析——アミアン市とリール市——

前節では、二〇〇九年一月のアミアン市議会で承認された新しい近隣政治システムを、制度設計の観点からやや詳しく描写してみた。ただし、その特徴を明らかにするには、他のシステムとの比較という手法がより有効である。本節ではアミアン市の旧システムとの比較だけでなく、一九七八年以来独自のシステムを発展させてきたリール市のそれとも比較分析を試みる。まずその前提作業として、リール市の近隣政治システムについて、その概略を簡単に示しておきたい。

### (一)　リール市の近隣政治システム

ベルギーと国境を接するノール・パドカレの州都（ノール県の県庁所在地）であるリール市は、上述のように、フランス第五共和政初代大統領シャルル・ドゴールの生地としても知られる、人口二三万人弱[17]の中規模都市である。[18]リールの市政は、一八九六年にギュスタヴ・ドゥロリ（Gustave DELORY）が市長に就任して以来、ドゴール派「フランス人民連合（ＲＰＦ）」の下に置かれた一時期（一九四七―五五年）をのぞき、一貫して社会党が主導してきた。

本書が関心を向けるリール市の近隣政治システムは、一九七三年に市長に就任したピエール・モーロワが、一九七八年に都市内分権の一環として各住区に支所を設置した際、併せて住区評議会を設置したことでその発展が開始された。上述のように、近隣民主主義法がモーロワを委員長とする「地方分権化の将来にかんする委員会（モーロワ委員会）」の報告書『地方公共活動の再建』[19]（二〇〇〇年）に基づいて起草され、モーロワ自身リールで実践されていた住区評議会制を全国の都市コミューンに「一般化する（généraliser）」ことを望んでいただけに（本書第三章参照）、フランス住区評議会制の原型であるリール市の近隣政治システムを観察することはには意義が認められる。

ただし、リール市の住区評議会制は、一九七八年に導入されて以来三〇年あまりの年月が経過しており、二〇〇一年にモーロワから市長職を受け継いだ社会党第一書記のマルティーヌ・オブリ（Martine AUBRY）のもとでも、数度にわたり改正がおこなわれるなど、本書第三章でみた設立当初のものとは異なったものとなっている。

この点を踏まえ、本章では直近の改革（二〇〇八年六月二三日のリール市議会議決〇八―四一八号）により発令された「リール住区評議会内規」[20]（以下、内規と表記する）をもとに、その概要を明らかにしていく（メンバー構成や評議員の任期については【資料5－9】を参照）。

アミアン市の場合と同様、ここでは都市内分権の深度をはかるバロメーターとして、住区評議会の「権限」をみていくことにする。この内規には「住区評議会の権限」と題する条項はないが、内規第四条「住区評議会の役割」の第三段落に「住区評議会は、とりわけ当該住区にかかわるリール市議会の議決案について意見を求められる」との文言が見出され、特に意見を求められる事項が列挙されていることから、これらを評議会に発言権が認められているテーマの列挙とみなし、以下これを五点に整理してみたい。

①あるアソシアシオンの活動が当該住区においてのみ展開されている場合、そのアソシアシオンに対する補助金給付案
②ある組織の活動領域が当該住区にのみ関連する場合、リール市が任命するその組織代表者の人事案件
③当該住区の区域の全体ないし一部において実施される世論調査の計画案
④都市総合計画案あるいは都市総合計画のなかの個別計画にかんする作成案・見直し案・修正案

【資料５－９】リール住区評議会内規（2008年６月）抜粋

●メンバー構成
①議長：市長から任命された市議会議員１名
②評議員：当該住区の住民およびアソシアシオン代表者から市議会が３つの選出枠（人数比１：1：１）に基づいて任命
—「政治」枠：リール市議会内の各会派が推薦（議席数の比率）
—「フォルス・ヴィーヴ」枠：アソシアシオンや職能団体などの特性や代表性などを加味して、住区評議会議長が推薦
—「住民抽選」枠：フランスの有権者リストから抽選
◆配慮すべき点
—各評議会における男女のパリテ
—各住区内全域からの地理的代表性
—住区そのものの代表性
◆評議員の資格
—18歳以上であること
—当該住区に居住しているか、職場ないし社会活動・アソシアシオン活動の拠点があること
—他の住区評議会（リール）の評議員でないこと
—リール市議会議員でないこと
—リール市ないしは市から75％以上の出資を受けている機関の職員でないこと
●評議員の任期など
①任期：３年、再任可（ただし、リール市議会が任期満了となった場合は、それに連動）
②空席が生じた場合：市議会が発生後最初の会合の際に補充
③評議員の無断欠席：正当な理由なく３回以上欠席した評議員には解任の宣告

⑤当該住区の区域の全体ないし一部において実施が予定されている施設整備事業案

なお、内規によれば、現在のようにリール市内を一〇の住区に区画するとしたのは、リール市議会における一九八九年一〇月九日の議決に基づくとされる。内規では、それぞれの住区の名称が明記されるとともに、住民の人口に応じて各評議会の評議員数が定められている。

### （二）比較分析のための三つの基準

アミアン市の新しい近隣政治システムが有している特徴を明らかにするため、ここではアミアン市の旧システム（二〇〇〇年）とリール市の二〇〇八年システムという二つのシステムとの比較

分析を試みる（なお今後は、これら三つのシステムを便宜上「アミアン新システム」「アミアン旧システム」「リール新システム」と表記する）。

ここでは、アミアン新システムの特徴を明確にする観点から三つの比較基準（①地域住民アソシアシオンの位置づけ、②住民参加の原理、③住民の代表性への配慮）を設定する。そして、それぞれの基準に基づく比較考察の結果は以下の通りであり、それを一覧化したものが【資料５－10】である。

①地域住民アソシアシオンの位置づけ

三つのシステムがそれぞれ異なった位置づけをしている。すなわち、アミアン旧システムでは、地域住民アソシアシオンとしての住区委員会そのものが住民合議機関とみなされていたのに対し、アミアン新システムでは、住区委員会を多様なアソシアシオンの一つとみなし、「アソシアシオン連絡会議」を通じて市当局と意見交換する形をとっている。

また、アミアン新システムでは、住民評議会がくじで選ばれた一般市民と市会議員により構成され、非登録者のための特別枠が設けられているとはいえ、基本的にアソシアシオン代表者のための枠が設けられてはいないのに対し[21]、リール新システムでは、逆に住区評議会のメンバーとして「フォルス・ヴィーヴ」枠を設け、地域住民アソシアシオンの代表・活動家に参加枠を確保し、彼らの意見は各住区評議会を通じて市へ伝達される仕組みになっている。

こうしたリール市住区評議会のメンバー構成は、サントメールが「ベルリンの陪審制」を事例として紹介している「混合型」熟議フォーラムのそれである。サントメールは類型化をおこなってはいないが、アミアン市住民評議会のメンバー構成はしたがって「分離型」に分類されることになる。もしこうした混合型の熟議フォーラム

【資料5－10】アミアン市・リール市の近隣政治システム

| | アミアン市 | | リール市 |
|---|---|---|---|
| | 旧システム | 新システム | 新システム |
| 市政担当者 | ロビアン市政 | ドゥマイ市政 | モーロワ市政／オブリ市政 |
| システムの開始年 | 1989年 | 2009年 | 1978年／2001年 |
| 住民合議機関 | 住区委員会（アソシアシオン） | 住民評議会 | 住区評議会 |
| 合議機関の規定（最新更新年） | 『アミアン市住区委員会憲章』（2000年） | 『アミアン市参加憲章』（2009年） | 『リール住区評議会内規』（2008年） |
| 合議機関の権限 | 市への意見伝達（予算配分権限なし） | | |
| 自治体からの補助金 | 日常活動のための必要経費 | | |
| 地域住民アソシアシオンの位置づけ | 市当局との特権的パートナー関係 | 「アソシアシオン連絡会議」を別途設置 | 評議会メンバーに「フォルス・ヴィーヴ」枠を設定 |
| 住民参加の原理 | アソシアシオンへの自発的参加 | 抽選による住民参加 | 抽選による住民参加 |
| 住民の代表性への配慮 | 住区委員会メンバーからの市当局関係者の排除 | 非登録者枠の設定 | 男女のパリテ／住区全域からの地理的代表性 |

出典：各システムを規定した『憲章』などを参考に筆者が作成。

がくじで選出されてきた市民たちの良識を集約した意見を提出するようなレベルに達すれば、地域住民アソシアシオンの代表者（市民活動家）たちの意見をそこへ統合する、あるいは少なくとも彼ら（地域住民アソシアシオンの代表者たち）の意見に耳を傾けることで、アソシアシオンが集約した意見に「共鳴箱（caisse de résonance）」を与えることになり、これらの熟議フォーラムによって討議される諸テーマは、多くの場合、その前後に地域住民アソシアシオンが展開する一般市民からの意見集約活動を通じて、より一層明瞭なものとなるであろう。[22]

②住民参加の原理

リール新システムとアミアン新システムがいずれも評議会のメンバー選任にあたり「抽選（tirage au sort）」という方法を採用している点は、ひときわ目を引くところである（実際にアミアン市でおこなわれた無作為抽出による評議員の選出の手続きやこうした選出方法導入の理論的意義と問題点にかんしては次章を参照)。

この抽選という手法は、有権者名簿からの無作為抽出により一般市民を評議会メンバーとすることで、彼らが日常的に直面する諸問題について意見聴取することをめざしているが、他方でこれを実践に移した際、様々な困難に直面することは想像に難くない。この点に配慮して、アミアン新システムでは、住民評議会の運営を活発にする観点から、定期的な研修やファシリテーターの配置を定めている[23]。

住民に参加へのモチベーションを与えることの困難さについては、リール市当局者も十分認識しているところである[24]。他方、アミアン旧システムにおいて住民合議機関としての役割を担っていた住区委員会は、一九〇一年のアソシアシオン法に準拠する組織であり、いうまでもなく参加の原動力は所属メンバーの自発性にある。

③住民の代表性への配慮

アミアン旧システムにおいて、住区委員会がメンバーから市当局関係者を排除することで自律性を確保しようとしていたことは、他の二システムにおいて評議会のメンバーとして市議会議員(リールの場合は評議会の議長)が配置され、議会と住民との協議の場と位置づけていたことと対照的である。ただし、アミアン旧システムにおいても、領域セクターのレベルにおける公開討論会において、セクター担当助役と住区委員会の会長が定期的な協議を行っており、その独自性は相対化される。

また、リール新システムにおいて「男女のパリテ」が明文化されているのに対し、アミアン新システムにおいて評議会メンバーに「非登録者枠」が設定されていることは、興味深い点である(アミアン新システムにおいて定住外国人の参加を可能としている非登録者枠を設置したことの意義と問題点については、本書第七章を参照)。

なお、三つのシステムに共通する点として、表中の「権限」と「自治体からの補助金」の欄が、いずれも「市への意見伝達（予算配分権限なし）」「日常活動のための必要経費のみ」となっていることに注意したい（本書第四章参照）。

以上のように本章では、まず今日のフランス都市コミューンにはそれぞれ独自の「近隣政治システム」が形成されているという想定の下、二〇〇二年の近隣民主主義法による住区評議会制の導入と二〇〇八年三月コミューン議会選挙という二つの要因が、各都市のシステムの変動要因になりうることを明らかにした。その上で第二節では、筆者の調査対象フィールドであるアミアン市を事例に、この二つの変動局面においてどのような事態が生じたのかについて明らかにした。アミアン市では、二〇〇八年のコミューン議会選挙においてドゥマイ率いる左翼連合リストが勝利し、市政担当者の交代を実現したことから、第三節では、アミアンの新市政がめざす近隣政治システムについて、二〇〇九年一月に制定された「参加憲章」を参照しながら、その制度設計の要点を明らかにした。最後に第四節では、アミアン新システムの特徴を明らかにすべく、アミアン旧システムとリール新システムという二つのシステムとの比較分析を試みた。

上述のように、リール新システムとアミアン新システムがいずれも評議会のメンバー選出方法として抽選制（無作為抽出）を導入した点は、住区評議会制という制度的枠組みを活用した、フランスにおける無作為抽出型ミニ・パブリックスの設立とみなされるだけに、本書が大いに関心を抱いているところである。このことは、フランス諸都市に設置された住民合議組織にどのような民主主義的改善をもたらし、どのような問題点を残したのか。章を改めて検討していく。

（1）　シラク大統領（共和国連合）のもとで実施された一九九七年の総選挙（国民議会選挙）は、左翼陣営が多数派を形成するという結果に終わり、ジョスパンは首相としてシラクとともに「第三次保革同居政権《コアビタシオン》（一九九七―二〇〇二年）」を担うことになった。

（2） Loi du 27 février 2002 relative à la démocratie de proximité.

（3） フランスのコミューン議会選挙は、全国に三万六千余りある全コミューンで、同一の日程に基づき一斉に実施される。現行選挙制度は一九八二年一一月九日法により制定されたものであり、投票方法は二種類ある（人口規模によって適用される制度が決定される）。人口三五〇〇名未満のコミューンでは名簿式二回投票制で選挙が実施されるのに対し、人口三五〇〇名以上のコミューンでは名簿式比例代表二回投票制で選挙が実施される。アミアン市も含まれる後者のカテゴリーでは、安定した市政を確立するため、第一回投票で過半数を得た名簿、該当する名簿がない場合は第二回投票で相対多数を得た名簿に、まず半数の議席を与え、残りの議席をこの第一位の名簿を含め比例配分する方式がとられている。

（4） この分野における高村学人の精力的な研究については周知の通りである。例えば、グルノーブル市とニーム市を調査対象地域とした高村「フランスにおける近隣住区の機能とその制度化――都市計画における参加と訴訟の関係――」（『法社会学』、第五九号、二〇〇三年）を参照。また、地中海沿岸の三都市（マルセイユ・トゥーロン・ニース）をフィールドに定め、第一の変動局面に生じた様々な現象を観察したものとして、本書第三章ですでに紹介したチェザレ・マッティーナの次の論文も参照。Cesare MATTINA, « Gouverner la « démocratie locale » urbaine. Comités de quartier et conseils de quartier à Marseille, Toulon et Nice », *Sociologie du travail*, 50, 2008, pp.184-199.

（5） 二〇〇一年三月に改選されたコミューン議会は、六年の任期を終え、本来であれば二〇〇七年三月に改選されるべきところであったが、二〇〇七年四―五月に実施された共和国大統領選挙との時期的な重複を避けるべく、県議会選挙とともにその実施が一年延期（任期を一年延長）されたことによる。この措置は、コミューン議会選挙を六年ごとに実施すると定めた「選挙法（Code électoral）」L.227条の諸規定に対する例外として、「二〇〇七年に予定されるコミューン議会の改選を二〇〇八年三月に執り行う」とした「二〇〇七年に改選されるべきコミューン議会議員と県議会議員の任期にかんする二〇〇五年一二月一五日の法律（Loi n°2005-1563 du 15 décembre 2005 prorogeant la durée du mandat des conseillers municipaux et des conseillers généraux renouvelables en 2007）」に基づいている。

（6） Direction générale des collectivités locales（Ministère de l'intérieur）, *Les collectivités locales en chiffres 2012*.

（7） 正確には一三万六一〇五人（二〇〇九年一月一日現在）。 Direction générale des collectivités locales（Ministère de l'intérieur）, *Les collectivités locales en chiffres 2009*. « Les villes de plus de 100 000 habitants ： Liste des 40 communes de plus de 100 000 habitants au 1er janvier 2009 ».

（8） フランスで最大規模の最も優れたゴシック建築（一三世紀）の一つとして知られるノートルダム大聖堂は、ユネスコの世界遺産にも指定されている。県庁や控訴院が存在することから行政都市としての性格が強く、司教区があることから宗教関係の諸施設も多い。織物・衣料工業（ビロード、綿、絹、羊毛、麻、既製服、靴下など）は中世からの特産品であり、機械、電気器具、タイヤ、食料品、印刷、染物の各工業も加わって工業業種が多様化し、工業化が人口増加を引き起こした。高橋伸夫「アミアン」『日本大百科全書（ニッポニカ）』（小学館）を参照。

（9） ロビアン市政下で発行されたアミアン市の『地域民主主義ガイド（Le Guide de la Démocratie Locale）』より。

（10） 従来フランスでは「自治体活動への市民の参加」を促進する地域民主主義の法制度化が忌避されてきたが、一九八九年や一九九五年のコミューン議会選挙において新たに登場した市長によって、「地域民主主義」が自らの市政への住民動員を図る上での中核的戦略と位置づけられるようになったことが一つの原動力となって、その法制度化の進展という新しい局面が生まれたものと考えられる。その意味で、アミアン市のロビアン市政は、この動向を体現する典型的事例と位置づけられる。この問題については本書第三章を参照。

（11） Karen POLITIS, « Amiens et La Roche-sur-Yon, villes pionnières » in « Démocratie de proximité », *Pouvoirs Locaux ： Les cahiers de la décentralisation*, n° 51, 2001, pp.11-12. このポリティ論文には、当時住区評議会の義務的設置と地方議員によるその議事運営を規定するこの法案が成立すれば、「二六名の住区委員会の会長が、地方議員たちによって取って代わられる」ことになり、「これは住民を後見監督下におくもので、さしたる魅力が感じられない」というアミアン市助役（地域民主主義担当）コレット・ロンクサンのコメントも掲載されている。

（12） « 6 Pour une autre gouvernance ： libérer la parole », UNIS ET SOLIDAIRES（La gauche avec Gilles DEMAILLY）, *Le projet municipal 2008-2014 ： Démocratie - Solidarité - Ecologie*, Elections municipales des 9 et 16 mars 2008.

(13) Adjoint au Maire en charge de la Démocratie locale et de la Vie associative

(14) 二〇〇九年九月二日、アミアン市役所市長官房室においておこなわれたデジョンケール第一助役へのインタビューより。

(15) « Charte de la participation pour la ville d'Amiens », Mairie d'Amiens, *Guide de la participation*, pp.8-15.

(16) « Schéma de liaison entre les différents niveaux de la démocratie locale », Mairie d'Amiens, *Guide de la participation*, pp.6-7.

(17) 正確には一三万六〇一四人（二〇〇九年一月一日現在）。Direction générale des collectivités locales (Ministère de l'intérieur), *Les collectivités locales en chiffres 2009*. « Les villes de plus de 100 000 habitants : Liste des 40 communes de plus de 100 000 habitants au 1^er^ janvier 2009 ».

(18) フランドル工業地帯の中央に位置し、北東に隣接するルベ、トゥールコアン、その他約五〇の自治体とともに大都市圏を形成する、この地方の政治、経済、文化の中心地である。一九六七年には北部高速道路が開通し、パリと直結するなど、道路、鉄道、水路、航空路における交通上の要衝でもあり、ヨーロッパ共同市場に対しても重要な位置を占めている。一二世紀以来ラシャ製造の中心地で、のちには木綿工業も盛んとなり、今日でも繊維をはじめ機械、鉄鋼、化学などの工業が盛んである。高橋伸夫「リール」『日本大百科全書（ニッポニカ）』（小学館）を参照。

(19) Pierre MAUROY, *Refonder l'action publique locale : rapport au Premier ministre*, Commission pour l'avenir de la décentralisation, La Documentation Française. 2000.

(20) Règlement intérieur des conseils de quartier de Lille (le 22 juin 2008) なお、リール市議会での議決は翌二三日。

(21) 住区評議会制を国家法により法制度化されたミニ・パブリックスとみなすならば、アミアン市における新設「住民評議会」のメンバー構成原理は、大半の評議員を有権者名簿から無作為抽出で選出する一方で、有権者名簿に登録されていない者の立候補による非有権者枠も併置することから、「完全な自己選出（self-selection）」による参加者（立候補などによる自発的な参加者）によって構成されるフォーラムまで「ミニ・パブリックス」に含めるのか否かという理論上・定義上の問題とも関連することになる。メンバー構成原理の観点にたった「ミニ・パブリックス」の定義にかんしては、田村哲樹「熟議による構成、熟議の構成―ミニ・パブリックス論を中心に」、小野耕二編『構成主義的政治理論と比較政治』（ミネルヴァ書房、二〇〇九年）、一三二―一三三頁（註２）を参照。

（22） Yves SINTOMER, *op.cit.*, 2007, p.151.

（23） 評議員のモチベーションの維持にかんする問題について、アミアン市住民評議会における第一期（二〇〇九―二〇一一年）の諸活動をまとめた報告書『二〇〇九―二〇一一年活動報告――第一期回顧――』は、次のようにまとめている。すなわち、「くじで選出された住民評議員のモチベーションの維持は、あらゆる参加民主主義フォーラムにおける課題」であり、このことは、「メンバーのほとんどがくじで選ばれ、会合にはボランティアで参加しているだけに、アミアン市住民評議会の枠組みにとりわけ当てはまる問題」である。Les conseils d'habitants de la Ville d'Amiens, *Bilan 2009-2011 : Retour sur un premier mandat*, 2011, p.13. そしてこうした課題に対し、アミアン市は専門家を担当職員として配置して対応したという。すなわち、「討議方法の問題は実際軽視できないことから、〔アミアン市役所の〕地域民主主義担当によって担われたファシリテーター役の配置が、住民評議会が活動を開始した最初の二年間における優先事項の一つであった」と。*Ibid.*, 2011, p.7.

（24） 二〇〇九年九月二日、リール市内でおこなわれたリール市役所市長室参加民主主義担当ニコラ・ベルナール氏へのインタビューより。

# 第六章　実　践②――「無作為抽出」は住区評議会に何をもたらしたか――

## 第一節　熟議フォーラムにおける多様なメンバー選出方法

### （一）フランスの住区評議会における多様なメンバー構成原理

フランスでは、二〇〇二年の近隣民主主義法が人口八万人以上のコミューン（commune）に対し、市内をくまなく複数の「住区」に区画し、各住区に「住区評議会」の設置を義務づけており、都市自治体のレベルにおける熟議フォーラム（都市内分権組織）の設置が法制度化されていることになる。しかも、同法は住区評議会の制度設計を各コミューン議会に委ねており、二〇〇九年現在の統計で人口八万人以上という条件を満たすコミューンがフランス本土だけでも五三[1]あることを踏まえれば、フランスの各地で多様な名称、多様な組織形態、そして何よりも多様なメンバー構成原理に基づく熟議フォーラムが組織されていることになる。

近隣民主主義法により住区評議会の設置を義務づけられた都市コミューンの住区評議会関連諸規定をリサーチしたピサルーは、各都市が採用しているメンバー構成原理のなかに、当該都市コミューンの市議会議員たちが「活動的で責任感のある公民精神」をどのように捉えているかが示されているとし、実際に採用されているメンバー構成の様式にはそれぞれ長短があることを認めつつ、それらを次のようにタイプ分けしている[2]。

【タイプ①】個人の自発性（定員を設けない自由参加）

理論的に考えるとメンバー数の過剰が危惧されるが、現実はその反対で、自発的に参加する者は比較的少数にとどまっている。というのも、そうした都市コミューンの住区評議会では、活動がヴォランティアによって担われており、市民たちからは「時間の無駄」であると思われることも多く、しかも活動に参加するには当該住区について熟知している必要があるとするならば、参加できるのは定年退職した高齢者らに限定されてしまうからである。

【タイプ②】くじ（無作為抽出）

無作為抽出をおこなう際のリストが有権者名簿ではなく、大半の場合がそうであるように、ヴォランティアの人々からなるリストであったとしても、ここで選出されてくるメンバーのモティヴェーションはそれほど高いとはいえない。

【タイプ③】住民ヴォランティア名簿からの指名

この選出方法の採用は、まさにコミューン議会多数派が抱く参加民主主義への猜疑心のあらわれである。そうした都市コミューンでは、市議会議員が住民参加に対して表明しているコミットメントとは裏腹に、住区評議会に対してしかるべき役割が与えられていない場合が多い。

【タイプ④】住区における直接普通選挙

有権者名簿や立候補者リストからの直接普通選挙を採用することにより、選出されたメンバーによる政治的正統性の主張（住民に対する政治的正統性をめぐるコミューン議会との競合）と結びついたり、住区評議会が政治化したりする危険性をはらんでいる。また、選挙が一般的に有しているように、選出されたメンバーにおける「代表性の欠如」（女性よりも男性の代表性が高く、現役組よりも退職組の代表性が高いなど）の問題も懸念される。

【タイプ⑤】社会学的カテゴリー代表

リール、モンペリエ、ルマンなどで採用されている方法であり、メンバーの自発性や情熱を重視しないという問題点が認められるものの、住民のなかにある社会学的カテゴリー（若年者、女性、ＥＵ域外出身者など）の代表性に配慮がなされている（ポジティヴ・アクション）。これ以外にも地元のアソシアシオンや市議会議員、さらには地元経済界や公的諸機関に選出枠を設けているところもある。

本章がここで検討の対照とするのは、以上五つのタイプのうち【タイプ②】である。

## （二）　フランスの住区評議会とくじ

近隣民主主義法（二〇〇二年）が住区評議会制の導入を規定した翌年、フランスの『空間と社会』誌は、同法が市民たちを都市自治体の政策決定に近づけるものなのかとの関心から「都市と民主主義」を特集し（一一二号）、同号をモーリス・ブランとともに編纂したアルベール・レヴィは、同号に掲載された論考「フランスの地域民主主義：争点と障害」[3]において、代表制民主主義と参加民主主義の関係性の問題を念頭に置きつつ、「住区評議会制が惹起している幾つかの問題」を列挙している。[4]

これらを改めて整理したものが、下記の六点である。

①住区の区画問題（その境界線は誰がどのように決定するのか？）

②住区評議会のメンバー構成問題（どのようなカテゴリーの評議員を何名置くのか?評議員や議長をどのように選任し、彼らにどのような地位を与えるのか?）

③非有権者の参加問題（外国人や子どもも参加可能か?）

④住区評議会の権限問題（予算にかんする決定権限は与えられるか?権限の強度にかんする四つのレベルのいずれか?：市当局からの情報提供、市当局からの意見聴取、市当局との事前協議、市当局との共同決定）

⑤代表制民主主義（既存の代表諸機関や地方議員）との関係性問題

⑥専門家との関係性問題

まず①の問題に関連して、一九九五年に設置されたパリ二〇区の住区評議会について現地調査を実施したロイック・ブロンディオーとサンドリーヌ・ルベックは、住区評議会を設置することにより、パリ二〇区役所が区内を「社会学的に多少とも同質性があり、歴史的ないし政治的に関連性のある単位」としての「住区」に区画し、「住区へのアイデンティティを創出する」という新しい課題に直面したと指摘している。(5)

こうしたいわゆる地理的区画に対置して、ブロンディオーとルベックが住区評議会内の「政治的区画」と呼んだのが、まさにレヴィが設定した②の問題である。この問題は、現代フランスの熟議フォーラムのメンバーが、様々なカテゴリーに「区画」された住民を正統に代表可能な構成となっているかという代表性の問題と言い換え可能であり、その意味で③の問題とも関連する（非有権者の代表性保障問題については次章で詳述）。

さらにこの②の問題に関連して、レヴィは「アテネの民主政によって用いられた手法」としての「抽選（le tirage au sort）」に言及しているが、本書が関心を寄せるのは、まさに住区評議会のメンバー構成におけるくじの採用が、この熟議フォーラムにどのような効果をもたらしたのかである。

なお、このくじの適用方法にかんして、どのようなカテゴリーの評議員を選出するために、どのようなリスト上から無作為抽出をおこなうのかという問題が依然として残されているというレヴィの指摘は重要である。[6] というのも、もし無作為抽出の基礎となるリストが「フランス有権者名簿」（国政選挙・地方選挙で用いられているもので、成人フランス国籍保有者による自主的な事前登録が必要）である場合、上述のピサルーが指摘しているように、公職選挙における投票権行使以外には政治参加の意思をもたない有権者をも市政への動員の対象としている点で、自発性に基づく市民の参加とは前提が全く異なるからである。

上述の一九九五年におけるパリ二〇区の事例以外にも、無作為抽出制を導入する事例はみられたが、[7] 筆者が現地実態調査を実施したフランスのリール市の「住区評議会（conseils de quartiers）」やアミアン市の「住民評議会（conseils d'habitants）」でも、住区評議会制（二〇〇二年）という制度的枠組みを用いて、そのメンバー選出にくじが導入されている。そして多くの場合、その無作為抽出の基礎となるリストは「フランス有権者名簿」である（後述）。

### （三）　本章の目的と構成

以上のような問題状況を踏まえ、本章の目的は、その長い歴史のなかでは政治領域への「再導入」と位置づけられる現代の熟議フォーラムにおけるくじの採用について、その意味・意義や問題点を理論的な観点から考察するとともに、メンバー構成にくじを導入しているフランス諸都市の住区評議会を事例とした先行研究を参照・検討するなかで、その効果の如何を明らかにすることにある。

そこで第二節は、現代の様々な熟議フォーラムがくじにどのような意味を見出し、どのような政治的効用を期待してきたのかについて、イヴ・サントメールの議論[8]を中心に検討していく。つづく第三節では、一九九五年に設置されたパリ二〇区の住区評議会が設置当初からメンバー選出にくじを採用していた点に着目し、その設置前後のプロセスにかんするブロンディオーとルベックの現地調査研究[9]に依拠しながら、無作為抽出により選出された一般市民の討論参加が、会合の場において実際どのような効果を発揮したのかについて検討する。しかし他方で、無作為抽出制の採用が弊害をもたらすこともある。実際、アミアン市では、新システムの導入（二〇〇九年）にあたってはこの問題にまつわるコンフリクトも生じている。そこで第四節では、こうした観点から問題状況を理論的に検討していく。

## 第二節　現代の熟議フォーラムにおけるくじ導入の意義

### （一）　政治領域へのくじの再導入

一九七〇年代初頭にアメリカとドイツで開始された「市民陪審制（citizens' jury）」や「計画細胞（Planungszelle）」と呼ばれる熟議フォーラムの試みは、代表制民主主義が正統性の危機にあるとみなすいわば「ポスト代表制」の模索[10]といえるが、一九九〇年代半ば以降、それは制度化というかたちをとって世界へと広がっていった[11]。こうした制度化の試みはよく「アテネの古典的デモクラシーの伝統をつぐもの」と主張されるが、それはかつてアテネ市民によって構成された立法委員会がくじで選ばれたのと同様、今日設置されている熟議フォーラムの多くが、そのメンバーをまさに「ランダム・サンプリング（無作為抽出）」という方法を用いて選出しているからであった[12]。

参加民主主義研究で知られるイヴ・サントメールは、著書『権力を人民に――市民陪審制、くじそして参加民主主義――』（二〇〇七年、未訳）[13]において、代表制民主主義が正統性の危機に陥っている今日、「政治領域へのくじの再導入」がその有効な対抗手段たり得るのかについて検討を加えているが、そもそもここでくじの採用が「再導入(réintroduction)」と位置づけられるのは、上述の古代アテネや、さらに中世・ルネサンス期のイタリア（ヴェネツィア共和国やフィレンツェ共和国）の政治領域において、この手法がすでに「導入」されていたからに他ならない。

現代におけるその「再導入」は、上述のように一九七〇年代初頭のアメリカと（西）ドイツで開始され、その後デンマークやオーストラリアにもその導入事例[14]が認められるが、フランスの熟議フォーラムにおいて初めてくじが導入されたのは、サントメールによれば、すでに述べたパリ二〇区の「住区評議会」であるとされる（一九九五年）[15]。このときパリ二〇区では、区当局が区内を七つの「住区（quartier）」に区画し、それぞれに住区評議会を設置するとともに、これら七つの住区評議会における評議員をそれぞれ三九名と定めた。そして、三九名の評議員は、さらに一三名の三カテゴリーに分けられ、そのうちの一つが「有権者リストからくじで選ばれた」市民たちによって構成されることになった（「パリ二〇区住区評議会憲章」第五条）。

このように、米独の先行事例から二〇年ほどの「おくれ」をとったとはいえ、フランスにおいてもくじの「再導入」がなされたことになる。その後、フランスで初めての「市民会議（conférence de citoyens）」（英語の「コンセンサス会議（consensus conferences）」をフランス語でこう呼びかえた）が、一九九八年に「遺伝子組み換え作物（ＯＧＭ）」をテーマに取り上げて組織されたのを皮切りに、二〇〇二年と二〇〇三年には「気候変動」と「下水汚泥」をそれぞれテーマとして市民会議が開催され（国会事務局）、市民陪審制についても、二〇〇二年に「市民パネル（panel citoyen）」の名称でパリ一九区に設置され、同区内のスターリングラード住区で横行する「ドラッグ使用問題」について議論されたりしたという[16]。

## （二）　政治領域におけるくじの意味――五つのモデル――

政治領域においてある特定の役職者を選出する手法は、くじ以外にもいくつか思い当たる。例えば、メンバーによる選挙、現行メンバーや上層部が新規メンバーを補充するための任命（cooptation）、自発的意思、官職売買、選抜試験、世襲、ＩＱテスト、身体・戦闘能力などであり、[17]これらすべての方法がその時々の状況に合わせて用いられてきた。今日の政治・行政領域では、ほとんどの場合、公職者の選出は選挙や任命（例えば首相による閣僚の任命）によっておこなわれ、高級官僚は選抜試験と任命によっておこなわれるとはいえ、それは「代表制に基づく政治システムが台頭した一八世紀末以降のこと」にすぎず、それまでは長きにわたって、くじが共和政体や民主政体において公職者を選任する有力な方法の一つとなってきたという事実をまず確認しておく必要がある。

これらの点を確認した上で、先のサントメールは、くじが政治領域において一体どのようなものと捉えられてきたかを、五つのモデルで整理している（実際にはこれらの組み合わせ）。[18]

①宗教的・超自然的パースペクティヴにおけるとりわけ神の啓示としてのくじ

②ある論争的な問題（役職配分）を解決する公明正大な手段としてのくじ

③全員による全員の自己統治（治者と被治者の役割のローテーション）を強化する手法としてのくじ

④「常識」をよりどころとすることで、誰もが権力を担いうるとの確証としてのくじ（③とは若干異なる）[19]

⑤人々のなかから代表サンプルを採取する手法としてのくじ（共同体の名のもとに見解表明し、評価し、判断し、時には決定を下すいわば小宇宙）[20]

いま最後にみたモデル⑤は、サントメールによれば、代表サンプルの採取を技術的に可能とする統計学の成果を前提としており、比較的近年になって発展してきたものであるとされ、現代の熟議フォーラムが有する特徴は、まずなによりも政治領域におけるくじの意味をモデル⑤のように理解する点にあるとされる。この点は、本書が関心を寄せるフランス版熟議フォーラムとしての住区評議会が、どのような位置づけでくじを導入しているのかを考える上で重要な意味をもつことから、モデル⑤のような捉え方の諸特徴をさらに詳細にみていくことにする。[21]

第一の特徴は、代表サンプルが各個人の多様な意見の総和の一部を切り取ってきたスナップショットの供給とみなされ得るという点である。まさに古典的な世論調査や満足度調査がこれに該当するが、これだけでは、無作為抽出された人々の間での熟議がおこなわれないという問題点が残される。

第二の特徴は、代表サンプルがその基礎となるグループ内の多様性を反映したものとみなされ得るという点である。その場合、分析的な視点や社会的経験を踏まえることで、無作為抽出された人々の間での熟議はより内容豊かでバランスのとれたものになり得る（一九六〇年代末に始まる司法領域の陪審制改革や近年の様々な熟議フォーラム）。

第三の特徴は、代表サンプルが住民の主要諸カテゴリーの利害を反映可能にしているとみなされ得るという点である（様々な職能団体の代表が政府を構成するコーポラティズム体制、近年の司法領域における陪審制、討論型世論調査）。

第四の特徴は、代表サンプルが専門家の知識よりも素人の判断を重視する手段とみなされ得るという点である。こうしたことが期待できるのは、対立的な争点に対し個別的な利害をもつことなく熟議に参加しているメンバーをも公正に処遇することで、一般市民の「慣習知（savoir d'usage）」[22]を動員可能とすると同時に、熟議に熟達している一部のメンバーの社会的経験についても全体で共有する場合である。現代の熟議フォーラムにおいてランダム・サンプリングを採用することは、その意味で専門的知識をもたないごく一般的な市民たちを重視することになる。

そして第五の特徴は、ごく限られた事例ではあるが、市民参加に不慣れな一般市民を公権力が動員する手段としてくじを用いる場合、「自発的参加者たち」が敵視され、排除されることがあるという点である（例えばドイツにおける参加型予算の取り組みなど）。その背景には、一般市民の慣習知に基づく良識的意見形成力への徹底した理想化があり、公権力の側のそうした発想が、アソシアシオンを拠点とした市民活動家との衝突という新しい問題を惹起しているという。

この最後の点は、すでに述べたように、アミアン市当局が住民評議会にくじを導入した際に生じた紛争の構図を言い当てていることから（二〇〇九年）、第四節でより具体的に検討することにする。

## （三）　くじが熟議フォーラムにもたらす民主主義的効用

上述のように、政治領域においてくじがどのようなものと捉えられてきたかを五つのモデルで整理したサントメールは、①を除くほとんどのモデルに対し共通して期待されているくじの効用を列挙しているが、本書では、現代の熟議フォーラムにくじを導入することでどのような民主主義効用が期待できるのかという観点に立って、それらを以下の二点で整理する。

ここでまず強調されるべき第一の民主主義的効用は、くじにより選ばれた一般市民たちによる「良識的な意見形成」である。すなわち、現代の熟議フォーラムにくじが導入されて以来、公共政策や公的論点を審理する「理性の審判」は、啓蒙の時代のような知識人階級や教養のあるブルジョア階級の専有物ではなく、基本的には誰しもが担いうるものとなっており、これこそまさに熟議フォーラムという新しいメカニズムを考案した者たちがめざしていたものである、と。

代表サンプルとして選ばれた市民たちが熟議や意見形成に関与するという民主的な熟議フォーラムの創設理念をめぐっては、世論調査に対してなされるのと同様の批判が寄せられ、社会学者たちからは悲観的な見解も予想される。すなわち、一般市民は政治にほとんど関心などないし、意見といっても、そのレベルは各人がもっている経済資本や文化資本によって千差万別である、と。しかしサントメールは、くじを熟議と組み合わせることで、世論調査の一方向的で世論誘導的な性格が克服される一方で、一般市民の意見に耳を傾けるという世論調査の政治的理念は守られると反論する。要するに、一般市民たちに意見表明権を与えることが重要なのであり、その結果、社会的エリートたちの主張だけでなく、「科学」の名において表明される専門家たちの主張も相対化されるし、一般市民やくじに対し繰り返される様々な不信とは反対に、現代の様々な熟議フォーラムの経験が指し示しているのは、熟議を前提とした政治参加それ自体が民主主義的なだけでなく、良識的な結論を導き出しているという事実である、と。(23)

現代の熟議フォーラムにくじを導入することによって期待される第二の民主主義的効用は、基礎となる社会内部の多様性に配慮した「社会学的な代表性（représentativité）」が確保される点であるという。(24)こうした社会学的な代表性を、代表される住民と代表者集団との間の「社会学的相似性」と言い換えるとすれば、ランダム・サンプリングを通じて、基礎となる社会から統計学的に正確な代表サンプルを抽出した時に、当該熟議フォーラムは良好な社会学的相似性を実現するのである。その典型的事例は、陪審員の属性（人種や性別）が判決内容を規定するとみなされる場合におけるアメリカの陪審制に見出されるが、この視点が代表制に適用されれば、例えば労働者一般を一人の労働者が代表し、女性一般を一人の女性が代表するというように、それはもはや分化した既存の社会的階層や社会集団を単位とする「利益代表制」あるいは「コーポラティズムの現代的一変種」と呼ぶべきものとなるであろう。

ここで注意すべきは、サントメール自身、熟議フォーラムが社会的に分化した諸集団を単位とする利益代表制となることを望んでいないだけでなく、熟議フォーラムが社会学的な代表性に配慮したメンバー構成を実現することが、そのまま一般市民による良識的な意見形成をもたらすとも考えていない点である。一般市民による良識的な意見形成はまさに「アクティヴなプロセス」なのであって、それはむしろ多様なメンバー構成が熟議を活性化した時に実現されるものなのである。

意思決定の場におけるメンバー構成の多様性が熟議にダイナミズムを与えるとする自らの議論を強化するため、サントメールは代表制民主主義におけるクォータ制（男女同数制）を擁護するアン・フィリップスの「存在の政治」論[25]を検討し、次のような結論を引き出す。すなわち、「民主主義はそれ自体が一つの価値をなすとともに、代表制への男女の平等な参加が民主主義の一要件とみなされうる」と。サントメールはこれを男女比の問題にとどめず、さらに「すべての被抑圧集団」の問題へと拡張すべきと主張するのである。

さらにここで確認すべきは、サントメール自身が熟議フォーラムにクォータ制が必ずしも適合的とは考えていないということである。彼にとって重要なのは、あくまでも熟議に参加するメンバーの社会的出自を多様化させることであり、これによって、より多様な視点や経験が熟議をより内容豊富なものにし、メンバーが相互の偏見を軽減し、相互の垣根を低くすることを期待するのである。社会諸集団に対しポストを割り当てる必要がないのであれば、これらの集団について厳密に定義したり、基準を設けたりする必要もなく、その意味でも、くじが熟議フォーラムのメンバー選出にとりわけ適合的であると評価できることになる。

以上のように第二節では、まず政治や司法の領域においてくじがどのように位置づけられてきたかについて明らかにした上で、政治領域にくじを導入することで様々な政治的効用が期待されること、そして特に、現代の熟議フォーラムにくじが導入されることで、クォータ制を導入せずとも、社会学的に多様な参加者が確保され、もしこうした多様なメンバー構成が熟議にダイナミズムを与えるならば、彼らが良識的な結論を導き出すことも十分期待できるとするサントメールのくじ擁護論についてみてきた。

ただし、こうした一般市民の慣習知が、現実の意見形成プロセスにおいてどのような積極的役割を果たすのかについては必ずしも明らかでない。以下節を改め、住区評議会を一九九五年に設置したパリ二〇区の事例を対象とするブロンディオーとルベックの実証研究をみていくなかで、くじによって選出された一般市民の討論参加が、会合の場において実際どのような効果を発揮したのかについて明らかにしていく。

## 第三節　一般市民による討論参加の効果

### （一）　一九九五年コミューン議会選挙と住区評議会の設置

一九九五年六月に全国一斉で実施されたコミューン議会選挙[26]は、パリの六つの区議会選挙（三区、一〇区、一一区、一八区、一九区、二〇区）において社会党区政が誕生し、長く新ドゴール派「共和国連合」（ＲＰＲ）が主導してきたパリ市政（パリ市議会）に風穴が開いた点で、新たな流れがつくり出された選挙とみなされる。上述のように、パリ二〇区[27]に住区評議会が設置されたのは、まさにこの選挙において社会党ミシェル・シャルザ（Michel CHARZAT）率いる左翼連合区政が成立したことを契機としている。

同区の住区評議会設置プロセスを分析したブロンディオーとルベックは、その背景として、一九九五年における左翼連合の勝利がパリ二〇区住民による「さらなる地域民主主義への熱望」と解釈された点を指摘し、ここには「地元アソシアシオンと左翼政党との収斂」があったと述べている。(28) すなわち、中道派ディディエ・バリアニ（Didier BARIANI）の区政（一九八三―九五年）に反対する地元アソシアシオンが、同区政における「住民との事前協議の欠如」「民主主義の不在」を主張し、「住民との事前協議の重要性」や市の計画にかかわる「住民からの意見聴取の不可避性」といった言説を構築するなか、当時野党であった社会党シャルザ陣営は、一九九五年の選挙へ向けた政策綱領のなかでこのテーマを取り上げ、民主主義の「増進」と同区当局への要望の政策提案方法の「刷新」（地域民主主義領域における従来との決別）を掲げるとともに、「現場（terrain）」重視の観点から候補者リストにそうした地元アソシアシオンのメンバーを参画させたのである。

シャルザ新区政成立後、地域民主主義・若者担当助役のダヴィ・アスリーヌ（David ASSOULINE）が、地元アソシアシオンの参画を社会党勝利の主要ファクターの一つと自己分析していたことを踏まえるならば（一九九五年一一月）、選挙戦での勝利に貢献した支持団体の政策である「地域民主主義」の強化政策がパリ二〇区の新区政によって実行に移されたとしても、決して驚くことではない。

その意味で、パリ二〇区の住区評議会は、「地域民主主義」を強化するこうした推進要因(29)に規定されながら、設置されたことになるが、パリ二〇区のシャルザ区政自身は、この住区評議会にどのような役割を期待していたのか。ブロンディオーとルベックは、それを次の三点で整理している。(30)

①二〇区当局がパリ市当局に対抗する手段としての住区評議会

一九九五年選挙後も依然としてＲＰＲが主導するパリ市当局と対立関係にあった当時のパリ二〇区当局にとって、「全住民の声を代弁している」と想定できる住区評議会は、財政的に脆弱な区政の側からの戦略的攻撃手段であると同時に、力をつけつつある地元住民団体と直接交渉するチャンネルでもあった。

②直接民主主義の手段としての住区評議会

共産党など左翼連合区政与党内の少数派が、評議員よりも一般住民たちの自由な参加に力点を置いた直接民主主義を実現するための制度と位置づける一方、社会党などは無秩序な状況に警戒していた。

③市民育成と良識的意見形成の場としての住区評議会

住区評議会は徐々に住民に対し二〇区当局の政策を表明し、説明する場となる一方で、特にくじで選ばれた評議員に対し、市民育成的な配慮がなされ、彼ら新しいアクターたちに、区役所と住民との媒介者、住民の代表者といった一般市民とは異なる特別な地位が与えられるようになった。

住区評議会に期待される③の役割は、パリ二〇区当局が住区評議会の設置を通じて強化をめざした地域民主主義にも、公権力側の住民動員戦略的な側面が含まれていることが示唆されている点で重要である。こうした問題は、二〇〇二年の近隣民主主義法というまさに国家法が人口八万人以上のコミューンに対し、住区評議会の設置を義務づける一方で、その制度設計を当該コミューン議会に委ねたように、フランスの住区評議会制が必然的に抱え込む市当局の主導性問題と理解するならば、今日住区評議会を設置しているすべての都市に共通する問題でもある。

他方で、もし住区評議会が市民を育成し、良識的な意見を形成する場として機能する基本条件をここで明らかにできるならば、フランス近隣民主主義の制度的・実践的改善に対し一定の貢献が期待できるであろう。そしてもし、くじによって一般市民を住区評議会のメンバーに加えることを仮にその基本条件の一つとした場合、サントメールのようなくじ擁護論者が期待するように、社会学的に多様なメンバー構成を確保した熟議フォーラムは、一般市民の「慣習知」を動員するなかで、熟議の場として活性化していくのであろうか。次項では、くじによって選出された一般市民の発言が、住区評議会の会合においてどのような効果を発揮したのかについて検討していく。

## （二）　くじの導入は住区評議会に何をもたらしたか

パリ二〇区における住区評議会は、こうして一九九五年のコミューン議会選挙を一つの頂点として同区で高まった地域民主主義強化の機運や、同選挙で誕生したシャルザ左翼連合区政の思惑を背景としながら、同年にその活動を開始した。ブロンディオーとルベックの調査研究は、まさにこの「参加民主主義の試行過程」における実に多様な事象を観察し、政治的・実践的問題[31]として分析している。そして、ここでわれわれが特に注目したいのは、一般市民（有権者リストからくじで選ばれた評議員や参加した聴衆）による、「直観（témoignage）」に基づいた発話（言葉づかい）の効果について考察している部分である[32]。

日常的な観察や長年の暮らしで培った土地勘、さらには職業を通して得た経験などに基づくこの直観は、上述したサントメールの「慣習知」に極めて類似した概念であるといえるが、ブロンディオーとルベックは、こうした認識を自らの判断や個人的認識を自分自身で正当化するよりほかない一般市民に固有のものと位置づけるとともに、これに依拠した発話を、政治・行政担当者による「専門」的な発話やアソシアシオンの代表者らによる「第三者」的な発話と区別している。

ブロンディオーとルベックによれば、こうした一般市民による直観の表明というかたちをとった討論参加は、実際の会合の場において様々な性質を帯びて現れたとされるが、ここではそれらを次の四つの効果として整理してみたい。

第一の効果は、直観に基づく発話の情報補足的性格による熟議促進効果である。すなわち、こうした一般市民の直観に基づく発話は、何らかの要請や権利要求としてというよりも、むしろ情報の補足のような討議への貢献というかたちで現れてきたとされるのであり、その意味で、彼らの討論参加は熟議の自然な流れに沿ったものであり、そこまでの討議に承認を与える意味をもつことになる。

第二の効果は、直観に基づく発話の事実立脚的性格による発言の婉曲化効果である。上述のような直観を動員しても、一つの確定的判断（jugement）にたどり着けるとは限らないが、自らの直観を拠り所にしなければ、一般市民はいかなる発言もできないという現実がある。しかしより現実的に考えた場合、討議において発言する者が自らの見解を正当化するにあたって、自らの経験から引き出される事実的諸要素を用いないことなど考えられないのであって、このことが際だった抑制要因となって、住区評議会における熟議も事実に基づく慎重な物言いが求められるようになる。まさにこれが、事実立脚的性格による発言の婉曲化効果である。個人的な趣向や単なる主観に基づく見解、イデオロギーに基づく原理主義的主張、あるいは他者を拒絶するような態度など、そこでは受け入れられないのである。

第三の効果は、直観に基づく発話の非個人主義的性格による住区評議会での個人的権利要求の抑制効果である。ブロンディオーとルベックは、直観に基づく発話の主たる特質の一つは、彼ら一般市民が発言するに際して、私的な利益に基づく様々な動機とは問題を切り離した上で、もっぱら自らが属する集団や自然環境などの集合的利益に配慮して発言している点にあるとしている。すなわち、一般市民の直観は非個人主義化（dépersonnalisé）されていることがほとんどで、実際住区評議会においても、住民が自らの置かれた個人的な状況や困難を引き合いに出すことはまれである、と。

こうした個人的な利益要求と対極にあるエゴイスティックないしイデオロギッシュな党派的行動もまた住区評議会では忌避されるという点で、第四の効果は、直観に基づく発話の非政治的性格による偏向した党派的発言の抑制効果と呼ぶべきものである。実際住区評議会において、そうした発話は全くみられず、より一般性をもった偏向のない発話はあっても、政治的リーダーや政党に支持を与えたり、国や世界の政治動向を参照したりした政治的発言は、住区評議会では極めて希有であったという。

少なくとも住区評議会には活動家たちの居場所が確保されているにもかかわらず、住区評議会でそうした発言が皆無であることを踏まえると、ブロンディオーとルベックが指摘するように、その背景の一つは、熟議フォーラムという公共圏の「非政治化（dépolitisation）」された公開の場での発言の全般的婉曲化にあるのかもしれない。まさにこうした時代の流れが、住区評議会において、政治状況に対する「告発」やある特定の集団やコミュニティの「排斥」、さらには政治秩序からの「断絶」を示唆するような言説を抑止する効果を発揮していると考えられる。

直観に基づく発話の様々な性格がもたらす以上四つの効果のうち、第一・第二の効果が熟議の活性化に対する貢献と整理できるのに対し、第三・第四の効果は、直観に基づく発話が有する一対の性格（非個人主義的性格と非政治的性格）によって住区評議会に参加するすべての者の発言を中立的なものに制約するいわば抑制的効果であるといえる。

その意味で、「くじの導入はパリ二〇区の住区評議会になにをもたらしたか」との問いに対して、われわれは「熟議の活性化と発言の中立化がもたらされた」との回答を用意することになろう。そして実際、ピサルーによれば、「住区評議会」を設置している都市コミューン（例えば、クレテイユやルーアン）のなかには、『憲章』において「発言内容の政治的中立性」を明瞭に求めているところがあり、ピサルーはその目的を「住区評議会の政治化をあらかじめ避けるため」と捉えている[33]。

以上の検討を踏まえ、われわれが改めて想起すべきは、くじ擁護論者が、専門家の知識よりも素人の判断を重視する立場をとり、専門的知識をもたないごく一般的な市民たちが対立的な争点に対し個別的な利害をもつことなく熟議に参加することで、彼らの慣習知が動員されることを期待していたことである（第二節参照）。個別的な利益をもたないことが、即、立場の中立性を導くものではないが、仮にここで暗黙のうちに称揚されているものが「発言の中立性」であるとすれば、少なくともパリ二〇区の住区評議会では、くじ擁護論者の期待通り、直観に基づく発話がその特質を開花させ、私的利益にも党派的利益にも偏しない討議が実現したことになる。

ただし、専門的知識をもたず、対立的な争点に対し個別的な利害をもたないという意味における一般市民の「中立性」が一人歩きを始め、専門的知識をもった専門家たちだけでなく、日常的な市民活動への参加を通じて、こうした熟議に熟達している地域住民アソシアシオンの代表者や活動家が敵視されるようになると、それが新たな弊害をもたらすとの指摘もある。こうした問題は、どのような論理で生み出され、どのような構図において深刻化するのか。節を改めて検討していくことにする。

## 第四節　住区評議会のメンバー構成問題

### （一）　アミアン市住民評議会の設立（二〇〇九年九月）

二〇〇二年の近隣民主主義法による住区評議会制の導入以降、初の投票がおこなわれた二〇〇八年三月のコミューン議会選挙において、市政担当者の交代があったアミアン市では、社会党のジル・ドゥマイ率いる左翼連合リスト（社会党、フランス共産党、緑の党、左翼急進党、共和主義者と市民の運動）が、現職市長のジル・ドゥ・ロビアン率いる市長与党リストを破り、三期一九年にわたりつづいたロビアンの中道右派市政が終焉した。

選挙マニフェストのなかで左翼連合陣営は、ロビアン市政の下で展開されてきた近隣政治システムの見直しを打ち出していたが、新市政の成立を受け、旧市政下で市当局が地域住民アソシアシオンとしての住区委員会（住区委員会連合と二六の住区委員会）と特権的なパートナー関係を取り結び、制度上同委員会を住民合議機関とみなす仕組みは廃止された（アミアン市議会、二〇〇九年一月二九日議決）。そして、新しい仕組みを詳細に定める「アミアン市参加憲章」[34]により、アミアン市内は東西南北の四領域に再区画され、それぞれに設置されたのが「住民評議会」である（本書第五章参照）。

上述のようにアミアン市住民評議会評議員の任期は二年とされており、第一期（二〇〇九―一一年）の諸活動は、住民評議会報告書活動報告『二〇〇九―二〇一一年活動報告――第一期回顧――』（以下、住民評議会報告書と表記[35]）にまとめられている。そして同報告書は、「市民参加と民主主義の革新」の項目において、まず住民評議会におけるメンバー構成の手順について時系列的に列挙した上で（【資料6－1】参照）、ただ単に無作為抽出制を導入しただけでは住民合議機関のメンバー構成における多様性が保障できないことから、実際には市役所による市民への積極的な働きかけが必要であったことを強調している。すなわち、「市は住民を動員するためのとりわけ積極的な働きかけを実行に移した。住民評議会のメンバー構成における多様性を保障可能としたのは、有効性を示したこの技法（ingénierie）全体であって、無作為抽出制それ自体では不十分であった」と[36]。

### （二）一般市民の「慣習知」の行き過ぎた称揚

すでに第二節で触れたように、サントメールは、政治領域にくじが導入された場合の民主主義的効用として、対立的な争点に対し個別的な利害をもちこむことなく熟議に参加しているメンバーの「慣習知」を動員することによって、

**【資料６－１】アミアン市住民評議会におけるメンバー構成の手順**

メンバー構成のためアミアンで採用された手法にかんする回顧（アミアン市住民評議会のリクルートメント）
2009年４月16日、市役所において各会派の代表者立ち会いの下、抽選を実施した。
2009年５月初旬
- 2009年４月16日に市役所において各会派の代表者立ち会いの下、368名のアミアン市民を無作為抽出。
- 住民評議会に参加するメンバーとして、有権者名簿からの無作為抽出で選出された旨を知らせるべく、この368名一人一人に市長が署名した通知文を郵送。
  14日間、地域民主主義特命チームが自発的な受諾〔の返信〕について記録。受諾者はごく少数にとどまる（15名程度）。〔市役所が郵送した〕通知文の多くが、「宛先不明」として返送されてきた。

５月第２・３週の２週間
- 地域民主主義特命チームが、住民評議会という住民合議機関について口頭で説明するため、無作為抽出で選出された人々への「電話かけ」作戦を開始。
  ただし、電話番号の多くが繋がらなかった。

６月から７月の半ばまでと８月末から９月初旬まで
- 地域民主主義特命チームの職員が、地方議員とともに、要請に応じなかった住民への「戸別訪問」を実施。
  肝心なことは、この住民合議機関に活気を与え、人々が自分の殻に閉じこもってしまう様々な障壁を取り除き、そして住民たちによる政治参加の権利行使や度合いをより確固たるものにすることである。
  〔各住民評議会が〕年に５回の会合を、土曜日の午前中に開催することを確認。

出典：Les conseils d'habitants de la Ville d'Amiens, *op.cit.*, 2011, p.5.

熟議の質的向上が図られ、良識的な意見形成が期待される点を強調している。「慣習知」の動員による良識的意見形成という考え方は、現代の様々な熟議フォーラムがそのメンバーの選出にくじを積極的に採用する背景の一つとなっているだけに、極めて重要である。

ところでわれわれは、「慣習知」の動員による良識的意見形成という場合、「慣習知」のなかに相対立する二つの方向性があることに気づく。すなわち、アソシアシオンの代表や活動家のように、争点に精通しているがゆえ、個別の利害関心のみでものごとを考えることに懐疑的な人々の「慣習知」と、与えられている争点について何ら特定の利害に偏しない一般市民の「慣習知」である。

サントメールは、この後者の意味におけ

る「慣習知」の理念が、アメリカの司法陪審制において理不尽なほどに拡張し、いまや「同胞による裁決」といった大義は忘れ去られ、陪審員たちが白紙のノートのように無知の状態から審理を開始することこそが公正さであると考えられるようになっていると述べている。ここにはジョン・ロールズ（John RAWLS）がいう「無知のヴェール」を彷彿とさせるような世界が想定されているが、サントメールによれば、一定緩和されているとはいえ、こうした見方が特にドイツの市民陪審制のなかに見出されるとされ、なかには個別利益を主張する恐れのある組織化された諸勢力を排除することで、討議の中立性を確保することを中心課題とするような実践モデルも登場したという(37)。

もしこのように、討議の中立性のみが探求すべき課題とされ、公正な熟議は個別利益を主張する勢力や争点について事前に利害関心を有している人々を排除することでこそ確保できると考えられるならば、決して無視できない重大な帰結をもたらすことになる。すなわち、サントメールが「くじに依拠した参加民主主義が結社民主主義と対立する」(38)と表現したように、くじが市民参加に不慣れな「一般市民」を動員する手法として用いられる場合、従来から参加民主主義の運動を担い、アソシアシオンに加入して活動しているような「自発的参加者たち」との間に対立関係が生み出され、熟議フォーラムによっては、アソシアシオンの代表者や活動家を排除するところもでてくるのである。

### (三)　くじによる一般市民の動員か、市民活動家の自発的参加か

いま述べたようなくじ擁護論者の関心は、アミアン市当局者やアミアン市住民評議会の活動に携わる人々にも共有されているといえるかもしれない。というのも、同市の住民評議会報告書(39)は、次のように述べることで、特殊利益の代表者の参加を否定し、無作為抽出制採用の意義を強調しているからであり、同時に旧市政下の近隣政治システムにおいて中心的な役割を担っていたアソシアシオンとしての住区委員会メンバーを「いつも同じ住民」と表現すること

で、彼らが「自治体の施策に専心し、参加」していた旧システムを批判・否定しているように読めるからである。[40]

> したがって住民評議会は様々な点で民主主義を刷新するフォーラムである
>
> 有権者名簿からの無作為抽出によって、住民合議機関における多様性を保障することができるし、いつも同じ住民が自治体の施策に専心し、参加することも避けられる。
>
> 住民評議会において、メンバーは特殊利益を代表しているわけではないし、彼らは特に何らかの目的（cause）のための擁護者という訳でもない。そしてまた彼らは、誰かの使者やスポークスマンでもない。彼らはアミアン市に暮らし、彼らの街にかんする「慣習知（expertise d'usage）」[41]をこのフォーラムにおいて発揮する、ごく普通の一般市民たちである（傍点は引用者）。

このことは、二〇〇九年一月に導入された新しい近隣政治システムをめぐり生じている紛争の背景を説明するものであるだけに、重要である。すなわち、二〇〇八年に成立したドゥマイ市政は、旧システムにおいて中心的地位を占めていた住区委員会のメンバーを、新しい住民合議機関としての住民評議会に参加させることなく、彼らの今後の活動空間を「アソシアシオン連絡会議」としたのである（【資料5－6】「地域民主主義の階層間連携図」を参照）。

新システムについて規定する憲章の策定プロセスでは、住区委員会（連合）のメンバーが新設住民評議会に引き続き参画できるよう求めたが、結局同憲章は、住区委員会があくまでも「一九〇一年法に基づくアソシアシオン」である点を強調し、「住区レベルの自治体計画にかんする事前協議や検討に特化した枠組み」として、「地域問題を担当するアソシアシオン連絡会議に統合される」としている。

こうした新市政と住区委員会連合との対立は、先に紹介した住民評議会報告書の記述のなかにも垣間みられる。すなわち、上述の旧システム批判につづく「討議されたプロジェクトは、最も多くの場合、都市全体にかかわるプロジェクトやプロブレマティーク」の項目において、住区委員会（連合）とは明確に書いていないものの、次のように述べることで、旧システムの住区委員会と新システムの住民評議会とは念頭に置いている民主主義像（前者は参加民主主義、後者は近隣民主主義）と取り扱うテーマの地理的範囲が異なっていると主張している。(42)

参加民主主義のロジックと近隣民主主義のダイナミズムは別物である。地域民主主義における二つの部分〔参加民主主義と近隣民主主義〕には、異なる住民合議機関が対応している。住民評議会の目的は、まさに都市全体という広域レベルにおけるプロジェクトやプロブレマティークについて、住民評議員とともに活動することにある。

〔…〕

提案された活動諸テーマ全体が住区という厳格な枠組みをつねに超越し、市レベルや都市圏レベルの諸争点に関心をもつようになっている。

市当局主導による近隣政治システムの変更にともなう住民団体と市当局との紛争は、幾つかの都市においてすでに近隣民主主義法が実施された段階から観察されていた。(43) この問題は、参加民主主義の法制度化をめぐる市当局の主導性・全能性の問題として論じることもできるが（本書第四章参照）、上述のように、人口八万人以上のコミューンに対し住区評議会の設置を義務づける一方で、その制度設計を当該コミューン議会に委ねた同法がまさに国家法として制定された時点でいわばすでにビルトインされていた問題であり、こうした枠組みを前提とするならば、コミューン議会選挙の運動期間中に各陣営が思い描く近隣政治システムを提示していくことが、状況を改善する数少ない方途かもしれない。

以上のように、本章では現代フランスにおける熟議フォーラムとしての住区評議会がメンバー選出においてくじを採用する動きが近年みられることに注目し、その方法としてのくじが有する意味・意義や問題点について理論的に考察するとともに、メンバー構成にくじを導入しているフランス諸都市の住区評議会における実践について、経験的分析を試みている先行研究を参照・検討した。

熟議フォーラムのなかには、専門的知識をもたず、対立的な争点に対し個別的な利害をもたないという意味で中立的な一般市民の良識的意見形成力に大きな期待を抱くあまり、地域住民アソシアシオンの代表者・活動家を討議の開始前から個別の利害関心を有している存在として敵視し、彼らを排除している事例があることを踏まえ、こうした観点から地域住民アソシアシオンの代表者・活動家に枠を与えていないアミアン市の住民評議会の問題状況を分析した。

ただし、本書第五章第四節でおこなった類型化では、アソシアシオンの代表者・活動家に枠を与えていないという意味で「分離型」に分類されるアミアン市住民評議会のメンバー構成も、参政権をもたない定住外国人たちのためのアソシアシオンの活動家たちに参加の機会を確保しているという意味では「混合型」といいうる。規定によれば、東西南北四つの住民評議会における「住民枠」二八名の内訳は、二三名がフランス人有権者名簿からの抽選、一名が欧州議会選挙有権者名簿からの抽選、四名が名簿登録されていない住民からの応募に基づく候補者リストからの抽選とされており、ヨーロッパ市民権を保有していることから地方参政権が与えられるＥＵ域内出身の定住外国人一名以外にも、ＥＵ域外出身の定住外国人に対し特別枠を確保しているのである（【資料６－２】参照）。

【資料６－２】熟議フォーラムの２類型

| 分離型 | 分類 | 混合型 |
|---|---|---|
| アミアン市住民評議会 | 具体的事例 | リール市住区評議会 |
| 与野党議員がメンバーとして | 市議会議員 | 議長 |
| 有権者名簿から無作為抽出 | 一般市民 | 有権者名簿から無作為抽出 |
| 選出枠なし | アソシアシオン | 選出枠あり |
| ＥＵ市民＋ＥＵ域外出身 | 定住外国人 | 選出枠なし |

すでに本章の冒頭で紹介した、住区評議会にかんしてレヴィが提起する六つの問題のうち、「③非有権者の参加問題（外国人や子どもも参加可能か?）」がこれに該当するが、この問題は、熟議フォーラムとしての住区評議会の正統性を規定する代表性の問題であり、非有権者の利益は誰がどのように代表するのかという民主主義の根本問題であるだけに、極めて重要である。

次章ではこの点に焦点を絞り、検討を進めていくことにする。

（1）Direction générale des collectivités locales（Ministère de l'intérieur）, *Les collectivités locales en chiffres 2012.*

（2）Jean-Luc PISSALOUX, « Les conseils de quartier : manifestation emblématique de la démocratie locale participative ou large mystification ? », Anne MARCEAU, *La démocratie locale à la recherche d'un nouveau souffle*, L'Harmattan, 2013, pp.95-96.

（3）Albert LEVY, « La démocratie locale en France : enjeux et obstacles », *Espaces et sociétés*, 2003, n°112, L'Harmattan, pp.155-177.

（4）*Ibid.*, p.168.

（5）Loïc BLONDIAUX, Sandrine LEVÊQUE, « La politique locale à l'épreuve de la démocratie. Les formes paradoxales de la démocratie participative dans le XX$^{e}$ arrondissement de Paris », Catherine NEVEU（dir.）, *Espace public et engagement politique*, L'Harmattan, 1999, p.27.

（6）Albert LEVY, *op.cit.*, p.168.

（7）パリの多くの区では、住民のなかから住区評議会のメンバーを選出する際、すでに無作為抽出制が用いられており、その導入状況等については、パリにある二〇の区の住区評議会を対象とする網羅的な現地調査を実施した高村学人の次の論文を参照。高村学人、「フランス都市法における『近隣』と『アソシアシオン』の役割」、原田純孝・大村謙二郎編『現代都市法の新展開——持続可能な都市発展と住民参加——ドイツ・フランス』、東京大学社会科学研究所研究シリーズNo.16、東京大学社会科学研究所、二〇〇四年、一九三—一九四頁。高村によれば、①近隣住区担当の助役や議員、②重要人物 personnes qualifiée、③地域のアソシアシオン、④住民の四部門による構成が想定されているが、特に「担当助役がコミューン議会と住民との間の橋渡しになること」が期待されているとし、事実パリに二〇ある区のいずれにおいても、「担当助役や区議会議員が構成員ないし議長として評議会を構成することによって、近隣住区評議会と区議会との媒介となることが期待されている」という（同前、一八六頁）。また、次の文献も参照。Anne-Lise HUMAIN-LAMOURE, *Faire une démocratie de quartier ?*, Éditions Le Bord de l'eau, 2010.

（8） Yves SINTOMER, *Le pouvoir au peuple : Jurys citoyens, tirage au sort et démocratie participative*, La Découverte, 2007, pp.102-103, pp.138-139, p.150.

（9） Loïc BLONDIAUX, Sandrine LEVÊQUE, *op.cit.*, 1999, pp.17-82. ただし、ブロンディオーとサンドリーヌ・ルベックは、「一七世紀以来西欧民主主義諸国が見限り、拒否してきた民主主義的手法」としてのくじにかんする検討はさしあたり脇に置いておくとし、「くじの歴史とその政治的意義」については次のものを参考文献として紹介している。Bernard MANIN, *Principes du gouvernement représentatif*, Calmann-Lévy, 1995.（筆者の手元にあるのは二〇〇八年に公刊されたFlammarion 版。）

（10） 小川有美「はじめに」「熟議＝参加デモクラシーの比較政治研究へ」（小川有美編『ポスト代表制の比較政治——熟議と参加のデモクラシー——』（比較政治叢書③、早稲田大学出版部、二〇〇七年）、i—v頁、一—二二頁を参照。

（11） そうした現象の概略については、篠原一『市民の政治学——討議デモクラシーとは何か——』（岩波新書、二〇〇四年）、一七五—一八一頁を参照。

（12） 篠原一、前掲書、二〇〇四年、一五九頁。

また、「ランダム・サンプリング」について、例えば『日本大百科全書』（小学館）では次のように解説されている。

無作為抽出、任意抽出ともいう。社会調査の対象となるものの個数が多いときには、全体を調べるためにはたいへんな費用や時間を要する。また、そのようにして収集されたデータは、結果が古くて役にたたないものになったり、調査の条件が一定でなくなったりする。ランダム・サンプリングは、調査対象の全体を調べるかわりに一部分を調べ、そこから全体を推量するためになされる。したがってサンプルは、調べようとする対象全体すなわち母集団の縮図となるよう、無作為抽出のように各個体の特性を考慮せず、偶然にゆだねて決定されなければならない。（以下省略）

（13） Yves SINTOMER, *op.cit.*, 2007.

（14） 一九八〇年代末になると、デンマークでは「コンセンサス会議（無作為抽出で選ばれた一五名の素人が科学技術にかかわる重大問題について討論する）」が組織され、アメリカでは「熟議投票（論争的なある一つの問題について多くの市民たちに討議してもらう）」が登場し、具体化された。またサントメールによれば、オーストラリアの幾つかの労働組合において、その組織のあり方や活動方針について見直しを図るべく、無作為抽出で選ばれた組合員からなる会議体やワーキング・グループが設置されたという。さらに一九九〇年代以降、こうした手法が他国へと広がり、様々な実験的取り組みが試みられた。すなわち、英国、アメリカ、ドイツ、スペインを中心に世界中で何百もの市民陪審が設置され、デンマークやその他のヨーロッパ諸国では、実に五〇ものコンセンサス会議が組織され、アメリカやその他の国々において熟議投票が組織されたのである。*Ibid.*, p.101.

(15) *Ibid.*, pp.102-103. サントメールはくじを採用したパリ二〇区の住区評議会が「一九九二年」に設置されたとしているが、まさにその設置を定めた「パリ二〇区住区評議会憲章（La Charte des conseils de quartier du XX[ème] arrondissement）」が一九九五年に制定されたという事実を踏まえ、本章も「一九九五年」に設置されたものとして議論を進める。なお現在は、同区議会が二〇〇八年一二月一一日に採択した「パリ二〇区地域参加民主主義憲章（La charte de la démocratie locale et participative dans le 20[e]）」に基づいて施策が実施されている。また、当時その設立にかかわった当事者の記録としては、次のものがある。Bernard RULLIER, « La démocratie à la parisienne », *Pouvoirs*, n° 110, Paris, 2004, pp.19-33.

(16) Yves SINTOMER, *op.cit.*, 2007, pp.102-103.

(17) *Ibid.*, p.134.

(18) *Ibid.*, pp.135-139.

(19) 司法領域における陪審制にみられる考え方であり、専門家による決定の独占に対し、一般市民の「常識」を対置する。科学技術にかかわる政治的選択が専門家から提起される技術的要請に還元され得ないと認識される。こうした考え方が、過去何世紀にもわたって陪審制を正統なものとし、今日の熟議フォーラムにおいても緩和されたかたちで登場してきた。

(20) くじによって、すべての人が熟議に参加可能となるが、社会的に異質性を内包した共同体ではすべての個人を互換可能な存在とは考えられない。

(21) *Ibid.*, pp.138-139.

(22) アメリカの哲学者ジョン・デューイの議論から「慣習知」の概念を抽出したサントメールは、フランス革命期の民衆からなる陪審制以来、「同胞による裁決」という考え方には、裁かれる者の置かれた状況や直面している諸問題を裁く者が理解していることが公平な裁決の必須条件であるという理念が明確に含まれていたとし、現代の熟議フォーラムにおいても、民衆世界の事情に通じた一般市民の「慣習知」を動員することで、熟議の質的向上が図られるとの理解が共有されているとする。*Ibid.*, pp.148-150. また、近年フランスの政権担当者や市民活動家の間で用いられるようになったとされる「市民知（savoir citoyen）」「日常知（savoir ordinaire）」そして「慣習知（savoir d'usage）」を手がかりに、ジョン・デューイやヨーゼフ・シュンペーターの議論を整理し、上述の問題を詳細に検討した次の文献も参照。Yves SINTOMER, « Du savoir d'usage au métier de citoyen », *Territoires*, n° 471, octobre 2006.

（23） Yves SINTOMER, *op.cit.*, 2007, pp.139-141.

（24） *Ibid.*, pp.144-148.

（25） Anne PHILLIPS, *The Politics of Presence*, Clarendon Press, Oxford, 1995. また、「何」を代表するのかにかかわる「アイデアの政治」に対して、「誰」が代表するのかにかかわる「存在の政治」を重視する立場から、代表制民主主義におけるクォータ制（男女同数制）を擁護するフィリップスの議論にかんしては、田村哲樹『政治理論とフェミニズムの間—国家・社会・家族』（昭和堂、二〇〇九年）の第五章「クォータ制の正当化根拠—ヤングとフィリップスを中心に」を参照。

（26） フランスのコミューン議会選挙は、三万六千余りある全コミューンで、同一の日程に基づき一斉に実施される。現行選挙制度は一九八二年一一月九日法により制定されたものであり、投票方法は人口規模により適用される制度が決定される（人口三五〇〇名以上のコミューンは、名簿式比例代表二回投票制で実施）。また、パリ・リヨン・マルセイユの三大都市については、区制が敷かれており、各区の区議会が他のコミューンと同様の制度で選挙を実施するとともに、議席配分時における各党派の上位当選者が各市議会の議員を兼任する。なお、市長（区長）は議員の互選で選出されるため、通常は多数派を確保した候補者名簿の筆頭者が就任する。

（27） ベルヴィル（Belleville）とメニルモンタン（Ménilmontant）の周辺に移民労働者が多く暮らし、困難地区を抱える、まさに「庶民的なパリ」を表象するパリ二〇区は、近年社会問題を取り上げたドキュメンタリー映画の舞台ともなっている。

（28） Loïc BLONDIAUX, Sandrine LEVÊQUE, *op.cit.*, 1999, pp.21-27.

（29） ブロンディオーとルベックはこれに加えて、一九六〇年代にグルノーブル市などを拠点にＧＡＭ（自治体活動グループ）が展開し、その後ＡＤＥＬＳ（地域社会民主主義協会）が継承した「地域民主主義」運動の存在（歴史的規定要因）や、「地域民主主義」にかんする諸規定を定めた一九九二年の地方行政指針法（Loi d'orientation du 6 février 1992 relative à l'administration territoriale de la République）の存在（法制度的規定要因）を指摘する。*Ibid.*, 1999, pp.23-25. また興味深い点として、ブロンディオーとルベックは社会科学研究者による実態の理論化があったことを指摘している。すなわち、大学教員で政治社会学博士のドミニク・ヴォルトン（Dominique WOLTON）が一九九五年コミューン議会選挙に先駆けて住区全住民に対しアンケート調査を実施し、社会党シャルザ陣営は、その分析結果を軸に選挙争点を設定し、設置を公約した「住区評議会」をより具体的に定義したのである。さらに、住区評議会の設置とその活動の正当化において研究者が果たした役割にかかわって、ブロンディオーとルベックは、パリ二〇区に住区評議会が実際に設置されたことにともない、「地域民主主義監査委員会」が設置され、年次報告書でパリ二〇区やその他の自治体に設置された参加民主主義機関の活動について検討したことの重要性を指摘しているが、同委員会には、ジャック・ブヴェレス（Jacques BOUVERESSE）、ミシェル・クロジェ（Michel CROZIER）、ドミニク・シュナペール（Dominique SCHNAPPER）、ミシェル・ヴィヴィオルカ（Michel WIEWIORKA）、さらには上述のヴォルトンらが名を連ねていたという。*Ibid.*, pp.26-27.

（30）*Ibid.*, pp.28-32.

（31）すなわち、①住区評議会をどこで開くかという民主主義的実践の場の問題（住区民主主義を象徴するような特定の場所がなく、カフェ、劇場の舞台の上、二〇区役所内のＶＩＰサロンなど）という基本的な問題から始まり、区政担当者たちにとっては「民主主義の実践と代表制の秩序をいかに両立させるか」という問題に集約されるような、②評議員と聴衆との間の発言の順序や時間配分の問題（設置一年目から早速発生し、聴衆の発言をどのように位置づけるかで住区評議会の性格自体が変化してしまうような重大問題に）や、③発言の自由と審議の秩序とをいかに両立させるかという問題（聴衆が次々と区当局へ釈明を要求する無秩序状態を回避するための事前の論点絞り込み）、さらには④住民の不満の爆発をいかに予防するかという問題（審議における区当局の主導性）に次々と直面したのである。*Ibid.*, pp.33-50.

（32）*Ibid.*, pp.50-61.

（33）Jean-Luc PISSALOUX, *op.cit.*, 2013, p.95.

(34) « Charte de la participation pour la ville d'Amiens », Mairie d'Amiens, *Guide de la participation*, pp.8-15.

(35) Les conseils d'habitants de la Ville d'Amiens, *Bilan 2009-2011 ： Retour sur un premier mandat*, 2011.

(36) *Ibid.*, 2011, p.5. ただし冊子にページ番号が振られていないため、ここでのページ番号は表紙を一ページ目とする単純なカウントに基づいている（この報告書については、以下同様）。

(37) Yves SINTOMER, *op.cit.*, 2007, pp.148-150.

(38) *Ibid.*, p.150.

(39) Les conseils d'habitants de la Ville d'Amiens, *op.cit.*, 2011.

(40) *Ibid.*, p.5.

(41) この「慣習知」について、同報告書は次のように解説している。*Ibid.*, p.5.

慣習知とは、ある街において暮らし、また活動するために、市民一人一人がもっている知恵である。慣習知は、市民が日常において、あるいは都市の公的空間や様々なネットワークを通じて獲得し、利用する様々なノウハウ（savoir-faire）やスキル（savoir-être）、そして能力といったものの全体から構成されている。したがって、それは時間をかけて獲得される経験知である。すべての者がこの慣習知を有しているが、興味深いことに、慣習知はとりわけ都市計画担当者たちの専門知と対峙している。

(42) *Ibid.*, p.6.

(43) 例えば、自らの現地調査に基づき、ニーム市で生じた紛争について解明したものとして、高村学人「フランスにおける近隣住区の機能とその制度化——都市計画における参加と訴訟の関係——」（『法社会学』、第五九号、二〇〇三年）を参照。また、地中海沿岸の三都市（マルセイユ・トゥーロン・ニース）において生じた様々な紛争を観察したものとして、第三章ですでに紹介したチェザレ・マッティーナの次の論文を参照。Cesare MATTINA, « Gouverner la « démocratie locale » urbaine. Comités de quartier et conseils de quartier à Marseille, Toulon et Nice », *Sociologie du travail*, 50, 2008, pp.184-199.

# 第七章　実　践③——都市近隣住区における「非有権者」の代表性問題——

## 第一節　「非有権者」の代表性問題

### （一）「非有権者」とは誰か

地方自治体の政策決定に参加するのは当該自治体に定住する有権者か、その住民か。

一九九二年にフランスの国会で成立した「地方行政指針法」[1]は、同国で初めて諮問型住民投票制度の実施を規定した画期的立法と位置づけられるが、この新制度の制定にあたり、国会では住民投票に参加できるのは誰なのか（投票を実施するコミューン（commune）[2]の「有権者（électeurs）」か、「住民（habitants）」か）をめぐる論戦が繰り広げられた[3]。結局同法は、「地域民主主義（La démocratie locale）」と題するその第二編において、「コミューンの諸事務に関して情報提供を受け、自らに関わる諸決定について意見表明するというコミューンの住民の権利は地域民主主義の基本原理であって、地方公共団体の自由な行政と不即不離の関係にある」と規定しながらも、それはあくまでも理念にとどまり、コミューンで組織される諮問型住民投票において投票することができるのは「コミューンの有権者」のみとなった（傍点はいずれも中田）。
それからおよそ一〇年ののち、近隣民主主義法案の国会審議（二〇〇一―〇二年）においても、住区評議会のメンバー構成をめぐり同様の問題が議論された。本書第三章で紹介したマトゥシェビッチ同様、同法案の国会審議について多面的に検討したアンヌ＝リーズ・ユマン＝ラムールは、次のように近隣民主主義法の条文において採用されている「住民」「有権者」の範囲について考察するとともに、「市民（Citoyen）」[4]や「都市利用者（usager）」[5]が使用されなかった経緯についても検討している[6]（条文中の傍点はユマン＝ラムールがイタリック体を用いて強調している箇所）。

第一編　近隣民主主義について
第一章　自治体活動への住民の参加（Participation *des habitants* à la vie locale）
第一条　一　『地方公共団体一般法典』第二部第一分冊の第四編第二章のタイトルは次の通りとする：「コミューンの諸事務にかんする有権者からの意見聴取（Consultation *des électeurs* sur les affaires communales）」
〔以下省略〕

ユマン＝ラムールによれば、同法案の国会審議に関与した国民議会議員たちは、第一読会における長時間の審議を経て、当初案の下記の箇所に修正を加えて上院に送ったが、上院が当該箇所を改めて当初案に戻し、「両院協議会」とその後開催された最終読会でも当初案が支持されたという[7]（条文中の傍点はユマン＝ラムールがイタリック体を用いて強調している箇所）。

当初案　「コミューンの諸事務にかんする有権者からの意見聴取」
修正案　「コミューンの諸事務にかんする住民からの意見聴取」
（Consultation *des habitants* sur les affaires communales）

ユマン＝ラムールによれば、コミューン議会が有する決定権限に関与する住区評議会のメンバー構成については、極めて厳格な用語法が採用され、結局「市民」「都市利用者」はもちろん、「住民」も採用されなかったが、国会審議においては、この「住民」というカテゴリーに誰が含まれるのかが問題になったという[8]。すなわち、緑の党（Verts）やフランス共産党が多数の修正案を提出し、住区評議会を構成するメンバーは「有権者」でなく、「住民」とするよう求めたが、この「住民」カテゴリーと代表制民主主義における投票権者を意味する「有権者」カテゴリーとの間にあるずれが問題となったのである。本書では、ある特定の地方自治体に定住する「住民」でありながら「有権者」ではない人々を「非有権者（non-électeurs）」と呼ぶことにするが、緑の党や共産党の国会議員たちは、まさに現時点でもなおフランスでは「非有権者」の地位にあるEU域外出身定住外国人への参政権の付与をめざす立場から、条文の修正を要求したのである[9]。

後述のように、外国人への市民権（参政権を含む）の付与は、フランスの伝統的な共和国原理に抵触するデリケートな問題だけに、結局それらの修正案が採用されることはなかったが、国会では否定された住区評議会を通じた「非有権者」の市政参加が本章における検討課題である。

## （二）　都市近隣住区における「非有権者」の代表性問題

二〇〇二年の近隣民主主義法は、人口八万人以上のコミューンに対し、当該コミューンのなかをくまなく複数の「住区」に区画し、各住区に「住区評議会」を設置することを義務づけたが、その翌年、前章ですでに紹介したアルベール・レヴィは自らの論文において「住区評議会制が惹起している幾つかの問題」を列挙するとともに、その一つとして「外国人や子どもに認められる地位」の問題を指摘していた（都市近隣住区における「非有権者」の代表性問題）[10]。

レヴィが指摘しているように、選挙権（被選挙権）をもたない「非有権者」には、一八歳未満の未成年や定住外国人などの人々が該当する。近隣民主主義法により「住区評議会」の設置を義務づけられた都市コミューンの住区評議会関連諸規定をリサーチした公法学者のピサルーによれば、各都市に設置されている「住区評議会」にかんする『憲章』をみていくと、最も多くのコミューンがメンバーの年齢条件を「一六歳以上」と規定しているとされる。(11) このように、「非有権者」としての未成年者の代表性をめぐっても掘り下げるべき問題は多々あるものの、(12) 本章ではさしあたり定住外国人の代表性問題のみに焦点を絞って議論を進めていくことにする。

ところで、二〇〇二年に新設された住区評議会制の特徴の一つは、設置される住区評議会の制度設計を当該コミューン議会に委ねている点にある。その意味で「非有権者」の代表性問題をどのように扱うかについても、当該コミューン議会に委ねられているのであり、二〇〇九年現在の統計で人口八万人以上という条件を満たすコミューンがフランス本土だけでも五三(13) あることを踏まえれば、フランスの各地で多様な名称、多様な組織形態、そして何よりも多様なメンバー構成原理に基づく住民合議機関が組織されていることになる。

### （三）フランスにおける定住外国人の市政参加問題

今日、フランスに定住する外国人には、さらなる法制度上のカテゴリー分けが必要となっている。すなわち、一九九二年のマーストリヒト条約以降、ＥＵ加盟国の国籍を有する定住外国人にはフランスにおいてもコミューン議会選挙での選挙権と被選挙権（ただし市長・助役にはなれない）が付与されているのであり、今日のフランスにおけるコミューン・レベルの政治空間においては、定住外国人といえども、彼らＥＵ加盟国出身の定住外国人たちは「非有権者」概念から除外されるのである。(14) その意味で、フランスにおける定住外国人の市政参加を考える場合でも、市民権（地方参政権を含む）の有無という分割線によって、彼らは二つのカテゴリーに分類されることに注意が必要である。

このように、EU加盟国出身の定住外国人に地方参政権が付与されたのはマーストリヒト条約以後のことであるが、逆にいえば、EU加盟国出身者といえどもそれ以前は単なる定住外国人だったのであり、フランス政府は彼らに対しても地方参政権を与えていなかった[15]。とはいえ、いかなる定住外国人にも地方参政権が与えられていなかった一九八〇年代後半のフランスにおいても、彼ら定住外国人の市政参加を模索する動きがみられたことを確認しておく必要がある。

すなわち、定住外国人の市政参加をめぐる日仏の動向について検討した中野裕二は、「フランスにおいても社会党を中心にした左翼が多数派を構成するいくつかの市でEU域外出身外国人の政治参加を実現するための制度的な試みがなされてきている」と述べ、具体的にはフランスにおける「市会外国人準議員（Conseillers municipaux étrangers associés）」制度と「外国人諮問会議（Conseil Consultatif des Étrangers）」を紹介し、その意義と問題点について明らかにしているのである[16]。本書にとってとりわけ重要なのは、七都市[17]による前者の試みのなかにアミアン市[18]の取り組み（一九八七—八九年）が含まれている点である。

アミアン市の左翼連合市政下で一九八七年に開始された市会外国人準議員制度は、後述するように、一九八九年三月のコミューン議会選挙による市政担当者の交代（中道右派市政の成立）によって結局廃止されたが、それから一九年ののち、二〇〇八年三月のコミューン議会選挙により成立した左翼連合市政は、同制度が試みられていた一九八〇年代後半には存在しなかった住区評議会制という新しい制度的枠組みを用いて、定住外国人の市政参加促進へ向けた試みを開始する。すなわち、二〇〇九年におこなった近隣政治システム改革によって同市が新設した「住民評議会

（conseils d'habitants）」の評議員選出枠の一つとして、「名簿登録されていない住民（habitants non inscrits）からの応募に基づく候補者リストからの抽選」で選出される枠（以下、非登録者枠と表記する）を設けたのである。

アミアン市における以上二つの試みは、同市の左翼陣営が定住外国人の市政参加（代表性の保障）に対し抱いてきた関心の一貫性を示唆しているが、他方でかつての市会外国人準議員制度に含まれる「共同体主義（communautarisme）」的性格の評価をめぐって、新旧二つの左翼連合市政には大きな分岐もみられる。新市政はむしろ定住外国人の「統合」促進を強調するとともに、すべての定住外国人への地方参政権の付与を究極的目標に掲げていた（後述）。

## （四）フランスにおける国籍と参政権の不可分性

いま述べたように、フランスにおける定住外国人の市政参加問題は、（少なくとも左翼陣営においては）出身がEUの域内であるか域外であるかに関係なく、すべての定住外国人に地方参政権を付与すべきか否かという憲法レベルの法制度的な問題に翻訳されている。本章においてフランスにおける定住外国人の市政参加について論じるにあたっては、まずこれをより高次の原則として規定している「フランス共和国原理」とは一体どのような原理であり、こうした原理の下では、そもそも定住外国人の政治参加という問題がどのように論じられてきたのかについて確認しておきたい。

ハーグリーヴスによれば、国籍と市民権（参政権を含む）を不可分のものとみなすフランスの政治文化は一七八九年のフランス革命に根ざしたものであるとされるが、そこでは「政治的主権」は不可分のものとされ、それは唯一国民にだけ与えられると考えられたという。[19] したがって、フランスにおいて外国人が市民権（参政権を含む）を獲得するには、国籍の取得（フランス国民となること）が当然の前提とされることになる。

さらに、フランスの移民問題を同国の「共和国理念」の観点から政治文化論的に考察した中谷真憲は、フランスにおける国籍政策の展開を追うなかで、第二次世界大戦直後に制定された一九四五年法が、ヴィシー政府の苦い経験を背景として、国民の普遍的・平等的扱いについてより配慮が払われることになったとし、その際「国籍イコール市民権であるという原則」が改めて確認された結果、その後長きにわたって「国籍取得を前提としない市民権」（したがって、定住外国人の政治参加）という考え方が視野の外に置かれたことを指摘している[20]。

では、国籍と市民権（参政権を含む）との関係性はあくまでも国政レベルの問題と捉えた上で、地方自治体の判断により当該自治体に居住する外国人に対し地方参政権を付与することが可能なのかといえば、まさにこのフランス共和国原理によって、そうした地方独自の施策が制約を受けることになる。というのも、同国の中央集権的な憲法原理にしたがえば、立法権の国会独占と地方制度の画一性が当然視され、ある特定の地方自治体のみが独自の法制度をとることは強く否定されるからである。事実、アミアン市の左翼連合市政の下で一九八七年に開始された市会外国人準議員制度に対しても、国家レベルと同様の枠組みが適用され、行政裁判所によって何度となくその違憲性が指摘された（後述）。

## （五）　本章の目的と構成

以上のような問題状況を踏まえ、本章の目的は、アミアン市が近隣政治システム改革（二〇〇九年）において同市に住民評議会を設置した際、メンバーの選出枠の一つとして「非登録者枠」を置いたことの意義と問題点を、まさに「非有権者」の代表性の保障（EU域外出身定住外国人の市政参加）という観点から明らかにすることにある。

そのためまず第二節では、アミアン市における二〇〇九年の近隣政治システム改革にとって重要な前提をなしている同市での市会外国人準議員制度（一九八七—八九年）について、その概要を整理したあと、この制度がどのような課題や問題点を残しながら廃止されるに至ったのかについて明らかにする。次いで第三節では、まずアミアン市の新しい左翼連合市政が実施した近隣政治システム改革（二〇〇九年）の概要について、特に評議員の選出における非登録者枠設置の側面から紹介した上で、同市の住民評議会を、無作為抽出によりメンバー選出をおこなうミニ・パブリックスとみなした場合、非登録者枠設置の意義と問題点はどこに見出されるのか明らかにしていく。そして第四節では、フランス共和国原理という制約に対峙しながら、定住外国人の代表性の保障をめざした二つの制度（市会外国人準議員制度と非登録者枠を設置した住民評議会）について、共和国原理との関係において想起される二つの観点（定住外国人による市民権の行使と多文化主義的メカニズムの評価）で比較することで、後者の制度の意義を明らかにしていく。

## 第二節　定住外国人の市政参加①——市会外国人準議員制度——

### （一）　市会外国人準議員制度の概要

上述のように、当時アミアン市を含む七都市が市会外国人準議員制度を導入したとされているが、アミアン市において一九七一年から一九八九年まで三期一八年にわたってつづいたフランス共産党のルネ・ラン（René LAMPS）市長[21]率いる左翼連合市政が実施したのは、どのような制度だったのか。中野裕二による調査の結果を参照しながら、明らかにしていきたい[22]。

まず、市会外国人準議員選挙の実施方法については、基本的にコミューン議会選挙に即していたとはいえ、選挙権が与えられるのは同市の「定住外国人有権者名簿」に記載された人々のみであった（定住外国人のみによる外国人準議員の選出）。有権者資格は、その外国人が定住者であること、一八歳以上であること、フランスとの二重国籍でないこと、当該選挙前の一二月三一日に当該市に居住していたこととされていたが、そもそも市当局はこれらの条件を満たす有権者を把握するデータをもたなかったため、この条件を満たす潜在的有権者が、同制度の実施に向けて作成された有権者名簿へ自主的に登録する必要が生じたという。

被選挙資格についても市議会議員の場合と同様、一八歳以上であること、当該市の有権者であることもしくは当該選挙年の一月一日に市の直接税納税者名簿に登録されていることとされ、これらは七都市に共通していたとされる。ただし投票方法については、代表観の違い（複数のコミュニティからの代表選出を重視するか、準議員が定住外国人全体の代表であることを重視するか）から、都市により異なるものが採用されていたが、アミアン市は前者の代表観に立って、準議員四名の国籍がすべて異なるようにする方法が採用された[23][24]（選挙結果については【資料７‐１】参照）。

こうして当選者たちは、法律上彼らに参政権が認められていないなか、外国人準議員としてアミアン市議会の議事に参加することになった。同市の場合、外国人準議員が市議会議員のそばのあらかじめ定められた場所に着席し、発言を求める場合は、議長である市長にその旨を申し出ることになっていた。外国人準議員は、議事のすべてに対して発言できたが、議事中断中にしか発言が認められていなかったので、市長は彼らの発言の時間は、一旦議事を中断し、発言の終了後議事を再開することになっていた。このように、彼らの発言は認められていたものの、その内容は議事録には記載されず、最後の議決にも参加が認められていなかった。

【資料7－1】アミアン市の市会外国人準議員制度（1987-89年）

●都市の概要

人口13万2000人（当時）のうち外国人が7％を占める（ポルトガル人とモロッコ人が2大コミュニティを形成）。

●導入の決定

アミアン市移民特別委員会が1973年に設置され、アミアン市議（統一社会党所属）のベルナール・ドゥルモット（Bernard DELEMOTTE）委員長（1983-89年）の下で市会外国人準議員制度を準備

アミアン市議会は、1987年9月25日、選挙実施の決定を賛成36票、反対12票、棄権1票で議決

●選挙の実施（1987年12月19日）

—有権者登録：1008名（潜在的有権者の2％）

—単記投票制（ただし当選者は各国籍から1名のみ）

—立候補者：モロッコ人8名（うち女性1名）、アルジェリア人3名、ポルトガル人2名、マダガスカル人1名、セネガル1名、トルコ人1名

—投票総数：793票（有権者登録者の79％）

—定数：4名

—市政担当者の交代にともない、1989年3月に廃止

●準議員（1987-89年）

—Ahmed Nouri（214票）
- モロッコ人（1949年生まれ）
- 商店従業員

—Armando Lopes（153票）
- ポルトガル人（1935年生まれ）
- 商店従業員（スポーツ文化協会代表）

—Ahmed Lamamra（150票）
- アルジェリア人（1935年生まれ）
- 商店主（欧州アルジェリア人連盟ソンム県代表）

—Souleye Bathily（128票）
- セネガル人（1961年生まれ）
- 労働者（アフリカ労働者協会ソンム県事務局長）

出典：下記の論考に添付された資料をもとに筆者が作成。Bernard DELEMOTTE et Augustin BAYALA, « Les élus étrangers associés aux conseils municipaux en France », Bernard DELEMOTTE et Jacques CHEVALLIER (dir.), *ETRANGER ET CITOYEN, Les immigrés et la démocratie locale,* L'Harmattan, 1996, pp.125-126.

## （二）　外国人準議員制度が残した諸課題

こうして外国人準議員制度は、一九八五年五月一九日にモン＝サン＝バロール市で初めての選挙が実施されて以降、あわせて七都市で実施されていったが、上述のようにこの試みがいずれも社会党もしくは左翼連合の市政によって主導されていたことから、外国人準議員の参加をともなう市議会の議事運営やこの市会外国人準議員制度そのものが違法であるとして、反対派議員たちが行政裁判所に提訴するという事態を迎えた(25)。

当時の地方行政裁判所やコンセイユ・デタは、その判決において外国人準議員制度と、外国人の参政権を認めていない現行法制度との矛盾を指摘したが、なかでもコンセイユ・デタは、その判決（一九九一年五月）において、ロンジュモー市、レ・ジュリ市、ヴァンドゥーヴル＝レ＝ナンシー市の市議会が外国人準議員選挙を一九九〇年一一月に実施すると決定した議決そのものを無効と判断している。結局ここに示されたのは、地方議会の選挙体制にかんする規則を決定する権限や地方議会が運営される諸条件を規定する権限は、いずれも国会に帰するという原則であり、中野が指摘するように、ここにおいて「外国人の代表を市会に参加させるという方法は、法的問題に直面した」のである。

こうした行政裁判所の判決という法的な理由以外にも、アミアン市では一九八九年のコミューン議会選挙により市政担当者が交代した結果、外国人準議員制度に懐疑的な候補者が新市長に就任したという、より政治的で直接的な事情によって、同制度が廃止に追い込まれている。すなわち、ジル・ドゥ・ロビアン新市長（一九八九―二〇〇八年）は、上で述べたフランス共和国原理（外国人の参政権獲得＝国籍の取得）を支持する立場から、フランスの国籍をもたない者が市議会に参加することは合法的でないとし、外国人準議員が市議会のなかで定住外国人を代表する同制度に懐疑的な見解を表明しているのである。[26]

このことは、フランスのコミューンがとる施策の内容やあり方を規定する諸要因を考えた時、市長の意向といった政治的要因が極めて強力に作用していることを示唆しているといえるが、フランスの地方政治におけるこうした市長の主導性・全能性は、二〇〇八年コミューン議会選挙において左翼連合市政が成立した際、逆にロビアン市政下において展開されていた近隣政治システムを半ば無視した抜本的改革を招来することになった。

## 第三節　定住外国人の市政参加②——住民評議会非登録者枠——

### （一）　アミアン市住民評議会における非登録者枠

上述のように、社会党のジル・ドゥマイ市長率いるアミアン市の新しい左翼連合市政が二〇〇八年三月に成立すると、同市政は自らの選挙リスト「統一と連帯（Unis et Solidaires）」（左翼連合リスト）が掲げた選挙公約[27]にしたがい、近隣政治システム改革に着手する。

アミアン市議会による二〇〇九年一月二九日の議決は、ロビアン前市政の下で実施されていた旧システムを廃止することを確認した上で、アミアン市内を改めて東西南北の四つに区画し、それぞれに設置される住民評議会の三五名からなるメンバーの構成について規定している（新市政による新しい近隣政治システムの概要については本書第五章参照）。住民枠二八名のうち、二三名はフランス人有権者名簿から無作為抽出（以下、フランス人枠と表記）、一名は欧州議会選挙有権者名簿から無作為抽出（以下、ＥＵ加盟国出身外国人枠と表記）とそれぞれ規定され、残り四名が

「名簿登録されていない住民からの応募に基づく候補者リストから抽選」により選出される非登録者枠の住民評議会評議員である（【資料5－5】参照）。

この規定は、非登録者枠の評議員がどのようなカテゴリーに属する人々を想定しているのか明確にしていない。上で述べた二〇〇八年のコミューン議会選挙におけるドゥマイ陣営の選挙公約では、アミアン市の住民に発言権を広く認め、むしろ住民に発言を促すことが課題であるとされ、実際「定住外国人（非ヨーロッパ市民）」と「未成年」の意見表明について言及がある（「六、もう一つのガヴァナンス：思っていることを言葉にしよう」）[28]。実際には、「参加民主主義憲章」の策定に際して、このカテゴリーを「EU域外出身定住外国人」と明記すべきとする意見も出されたが、最終的には上述のような規定になったという[29]。

その結果、未成年者や有権者登録をしていない成人フランス人さえも、制度上は立候補可能となったが、少なくとも二〇〇九年九月に始まるアミアン市住民評議会の第一期メンバーのなかに、そうしたカテゴリーの人々は見出されず、立候補のあと無作為抽出で選出されたのはいずれもEU域外出身定住外国人にカテゴライズされる人々であった（【資料7－2】参照）。

### （二）　無作為抽出法導入の観点からみた非登録者枠設置の意義と問題点

こうしてアミアン市の住民評議会に非登録者枠を設置した近隣政治システム改革（二〇〇九年）には、どのような意義や問題点を見出すことができるのか。おそらくここでまず指摘しなければならないのは、フランス諸都市の住区評議会が自らをミニ・パブリックスとみなし、無作為抽出によるメンバー選出原理を採用した場合でも、当該都市住民のなかには最初から無作為抽出の対象とならない人々（非有権者）がいることが、照らし出されている点である。

【資料７－２】アミアン市住民の各カテゴリー人口と住民評議会における代表性

<table>
<tr><td colspan="2" rowspan="2">成年・未成年</td><td colspan="4" rowspan="2">フランス人有権者名簿</td><td colspan="3">住民評議会（東西南北）</td></tr>
<tr><td colspan="2">潜在的候補者数</td><td>定数</td></tr>
<tr><td rowspan="4">成年</td><td rowspan="4">100,000</td><td colspan="3">登録者</td><td>75,000</td><td>フランス人枠</td><td>75,000</td><td>92</td></tr>
<tr><td rowspan="4">非登録者</td><td>成年定住</td><td>EU加盟国出身</td><td>1,300</td><td>ＥＵ加盟国出身外国人枠</td><td>100</td><td>4</td></tr>
<tr><td>外国人</td><td>EU域外出身</td><td>3,700</td><td>非登録者枠（立候補制）</td><td>62</td><td>16</td></tr>
<tr><td colspan="2">成年フランス人</td><td>20,000</td><td colspan="3" rowspan="2"></td></tr>
<tr><td>未成年</td><td>35,000</td><td colspan="2">未成年</td><td>35,000</td></tr>
<tr><td>合計</td><td>135,000</td><td></td><td colspan="2">合計</td><td>135,000</td><td>合計</td><td>75,160</td><td>112</td></tr>
</table>

アミアン市デジョンケール助役へのインタビュー（2011年９月２日実施）およびアミアン市ドゥルモット市議へのインタビュー（2011年９月５日実施）による。住民評議会の評議員定数は東西南北４評議会の合計。同定数と非登録者枠に立候補した者の人数（62名）を除き、すべて、評議員の第一期メンバーを選出した2009年９月現在の概数（単位：人）。

政治領域における「くじ（tirage au sort）」の利用という点で共通する古代アテネやルネサンス期のヴェネツィア共和国と現代の熟議フォーラムとを比較検討したイヴ・サントメール[30]は、後者にどのような長所が見出されるのかについて列挙するなかで、代表制民主主義擁護論者の主張（国家の人口規模が拡大した今日、住民による直接民主政はもはや不可能であり、「最もましな選択」は代表制民主主義）に対し、無作為抽出により選出されたミニ・パブリックスを通じておこなわれる住民の自己統治を対置し、その理由としてこの仕組みにより決定へ参加する平等な機会が市民一人一人に与えられる点、そして、住民のなかにある多様な社会的構成を反映できる点を挙げている[31]（傍点は引用者）。

アミアン市の住民評議会における「非登録者枠」は、いみじくもミニ・パブリックスのメンバー選出に無作為抽出を導入しただけでは、住民全員に平等な決定への参加の機会が保障されるとは限らないことを明らかにしたのである。

以上のように、第二節ではアミアン市における市会外国人準議員制度（一九八七―八九年）の概要と同制度が廃止に追い込まれた経緯について、また第三節ではとりわけ同市の住民評議会における非登録者枠の設置に重点を置いて近隣政治システム改革（二〇〇九年）の概要、そして同評議会を無作為抽出型ミニ・パブリックスとみなした時にみえてくるその意義と問題点について、それぞれ検討してきた。

フランス共和国原理という制約に対峙しながら定住外国人の代表性の保障をめざしたこれら二つの制度（市会外国人準議員制度と非登録者枠を設置した住民評議会）を比較した時、後者にはどのような意義が見出されるのか。節を改めて検討する。

## 第四節　共和国原理下における定住外国人の代表性保障

### （一）フランス共和国原理との関係における非登録者枠設置の意義

二〇〇八年三月のコミューン議会選挙においてアミアン市にドゥマイ率いる新市政が成立し、近隣政治システム改革へ向けた論議が開始された際、非登録者枠の設置にかかわるもう一つの議論が展開されていた。すなわち、ロビアン前市政により一九八九年に廃止された市会外国人準議員制度が復活する可能性が出てきたのである[32]。結局、この旧制度に「共同体主義」的性格を見出した新市政が、定住外国人という特定のカテゴリーに属する人々だけで準議員を選出することはむしろ市政に分断を持ち込むものであるとの立場をとったため、同制度は復活しなかった[33]。

ただ、この論争がEU域外出身定住外国人の代表性問題に改めて光を当てたことは間違いなく、二〇〇九年の近隣政治システム改革において住民評議会に非登録者枠を設置させた一つの背景をなしている。とはいえ、より理論的な観点においてこの論争が重要と思われるのは、アミアン市において実施された市会外国人準議員制度と住民評議会における非登録者枠の設置という二つの制度が、フランス共和国原理により忌避される「共同体主義」（多文化主義的メカニズム）の評価をめぐって対照的な立場にあることを明確にしている点である。

この点を含め、本節ではフランスの共和国原理という制約に対峙しながら定住外国人の代表性の保障をめざした二つの制度（市会外国人準議員制度と非登録者枠を設置した住民評議会）を、フランス共和国原理との関係において想起される二つの観点（定住外国人による市民権の行使、多文化主義的メカニズムの評価）において比較することにより、アミアン市の住民評議会における非登録者枠設置（二〇〇九年）の意義を明らかにしてみたい。

## 1　定住外国人による市民権の行使

アミアン市をはじめとする七都市で実施された市会外国人準議員制度について、市民権（参政権）を有していない外国人による市議会への参加を行政裁判所が違法と判断し、アミアン市では市政担当者の交代（一九八九年）といった政治的要因も加わって、たった二年で同制度は廃止となった。このことを考えれば、二〇〇八年三月に成立したアミアン市の新市政が旧制度を復活させることなく、同市の住民評議会における評議員選出枠の一つとして非登録者枠を設置したことは、定住外国人の代表性を合法的に確保するための施策であったと評価される。

定住外国人の市政参加をテーマとする研究大会において、公法学者のジャック・シュヴァリエは、彼らへの地方参政権の付与が外国人の社会統合へ向けた「近道」であると認めつつも、あらゆる問題を解決する「万能薬」ではないとの見地から、彼らへの参政権付与に必ずしも固執する必要はないとの立場をとった。[34]その上でシュヴァリエは、フランスの共和国原理の下で国籍と固く結びつけられた市民権を「政治的市民権」と呼び、これに都市における市民活動などを想定したより広い概念としての「社会的市民権」を対置している（国籍をもたない定住外国人が国会や地方議会の公職選挙に関与できないとしても、ひろく市政に参加することは可能）。

シュヴァリエの整理を踏まえるならば、二〇〇九年に設置されたアミアン市の住民評議会に評議員として参加するEU域外出身定住外国人は、「政治的社会権」は保有していないものの、住民評議会を通じて合法的に市政に参加し、「社会的市民権」を行使していることになる。

## 2　多文化主義的メカニズムの評価

アミアン市の住民評議会が非登録者枠の評議員として基本的にはEU域外出身定住外国人を想定しているとはいえ、ドゥマイ市政は国籍などの属性に基づいた「コミュニティ代表制」をめざしている訳ではないとの立場をとっていたのであり[35]、このことは市会外国人準議員制度が準議員四名の国籍がすべて異なるようにする仕組みを採用することで、制度自体が「コミュニティ代表制」を志向していたことと対照的である。

すでに述べたように、「社会的市民権」の概念を提起することによって、国籍をもたない定住外国人にも十全な市民権行使の可能性を示唆したシュヴァリエも、当時（一九九六年）の状況においては、依然として彼らがあくまでも「受動的市民」にとどまり、自治体の政策決定に対する住民側からの参加要求が強まるなかで、自治体側が様々な対応を迫られる場合でも、特段定住外国人の問題が採り上げられることはなかったと述べるなど、悲観的な認識を示していた[36]。

そしてシュヴァリエは、このように定住外国人の代表性が依然として確保されない原因として、生物学的・文化的な集団による利益追求を拒絶しているフランス的市民権概念の限界を指摘している。フランス共和国原理における市民権を「個人主義的アプローチ」と呼ぶとすれば、これに対置されるのは「共同体主義的アプローチ」ということになるが、シュヴァリエによれば、たとえ定住外国人に参政権を付与したとしても、外国人出身者たちの多様なコミュニティが消滅することはなく、実際コミューン当局はこれらのコミュニティとの対話メカニズムを導入するようになっているという（多文化主義の制度化）。[37]

## （二）　定住外国人の代表性を保障する参加民主主義制度

ところで、アミアン市のドゥマイ市政は同市の住民評議会における非登録者枠の設置を、ＥＵ域外出身定住外国人への地方参政権の付与という彼らの目標が実現するまでの代替措置と位置づけた。というのも、ＥＵ域内出身とＥＵ域外出身の区別なく、すべての定住外国人に地方参政権が付与されれば、当然有権者名簿も統一された一つのものとなる以上、同市の住民評議会におけるＥＵ加盟国出身外国人枠と非有権者枠も統一されることになるためである。[38]定住外国人の政治参加という争点をめぐっては、実際二〇一四年三月に予定されていたコミューン議会選挙へ向け、ＥＵの域内出身か、域外出身かにかかわりなく定住外国人に同選挙での選挙権・被選挙権を付与しようという左翼陣営の動きが活発であった。[39]

ただし、シュヴァリエが主張したように、定住外国人への地方参政権の付与がそれ自体としては多文化主義的メカニズムとして機能せず、しかも単に彼らをまさに個人の資格において代表制民主主義へと制度的に統合するにすぎないとすれば、フランス共和国原理がこれまで決して容認してこなかった彼らへの地方参政権の付与が将来仮に実現の運びとなった場合でも、参加民主主義の制度化としてのフランス住区評議会制を通じて、定住外国人の代表性をいかに保障していくのかという課題は依然として残されるものと思われる。

しかもこうした定住外国人の代表制民主主義への制度的統合という論点をめぐっては、代表制機関への参入に成功した外国出身議員の議会内における同調化にかんするベルナール・ジューヴの次のような指摘があるだけに、参加民主主義制度を通じた定住外国人の代表性の保障という観点は極めて重要である。すなわちジューヴは、様々な要求を掲げた社会運動が政治システムへの「参加＝包摂」のプロセスを通じて結局体制内化してしまう現象がみられたと述べるとともに、こうした現象は、共同体主義的な社会運動（移民・フェミニスト・言語マイノリティ・宗教マイノリティなど）において特徴的にみられ、これらの社会団体は政治システムへの参入（議会などの代表機関への進出）をめざすなかで代表制原理を受け入れていると分析しているのである。そして例えば、ベルギーや英国、フランスそしてモントリオールをはじめとするカナダの大都市では、移民出身のマイノリティ系議員たちが地方議会の「メインストリーム」にたやすく同化し、ひとたび議員になると、提案するアジェンダをみても、いわゆるマジョリティ・グループ出身の議員たちとの間に違いなどないという事例が見出されるという。(40)

以上のように本章では、アミアン市が近隣政治システム改革（二〇〇九年）において同市に設置した住民評議会の評議員選出枠の一つに非登録者枠を置いたことに着目し、その意義と問題点を「非有権者」の代表性の保障（EU域外出身定住外国人の市政参加）という観点から検討してきた。

まず第二節では、二〇〇八年のコミューン議会選挙に勝利し、市政担当者となったドゥマイ市長率いる左翼連合市政が実施した近隣政治システム改革の極めて重要な前提をなしていると思われるアミアン市での市会外国人準議員制度（一九八七―八九年）について、その概要を整理したあと、この制度が廃止された経緯を明らかにすることで、同制度にはどのような課題や問題点が残されたのかを明らかにした。特に同市の市会外国人準議員制度では、四名の準議員ポストを必ず異なる国籍保有者に割り振るとしており、フランスの共和国原理が忌避する多文化主義的な代表メカニズムを採用していたことが明らかになった。同制度がコンセイユ・デタによって違法な施策との判決を受けたことから、合法性の確保が課題として残されることになったが、より直接的には、この制度に批判的な立場をとっていた中道右派のロビアンが一九八九年のコミューン議会選挙において市長に就任したことにより、同制度が廃止されたという事実を確認しておく必要がある（フランスの地方政治における市長の全能性）。

次いで第三節では、まずアミアン市の新市政が実施した近隣政治システム改革（二〇〇九年）の概要について、特に非登録者枠の設置という側面から明らかにしたあと、同市の住民評議会を、無作為抽出によりメンバー選出をおこなうミニ・パブリックスとみなした場合、同評議会における非登録者枠設置の意義と問題点はどこに見出されるのかについて検討した。サントメールのような無作為抽出型ミニ・パブリックス擁護論者にとって、無作為抽出はメンバーの社会学的多様性を確保することで、この熟議フォーラムに民主主義的な正統性を与える源泉とみなされるが、アミアン市の住民評議会における非登録者枠は、無作為抽出の基礎となる名簿に含まれない住民がいることを明らかにしており、ミニ・パブリックスのメンバーを無作為抽出で選出しただけでは住民全員に平等な決定への参加の機会が保障されるとは限らないことを明確にしたといえる。

そして第四節では、フランスの共和国原理という制約に対峙しながら定住外国人の代表性の保障をめざしたアミアン市の二制度（市会外国人準議員制度と非登録者枠を設置した住民評議会）について、フランス共和国原理との関係において想起される二つの対立点（定住外国人による市民権の行使、多文化主義的メカニズムの評価）から比較するなかで、現行制度たる住民評議会において非登録者枠が設置されていることの意義を明らかにした。

市会外国人準議員制度がより政治的な理由によって廃止に追い込まれたことを前提としながらも、参政権をもたない外国人による市政参加を行政裁判所が違法と判断したことに鑑みるならば、同市の住民評議会における非登録者枠の設置は、定住外国人の代表性を合法的に確保するための施策であったと評価される。

---

（1）　Loi d'orientation du 6 février 1992 relative à l'administration territoriale de la République

（2）「市町村」と訳される場合もあるが、日本のように市町村それぞれについて制度上の区分はない（パリ・リヨン・マルセイユ三大都市の特別制度を除く）。

（3）　国会に上程された地方行政指針法案第一六条の諸規定は、法案段階から幾つかの修正を受けながらも、最終的に可決され、フランス市町村法典の第一編「市町村の組織」第二部「市町村の組織」に、住民投票制度を定める第五章を書き加えるとしたが、国会審議では、同章の表題を「自治体活動への住民（habitants）の参加」（与党社会党・共産党）とするか、「地方諸事務への有権者（électeurs）の参加」（保守・中道諸派）とするかで争われ、さらに、市町村法典のL.125-1に規定された意見表明者を、「選挙人」（与党社会党、保守・中道諸派）とするか、「住民」（共産党）とするかで争われたのである。*Journal Officiel de la République française*, Débats Parlementaires, Assemblée Nationale, Compte Rendu Intégral, 27 mars 1991. こうした論争は、定住外国人にも投票権を認めるか否かの問題、そして、マーストリヒト条約（一九九二年）に規定された「ヨーロッパ市民の地方参政権」の問題と関連しており、したがって各党派にとって当時から重要なものであったものと推察される。いずれにせよ、最終的に表題は「自治体活動への住民参加」とされ、条文では「有権者」が意見表明者であると規定された。

（4）　ユマン＝ラムールによれば、「市民」という用語がおそらく最もシンプルに次のことを明確にしているとされる。すなわち、市民の正統性は法により与えられ、地方議員たちにとって市民が重要な存在となるのは明らかに市民が投票権を有するからである、と。古代ギリシアにおけるポリスという意味において、都市は一つの政治空間であり、住区評議会は市民からなる一つの会議体である（有権者名簿に基づく無作為抽出により代表性（représentativité）の保障を可能にする直接民主主義モデルに近い）。したがって、その役割は政治的性質を帯びた諮問会議としてのそれであり、実際地方議員たちを民主的に統制することが期待されるが、そこには危険性もある。すなわちそれは、住区評議会がコミューン議会内の与党陣営と野党陣営のいずれかないし両方によるポピュリズムの道具に堕する場合であり、住区評議会がコミューン議会に対する反抗の拠点となるおそれがあるという。Anne-Lise HUMAIN-LAMOURE, *Faire une démocratie de quartier ?*, Éditions Le Bord de l'eau, 2010, p.152.

（5）ユマン＝ラムールが指摘するように、「都市利用者」という用語法は「市民」を用いる場合とは非常に異なる都市イメージに基づいているといえる。すなわち、そこで想定されている都市はもはや政治空間としてのそれではなく、消費や商業を営む経済空間なのであり、「都市利用者」とは居住地や職場、あるいはレジャー空間から完全に切り離された都市通行者（le citadin mobile）である。その場合住区評議会は、都市構築の改善をめざし、「都市利用者」から意見聴取するための会議体となるが、結果的に「都市利用者」の利便性を最優先することになる。*Ibid.*, pp.152-153. もちろん、近隣民主主義法が「都市利用者」に正統性を与えた場合、住区評議会制の代表性が当然問題となるが、実際こうしたカテゴリーの人々をメンバーに含めている住区評議会が存在する（本書序章【資料序－5】参照）。

（6）*Ibid.*, pp.152-154.

（7）*Ibid.*, p.153.

（8）*Ibid.*, p.153.

（9）*Ibid.*, p.153.

（10）Albert LEVY, « La démocratie locale en France : enjeux et obstacles », *Espaces et sociétés*, 2003, n° 112, L'Harmattan, p.168.

（11）Jean-Luc PISSALOUX, « Les conseils de quartier : manifestation emblématique de la démocratie locale participative ou large mystification ? », Anne MARCEAU, *La démocratie locale à la recherche d'un nouveau souffle*, L'Harmattan, 2013, p.95.

（12）従来政治ゲームから多少とも「排除」されてきた住民のカテゴリーとして、子どもや外国人を挙げつつ、特に「子ども・若者コミューン特別委員会（Commission extra-municipale des enfants et des jeunes）」が抱える困難について検討したものとして、次の論文を参照。Cécile BLATRIX, La démocratie participative en représentation, *Sociétés contemporaines*, n°. 74, 2009, pp.97-119. 同論文においてブラトリは、未成年者が参加することを想定して設置された「参加フォーラム」が、結局、子どもや若者にとっては代表制民主主義の「実習（apprentissage）」の場でしかないというパラドクスを指摘するとともに（*Ibid.*, pp.108-109）、具体的資料を提示しつつ、地方議員たちのなかにはこの特別委員会を「将来の地方議員たちを育成し、リクルートする場の一つ」と認識しているようにみえるなど、結局代表制民主主義の論理が貫かれている点を指摘している（*Ibid.*, pp.113-114）。

（13）Direction générale des collectivités locales (Ministère de l'intérieur), *Les collectivités locales en chiffres 2012.*

（14）ただし、制度上自動的に登録される訳ではないので、ＥＵ加盟国出身の定住外国人が地方参政権を獲得するためには、各自で「欧州議会選挙有権者名簿」に登録する作業が必要となる。なお、この登録手続きを含め、ＥＵ加盟国出身定住外国人の地方参政権行使にかかわる問題点や彼らの市民意識にかんして実証的な分析をおこなっているものとしては、鈴木規子『ＥＵ市民権と市民意識の動態』（慶応義塾大学出版会、二〇〇七年）がある。

（15）一九八一年の大統領選挙において、定住外国人への地方参政権の付与を公約していた社会党のフランソワ・ミッテラン候補が勝利し、新政権は法案を提出したことから、確かにその気運は高まったものの、同法案が国民から不人気であるとの判断の下、新政権はその実現を断念したという。この一連のプロセスについては、ヤン・ラト、近藤敦『ヨーロッパにおける外国人の地方参政権』（明石書店、一九九七年）、三九—四二頁を参照。そのほか、ヨーロッパ諸国の定住外国人参政権問題について検討した文献としては、以下のものがある。トーマス・ハンマー著（近藤敦監訳）『永住市民《デニズン》と国民国家——定住外国人の政治参加——』（明石書店、一九九九年）。近藤敦『新版　外国人参政権と国籍』（明石書店、二〇〇一年）。

（16）中野裕二「国民国家における定住外国人の市政参加——日仏の事例から——」、『駒澤大學法學部研究紀要』第五九号、二〇〇一年三月、五三頁。

（17）アミアン市の他に、モン＝サン＝バロール市（Mons-en-Barœul）、セリゼー市（Cerizay）、ロンジュモー市（Longjumeau）、レ・ジュリ市（Les Ulis）、ヴァンドゥーヴル＝レ＝ナンシー市（Vandœuvre-lès-Nancy）、ポルト＝レ＝ヴァランス市

(Portes-lès-Valence)の計七都市。

(18) パリの北方約一三二キロメートルに位置し、ピカルディの州都（ソンムの県庁所在地）でもある人口一四万人弱の地方都市。

(19) アリック・G・ハーグリーヴス著（石井伸一訳）『現代フランス――移民からみた世界――』（明石書店、一九九七年）の第四章、二二八―二六六頁。そのほか、フランスにおける国籍と市民権の不可分な関係性については、ロジャース・ブルーベイカー著（佐藤成基・佐々木てる監訳）『フランスとドイツの国籍とネーション――国籍形成の比較歴史社会学――』（明石書店、二〇〇五年）を参照。

(20) 中谷真憲「フランスにおける移民の社会統合と共和国理念――政治文化論的考察――」、河原祐馬・植村和秀編『外国人参政権問題の国際比較』（昭和堂、二〇〇六年）、四九頁。

(21) 一九一五年にアミアン市（ソンム県）で生まれたランは、第二次世界大戦におけるフランスの対独降伏後、レジスタンスに身を投じ、戦後はフランス共産党の幹部として、アミアン市長だけでなく、ソンム県選出の国会議員や同県の県議会議員も兼職した。一九七一年のコミューン議会選挙において左翼連合リストの筆頭者として当選し、アミアン市長に就任したランは、一九八九年のコミューン議会選挙において中道右派のジル・ロビアンに敗北を喫するまで、三期一八年にわたりアミアン市政を率いてきた。*Le Monde*, 11 mai 2007, « René Lamps, maire communiste d'Amiens entre 1971 et 1989 ».

(22) 中野裕二、前掲論文、二〇〇一年、五七―六一頁。

(23) 外国人準議員の定数は、当該市の全人口に占める定住外国人の割合を、市議会（市会議員と外国人準議員を合算）における外国人準議員の割合に置きかえて算出されたとされる。Bernard DELEMOTTE et Augustin BAYALA, « Les élus étrangers associés aux conseils municipaux en France », Bernard DELEMOTTE et Jacques CHEVALLIER (dir.), *ETRANGER ET CITOYEN, Les immigrés et la démocratie locale*, L'Harmattan, 1996, p.93.

(24) 具体的には、有権者も候補者も事前にグループ分けはせず、単記投票制により選挙を実施し、一旦候補者を得票順に並べた上で、各国籍の最多得票者を上から四名まで当選者とするという制度である。

（25）中野裕二、前掲論文、二〇〇一年、六一—六二頁を参照。
（26）ロビアン市長の再選がかかった一九九五年コミューン議会選挙を目前にした時期におこなわれた質問に対する市長の回答。四名の外国人準議員は市議会議員の傍らに着席しているだけで、議決に参加できるわけではなく、発言が議事録に残るわけでもないし、この試み自体学問的には興味深いものの、外国人の社会的統合には何も資するところはなく、結局彼ら外国人準議員は実際には何もできなかったと述べるなど、ロビアンの評価は終始否定的なものであった。Gilles de ROBIEN, « Pour la participation de tous », Bernard DELEMOTTE et Jacques CHEVALLIER（dir.）, *op.cit.*, 1996, pp.57-63.
（27）Unis et Solidaires（La gauche avec Gilles Demailly）, *Le projet municipal 2008-2014 : Démocratie - Solidarité - Ecologie, Elections municipales des 9 et 16 mars 2008.*
（28）« 6 Pour une autre gouvernance : libérer la parole », Unis et Solidaires（La gauche avec Gilles Demailly）, *Le projet municipal 2008-2014 : Démocratie - Solidarité - Ecologie, Elections municipales des 9 et 16 mars 2008.*
（29）デジョンケール助役へのインタビュー（二〇一一年九月二日実施）による。
（30）サントメールは両者の差異を、（1）「位置づけ」の違い（かつてのように、くじによる行政官の選出が法制度によって厳格に規定され、定期的に実施されている訳ではないこと）、（2）「意味」の違い（現代では無作為抽出で熟議フォーラムのメンバーを平等に選出するといっても、人口規模から考えて、その確率は非常に低く、かつてのように公職を頻繁にローテーションすることで、市民が治者と被治者を交代する仕組みと同一視はできないこと）、そして（3）「熟議と決定との関係性」の違い（現代の熟議フォーラムはあくまでも諮問機関であって、決定権限が与えられる事例はまれ）の三点で整理している。Yves SINTOMER, « Tirage au sort et politique : de l'autogouvernement républicain à la démocratie délibérative », *Raisons politiques*, n°42, Presses de Sciences Po, 2011, pp.168-180.
（31）*Ibid.*, pp.180-182.
（32）ベルナール・ドゥルモット（Bernard DELEMOTTE）アミアン市議（当時）へのインタビュー（二〇一一年九月五日実施）による。なお、このドゥルモット氏は本章ですでに紹介している下記の文献の編著者の一人でもある。Bernard

DELEMOTTE et Jacques CHEVALLIER (dir.), *op.cit.*, 1996.

（33）デジョンケール助役へのインタビュー（二〇一一年九月二日実施）による。

（34）Jacques CHEVALLIER, « Immigrés, citoyenneté et démocratie locale : Synthèse des débats », Bernard DELEMOTTE et Jacques CHEVALLIER (dir.), *op.cit.*, 1996, pp.71-75.

なおジャック・シュヴァリエは、定住外国人に参政権を付与するか否かの立法論的論争にはすぐに答えが見出せないなかでも、彼ら外国人が社会参加する道筋はあるとして、ミッテラン左翼連合政権下で外国人によるアソシアシオンの組織を認めた、一九〇一年七月一日のアソシアシオン法を修正する一九八一年一〇月九日の第八一—九〇九号法律（Loi n° 81-909 du 9 octobre 1981 modifiant la loi du 01-07-1901 relative au contrat d'association en ce qui concerne les associations dirigées en droit et en fait par des étrangers）の存在を指摘している（*ibid.*）。

（35）デジョンケール助役へのインタビュー（二〇一一年九月二日実施）による。

（36）*Ibid.*, 1996, p.75.

（37）*Ibid.*, 1996, pp.76-78.

（38）デジョンケール助役へのインタビュー（二〇一一年九月二日実施）による。アミアン市議会は、二〇一一年五月一二日、大統領・政府・上下両院に対し、ＥＵ域外出身定住外国人の市政参加と彼らへの地方議会選挙の選挙権・被選挙権付与について承認を求めるとともに、このテーマにかんする市民団体の市民投票（二〇一一年五月二〇—二六日に幾つかの自治体で実施）に賛同し、アミアン市民に投票を呼びかけるとする議決をおこなっている。

（39）二〇一一年九月に実施された上院選挙（半数改選）における左翼陣営の大勝により、フランス第五共和政下で初めて左翼陣営が上院の議席の過半数を確保したのにつづいて、「すべての定住外国人への地方参政権の付与」を公約に掲げた社会党のフランソワ・オランド（François HOLLANDE）候補が二〇一二年四—五月の共和国大統領選挙で勝利し、さらに同年六月の国民議会選挙でも左派勢力が過半数を確保したが、左派勢力は憲法改正に必要な三分の二の議席（上下両院）を確保していないことから、その実現可能性については懐疑的な見方が強い。

（40）ジューヴは、社会運動のこうした議会内における同調化現象が示しているのは、自由民主主義における社会的・経済的格差の重大性と政党への忠誠を強化する選挙制度の影響であると分析している。Bernard JOUVE, « La démocratie en métropoles : gouvernance, participation et citoyenneté », *Revue française de science politique*, vol.55, n°2, 2005, p.336. なお、ジューヴはフランスにおける同様の事例を取り扱ったものとして、次の論文を参照している。Vincent GEISSER, « Des élus d'origine maghrébine dans les conseils municipaux : une avancée ambiguë pour la démocratie locale », Bernard DELEMOTTE et Jacques CHEVALLIER (dir.), *ETRANGER ET CITOYEN, Les immigrés et la démocratie locale*, L'Harmattan, 2005, pp.35-44.

# 終章　市民社会を鍛える近隣政治の実践

## 第一節　フランスの「近隣民主主義」と住区評議会制

本書では、以上みてきたように、二一世紀初頭のフランスに登場した新しい民主主義モデルとしての「近隣民主主義」を、思想・運動・制度・理論の観点から多面的に考察するとともに、その法制度的形態としての「住区評議会制」が、フランスの諸都市においてどのように実践されているのかについて、筆者が実施してきた現地調査の成果を踏まえ、検討してきた。

本書の第Ⅰ部は、まさに本書のキー概念たる「近隣民主主義」の全体像の解明にあてられた（フランス「近隣民主主義」の諸相）。

まず第一章では、「近隣民主主義」の思想的源流とみなされる「地域民主主義」の思想がどのように形成されたのかについて、一九六〇年代後半以降のフランスにおいて発展を遂げた自主管理や参加民主主義の思想形成プロセスと関連づけつつ、歴史的にあとづけた。フランスにおける自主管理の思想は多様な発展型を生み出す一方で、参加民主主義の思想は代表制民主主義の補正・補完を目的とした諸制度として構想されていき、その後両者はいずれもフランス共和主義の根幹をなす中央集権国家や代表制民主主義を批判する思想諸潮流の活動領域において発展を遂げていくことになる。そして、これら二つの思想が、本書における重要な概念である「地域民主主義」思想の形成とどのような関係にあるのかを明らかにするため、この当時自主管理や参加民主主義の思想にコミットしていた社会党内の諸潮流が、「地域」をどのように捉え、どのようなプロセスを経て地域民主主義を一九七七年のコミューン議会選挙における党の政策としていったのかについて検討した。

次いで第二章では、一九六〇年代の形成過程を経て、一九七〇年代に登場した政策思想としての地域民主主義が、新しい「ミドル・クラス」を主要な担い手とするフランスの諸都市における市政改革運動のなかでどのように鍛え上げられていったのかについて、グルノーブル市のデュブドゥ市政下における市政改革運動を事例として採り上げることで明らかにした。また、こうして形成された政策思想としての地域民主主義が、その後参加民主主義制度へと「翻訳」されていく過程において、どのような困難に直面したのかについて検討し、公職兼任制というフランスに特有の制度をその障害として措定した。ただし、一九九〇年代以降になると、フランスにおいても様々な参加民主主義制度が登場し、ついには住区評議会制の導入（二〇〇二年）へとたどり着くに至ったことを踏まえ、その実現を可能とした時代状況の変化を、本書では「一九八〇年代以降のフランス都市コミューンにおける住民『参加＝包摂』型地域行政管理の現出」と呼ぶべき一連の現象によって把握するものとした。

また第三章では、住区評議会制がどのような経緯で導入されるに至り、それが同制度にどのような特徴をもたらすことになったのかについて明らかにするため、一九七八年にピエール・モーロワ率いるリール市政下で設置された住区評議会、モーロワ委員会報告書（二〇〇〇年）が法制度化を提言した住区評議会、さらに近隣民主主義法案を審議した国会議員たちにより表象される住区評議会という三つの住区評議会から検討した。

そして第Ⅰ部の最後となる第四章では、フランスでもとりわけ一九九〇年代以降本格的に設置が進められた参加民主主義諸制度との比較において、住区評議会制（二〇〇二年）にはどのような特徴が見出されるのかについて整理した上で、この住区評議会制を法制度的形態と位置づけるフランスの近隣民主主義モデルが、都市参加民主主義諸モデルとの国際比較研究においてどのように特徴づけられるのかについて明らかにした。こうした解明作業を踏まえ、住区評議会制の導入が、フランスの都市近隣政治にどのようなインパクトを与えたのかについて明らかにすべく、フランスの地中海沿岸三都市における近隣民主主義法の実施プロセスにかんする実態調査や、世界の諸都市における参加民主主義やガヴァナンスにかんする比較分析を試みた先行研究を参照しつつ、少なくとも近隣民主主義法によって人口八万人以上の都市コミューンに住区評議会の設置を義務づけただけでは、「都市ガヴァナンス」空間の創出という課題を実現させない要因が存在することを確認した。

しかしそうであるからこそ、地道な現地調査研究を通じて、都市近隣政治の様々な動向のなかに居住者参加型ガヴァナンス実現の契機をみつけていくことが求められているともいい得る。そこで、本書の後半にあたる第Ⅱ部（フランスの諸都市における住区評議会制の実践）では、「近隣民主主義」の法制度的形態としての住区評議会制が、フランスの諸都市において実際どのように実践され、われわれはそこからどのような先進事例と問題点を見出すことができるのかについて、筆者がアミアン市およびリール市で実施してきた現地調査に基づいて解明することをめざした。

まず第五章では、今日のフランス都市コミューンにはそれぞれ独自の「近隣政治システム」が形成されているという想定の下、二〇〇二年の近隣民主主義法による住区評議会制の導入と二〇〇八年三月コミューン議会選挙が、フランスの諸都市に形成された同システムを変動させる要因となりうることを明らかにした上で、アミアン市の近隣政治システムがこれら二つの変動要因からどのような影響を受けたのかについて明らかにした。特に第二の変動局面である二〇〇八年のコミューン議会選挙において、同市ではドゥマイ率いる左翼連合市政が成立したことから、この新市政がめざす近隣政治システムについて、二〇〇九年一月に制定された同市の「参加民主主義憲章」を参照しながら、その制度設計の要点を明らかにするとともに、この新システムの特徴を明らかにするため、アミアン旧システムとリール新システムという二つの近隣政治システムとの比較考察を試みた。

つづく第六章では、現代フランスの住区評議会がメンバー選出にくじを採用する動きが近年みられることに注目し（無作為抽出型ミニ・パブリックスとしての住区評議会）、この無作為抽出というメンバー選出方法が有する意味・意義や問題点について理論的に考察するとともに、メンバー構成にこうした選出方法を導入しているフランス諸都市の住区評議会を事例とする経験的分析を試みた。世界で実践される熟議フォーラムのなかには、専門的知識をもたず、対立的な争点に対し個人的な利害関心をもたないという意味で中立的な一般市民の良識的意見形成力に大きな期待を抱くあまり、アソシアシオンの代表者・活動家を敵視し、彼らを排除している事例があるとする先行研究の指摘を踏まえ、こうした観点からアミアン市の近隣政治システム改革（二〇〇九年）における住民評議会設立をめぐって生じた紛争の背景を分析した。

そして最後に第七章では、アミアン市が近隣政治システム改革（二〇〇九年）において住民評議会の評議員選出に無作為抽出制を導入しただけでなく、有権者名簿に登録されていない住民のための特別枠（非登録者枠）を置いたことに着目し、その意義と問題点を「非有権者」の代表性の保障（EU域外出身定住外国人の市政参加）という観点から検討した。無作為抽出型ミニ・パブリックス擁護論者にとって、無作為抽出はメンバーの社会学的多様性を確保することで、この熟議フォーラムに民主主義的な正統性を与える源泉とみなされるが、アミアン市の住民評議会における非登録者枠は、無作為抽出の基礎となる名簿に元来含まれない住民がいることを明らかにしており、ミニ・パブリックスのメンバーを無作為抽出で選出しただけでは住民全員に平等な決定への参加の機会が保障されるとは限らないことを明確にしたといえる。

本書における検討作業を以上のようにまとめた上で、以下の二節では、次のような考察をおこなって、本書をとじることにしたい。

すなわち、まず第二節では、フランスの都市近隣住区における居住者参加型ガヴァナンスの実践がどのような成果を上げ、どのような課題を残しているのかについて、アミアン市住民評議会での事例をもとに検討するとともに、彼らが取り組みの成果であるとした「市民参加文化の広がり」について、ベンジャミン・R・バーバーの所論を参照しながら、「市民の政治参加がもたらす市民教育的効果」の観点において考察する。そして第三節では、こうした都市近隣住区を含むフランスの都市政治空間が「マルチレベル・ガヴァナンス」と呼ぶべき状況の下で展開していると想定した上で、特にコミューンの上位レベルにおける「コミューン間協力」の分野で急速に進められている地方制度改革の動向を紹介し、これまでコミューンの下位レベルにある都市近隣住区の政治と民主主義について研究してきた筆者が今後取り組むべき研究課題が、そこにあることを指摘する。

## 第二節　居住者の政治参加とその市民教育的効果

### （一）　無作為抽出型ミニ・パブリックスは何に取り組んだのか

フランスの諸都市では、すでに二〇世紀初頭のボルドー以来、地域住民団体が住区を区域とする要求集約活動を展開してきた経緯があり、「住区」という空間が近隣民主主義法以前から住民合議の基礎単位としての役割を果たすとともに、二一世紀初頭になるとこの空間は「プロキシミテ」という用語で概念化されるようになる。本書ではこの空間を「都市近隣住区」と呼ぶとともに、これを従来フランスでは政策決定過程への参加主体とみなされてこなかった居住者（都市利用者を含む）を巻き込んだ新しい民主主義の実践の場と位置づけた（都市近隣住区における居住者参加型ガヴァナンスの実践）。

すでに本書第四章において確認したように、居住者が自主的に参加する「都市ガヴァナンス」空間の創出という政治課題は、少なくとも近隣民主主義法（二〇〇二年）が人口八万人以上の都市コミューンに住区評議会の設置を義務づけただけでは容易に実現するものでないにせよ、同法の制定が、実際、都市政治の現場に何らかの変化をもたらしたとすれば、われわれはそれをどのように掌握すればよいのであろうか。

その際問題となるのが、人口八万人以上の都市コミューンに住区評議会の設置を義務づけた近隣民主主義法が、同評議会の制度設計についていかなるひな形も定めることなく、これを当該コミューン議会に一任している点である。その結果、住区評議会の制度設計や実施状況もこの条件に該当するコミューンの数だけ多様に存在することになり、各都市における変化をトータルに把握することは極めて困難になる。

同法の制定から一〇余年が経過した現時点で（政府による）「公式の評価」は公表されていないが、クロディーヌ・ヴィアールが指摘するように、このことについてわれわれが評価を下すためには、一方では、設置の義務化やその他の理由で全国の諸都市に設置された「住区評議会の総数」やこれらの住区評議会による提案や予算のうち「当該コミューン議会が承認したものの割合」のような「膨大な数値データ」を処理し、他方では、「住区評議会にメンバーとして参加した市民たちの満足度」や住区評議会の活動がどのような改善をもたらしたかにかんする「メンバー入りしなかった市民たちの認識」について明らかにしなければならないであろう。トータルな評価を下すには多大な困難

がともなうのである。(1)

しかしそれゆえ、このテーマに取り組む研究者には、フランスの各都市における実践状況を現地調査というかたちで一つ一つ観察し、そこにどのような変化が認められるのかについて分析を加えるという作業が、いわば使命として与えられることになる。(2)

本書第Ⅱ部でみてきたように、アミアン市の住民評議会やリール市の住区評議会では、メンバーの選出方法としてくじ（無作為抽出）が導入されており、これはまさにフランスの都市近隣住区における無作為抽出型ミニ・パブリックスの実験と捉えることができる。こうした新しい熟議フォーラムにおいて、実際のところ、都市の居住者たちはどのようなテーマに取り組んできたのであろうか。ここでは、二〇〇九年九月に結成されたアミアン市住民評議会の第一期メンバー（二年任期：二〇〇九年九月―二〇一一年九月）の取り組みがどのように自己総括され、どのような点に今後の課題が見出されているのかについて、すでに本書のなかで紹介したアミアン市住民評議会『二〇〇九―二〇一一年活動報告―第一期回顧―』(3)（以下住民評議会報告書と表記）の検討を通じて考えてみたい。(4)

すでに述べたように、同評議会は市議会議員枠と住民枠（大半はフランス有権者名簿からの抽選）から選ばれた評議員からなり（地域住民アソシアシオンの代表者・活動家のための評議員選出枠が置かれなかった経緯については本書第六章を参照）、多分に無作為抽出型ミニ・パブリックスとしての側面を有している。この住民合議機関が実際どのようなテーマに取り組み、どのような結論を導き出したのかは、それ自体極めて興味深いものである。

住民評議会報告書によれば、第一期のメンバーは次のようなテーマに取り組み、議論の結果は、意見や勧告というかたちで市議会に表明・伝達されたという。

【住民評議会（西・北）】城塞跡の活用問題にかんする提案(5)

城塞跡（Citadelle）を遺産保存地区にする。また、城塞跡を例えば周遊観光の出発地点としたり、とりわけ公共交通を利用した場合には通過地点にしたり、観光客向けに作成する観光ルートに組み込んで、来訪者の増加を図る。さらに、多目的ホールや市民に開放されたスポーツ施設、子どもたちのための遊戯場、あるいはショッピングセンターを設置することで、城塞跡をアミアン市民全体にとっての生活空間にする。

【住民評議会（南・東）】アミアン市に将来整備される専用レーン型公共交通にかんする意見[6]

将来整備される専用レーン型公共交通（TCSP：Transport en Commun en Site Propre）は、便数を確保した上で、ダイヤの乱れなく運行され、利用者にとってアクセスが容易で、他の交通機関のダイヤや日常生活上の様々な時間サイクルと連携し、そして快適である必要がある。住民評議会により提起された諸点にかんする事前協議をさらに深めていくため、二〇一一年の秋、関係諸機関（アミアン施設整備混合経済会社、アミアン・メトロポールの都市調査研究局など）と連携する活動チームが設置された。

【住民評議会（西・東）】持続可能な開発をテーマとする活動（二〇一一年二―九月）[7]

二〇一一年九月二九日、アミアン市議会において、次のような意見が表明された。評議員たちは、「持続可能な開発」にかんする定義と概念整理をおこなったあと、とりわけアミアン市にとって有益なものを抽出し、市役所に対し意見というかたちで勧告や提案をおこなうべく、「エコ・カルティエ（eco-quartier）」の様々な先行事例を調査し、それらの有効性について検討した。

先行事例としてパドカレ県のメリクール市（Méricourt）を設定し、同市が進めているエコ・カルティエ計画について調査すべく、ノールパドカレ・レジオンのバサン・ミニエ特命チーム（Mission Bassin Minier Nord - Pas-de-Calais）の研究・開発責任者から聴取をおこなった（バサン・ミニエは同レジオンにある鉱山盆地で、ユネスコ世界遺産に指定されている）。収集した情報を調査チームが改めて整理した上で、市議会に提出される調査報告書および勧告が全体で承認された。

この意見のなかで、評議員たちは、持続可能な都市計画は良識にかかわる問題で、新しい生活様式の創出が必要であるとしている。また、市議会議員に対しおこなわれた勧告としては、水処理への関心を広げていく取り組み、緑で包まれた建物の建設、緑地や庭園の整備などがある。そして最後に、両評議会はアミアン市におけるエコ・カルティエの創設がソーシャルミックスとアクセシビリティの視点でなされなければならないと主張している。

二〇〇九年の近隣政治システム改革以降開始されたアミアン市における無作為抽出型ミニ・パブリックスの試みは、さしあたり以上のような意見や提案にまとめられ、市議会に表明・伝達されるという成果を生み出すことになった。

とはいえ、住区評議会の制度設計を当該コミューン議会の専権事項とした近隣民主主義法（二〇〇二年）の立法者たちの「配慮」は、近隣政治の現場においては依然として大きな制約となっており、無作為抽出という選出方法を採用したとしても、変えることのできない現実として残されている。アミアン市の住民評議会のメンバーは、「城塞跡の活用問題」「将来整備される専用レーン型公共交通」「持続可能な開発とエコ・カルティエ」といったテーマに取り組み、導き出した結論を市議会に伝達したが、予算等にかかわる最終決定権は制度設計の段階から与えられていないという決定権限上の限界があったことは否定できないのである。アミアン市の住民評議会のこういった基本性格が、まさに都市参加民主主義諸モデルの比較研究により導き出された近隣民主主義モデルとその法制度的形態たる住区評議会制の問題点や限界性といえる（本書第四章、特に【資料４－３】参照）。

## (二) アミアン市における「市民参加文化の広がり」

住民評議会報告書が認めているように、実際いまのフランスには住民参加の分野で参照可能な「魔法のレシピ」[8]が存在していない以上、今後も引きつづきその取り組みが積み重ねられていくことを期待するよりほかないが、他方で同報告書が、アミアン市における住民評議会の活動を通じて、市役所や市議会議員にも変化の兆しがあることを指摘している点は重要である。

市民参加文化の広がり[9]

アミアン市に地域民主主義の新しい住民合議機関を設置して以来、市民参加の文化が市の多く部局や行政機関のなかで発展しつつある。市議会議員、地域民主主義担当職員そして評議員は、ともに活動するなかで、継続的に対話し、お互いがもっている様々な期待や気兼ねを理解し、学習を深めていった。

市議会議員と市の職員は、市が所管する数多くの政策分野に対する住民たちの意見を待ち望むようになっている。住民が何を望んでいるのかを出発点とすることは、現在実施されているないしは今後発展させていくべき公共政策をよりよいかたちで策定する機会となり得る。

こうしたガヴァナンスの新しいかたちが、徐々に市民を公的対話の中心に位置づけながら、進化と強化をつづけている。市民の意見に耳を傾けることで、われわれは市民が政策決定を補完する段階を乗り越えることができるのであり、より近代的かつ効果的で、地域住民や市民との常に緊密な相互作用に基づく、公的活動の新たな展開を考案できるようになるのである。

住民評議会報告書は、このようにアミアン市における取り組みの意義を「市民参加文化の広がり」の観点から明らかにしているが、ここではその意義を、ベンジャミン・R・バーバーの「ストロング・デモクラシー」論を参照することで、「市民の政治参加がもたらす市民教育的効果」という観点から整理してみたい。

バーバーが、自らの提唱する「ストロング・デモクラシー」の実現可能性を明らかにすべく、「実際例として評価できる制度の体系」の提示を試みるとともに、そのなかで「近隣地区集会」や「代議制タウン・ミーティング」に参加する代表者の選出に「抽選制」を導入することが有効であるとしている点については、すでに述べた通りである[10]（本書の序章参照）。

バーバーは、他の政治制度にはない「ストロング・デモクラシー」の強みと独自性を、「独自の根拠の欠如」への回答能力にみている。すなわち、従来の政治制度はその政治判断に際して、「外部規範」「前政治的真理」「自然の権利」といった既成のあるいは外在的な「独自の根拠」[11]に左右されるが、「ストロング・デモクラシー」において展開されるデモクラシーのプロセスはすぐれて「自治」的なものであるため、政治判断を迫られる場合にも、まず「各個人の信念と信条に平等の出発点」を与え、「公共の話し合いと行動の過程で信念と信条に生じたものに対して正当性」を与えることができるというのである。そして参加政治は選好や意見に「公共審議と公共判断の試練」を受けさせて、正当性を獲得させるため、各個人の選好や意見は「それが通らねばならないプロセスにより変容されて生み出される」ものとなる。こうした理由から、「ストロング・デモクラシー」の「正当性」は「話し合いの進行」なくしてはあり得ず、「投票がその人の選好を表す静的な行為とすれば、参加は想像《イマジネーション》力による動的な行為であり、参加者に世界を見る目を変えるよう求めるもの」ということになる[12]。

バーバーの定義によれば、「ストロング・デモクラシー」とは「独自の根拠が欠如している場合に、現行の、自己立法に近い参加制のプロセスにより、また依存的で私的な個人を自由な市民に変え、部分的で私的な利益を公共善に変えることのできる政治共同社会を創造することにより、対立を解決する参加政治」[13]であるとされるが、本書がここで注目するのは、バーバーが「ストロング・デモクラシー」論において最も重視する「政治的話し合い」[14]を通じて、「依存的で私的な個人」が「自由な市民」へと変化する局面である（参加政治の市民教育的効果）。

バーバーは、「ストロング・デモクラシー」の中心に位置づけられる「政治的話し合い」[15]が有する市民教育的効果を、次のように表現している。[16]

話し合いは家族、友人、隣人の私的世界の壁を打破し、政治的市民権の一層大きい人為的世界において見知らぬ他者たちとの合流を命じるのである。政治は見知らぬ人びととの話し合いをさせる技術であり、共感、共通目標、啓発された利己心の三つを等分してつくられた人為的関係を人びとに刺激を与えてつくらせる技術である。したがって話し合いの感情の力は、人間の想像力を拡張する力となり、私的な利己主義の私を礼節をわきまえて共同的政治活動ができる我われにつくり直し、再概念化させることができよう。

フランスの諸都市における無作為抽出型ミニ・パブリックスの試みは、未だ緒に就いたばかりである。こうした取り組みの輪を広げていくことは、参加政治が有する市民教育的効果を媒介として、居住者参加型ガヴァナンスの担い手である居住者たちを、いずれ「依存的で私的な個人」から「自由な市民」へと変えていくはずである。

## 第三節　フランスの都市政治におけるマルチレベル・ガヴァナンス状況

もしわれわれが、フランスにおける都市政治の現状を「マルチレベル・ガヴァナンス」という概念で把握するならば、本書における検討は、基礎自治体としてのコミューンの下位レベル（都市近隣住区）における政治（民主主義）の動向をもっぱら対象としていたことになる。ここではまず、フランスの都市コミューンの上位レベルには、いま一体どのような地方行政制度が構築され、民主主義の観点からみた時、どのような問題点が指摘されているのかについて簡潔に説明する。そして、フランスの都市政治空間に複数の層をなして存在する行政機関が協力して、ある特定の政策を推進すべく、二〇一四年二月にフランスで導入された新しい住民合議の仕組みについて紹介し、本書をとじることにしたい。

### （一）　フランスにおけるコミューン間協力型広域行政組織の発展

フランスには現在もなお三万六千余りのコミューンが存在し、これが日本の市町村に相当すると考えると、その数は日本の約二一倍となり、非常に細分化されていることがわかる。[17]こうした状況においても、フランスでは国による市町村合併の試みはことごとく挫折する一方で、「コミューン間協力型広域行政組織」[18]（以下、ＥＰＣＩと表記）と呼ばれる制度枠組みが、組織形態のバリエーションを広げながら、大きく発展を遂げている。一九六〇年代にまでさかのぼる数多くの立法により、その制度的枠組みが規定されてきたが、「コミューン間協力の強化と簡素化にかんする一九九九年七月一二日法」[19]により、ＥＰＣＩは現在七種類に整理されている。

【資料終－1】独自税源を有するコミューン間協力型広域行政組織

| 名称 | 根拠法 |
|---|---|
| メトロポール（Métropole） | 2010年12月16日法 |
| 大都市圏共同体（Communauté urbaine） | 1966年12月31日法 |
| 都市圏共同体（Communauté d'agglomération） | 1999年広域行政組織法 |
| 市町村共同体（Communauté de communes） | 1992年地方行政指針法 |

住民向けサービスの提供を目的とした自治体間協力（事務組合など）ならば、日本にもみられるが、フランスにおけるその特徴は独自税源を有するＥＰＣＩがその数と影響力を拡大している点にある（【資料終－1】参照）。すなわち、現在フランス全土に二、五八一件のＥＰＣＩが組織され、全体の九六％にあたる三五、三〇三コミューンが参加し、全人口の九二％強にあたる約五、九三〇万人が居住しているのである（二〇一二年現在）[20]。

独自税源を有するこれらのＥＰＣＩは、県とコミューンの中間に位置する有力広域行政組織として台頭し、いわば「第四の自治体」として「レジオン―県―コミューン」という従来の三層制自治体組織に割って入る勢いで発展を遂げているが、他方で、長い間住民の直接普通選挙に基づく議会をもたず、構成コミューンの市町村会議員を代議員とする「共同体評議会（Conseil de Communauté）」により運営されていたことから、その民主的正統性の欠如が問題視されていた[21]。

「代表なければ、課税なし」の原則に反する上述のような状況を踏まえ、本書第三章で採り上げた社会党のモーロワ元首相を委員長とする「地方分権化の将来にかんする委員会」が二〇〇〇年に提出したレポート『地方公共活動の再建』[22]は、公選議会をＥＰＣＩにも設置するよう勧告し、二〇一二年の共和国大統領選挙で当選した社会党のフランソワ・オランド率いる左翼連合政権下で成立した「コミューン議会・ＥＰＣＩ共同体評議会・県議会の選挙制度」にかんする二〇一三年五月一七日の二法[23]は、コミューン議会選挙の際にＥＰＣＩの共同体評議会選挙もあわせて実施することを規定して、その要請に応えた。

すなわち、例えば何らかのＥＰＣＩに所属する人口一、〇〇〇名以上のコミューンの場合、当該コミューン議会選挙に立候補する党派は、コミューン議会選挙と共同体評議会選挙の双方に候補者名簿を提出するものとされ、有権者は投票所においてそれぞれの選挙について意中の党派（候補者名簿）に投票し、得票率に応じて、コミューン議会と共同体評議会の議席配分がそれぞれ決定されるのである。こうしたＥＰＣＩの民主化をめざした法制度改革の動向について報告したマルティーヌ・ロンは、これを「（候補者名簿の）串刺しシステム」と呼ぶとともに、同名簿がパリテ（男女同数）原則に基づかなければならないと明記されるなど一定の前進がみられるとしながらも、市民参加については「開発評議会（Conseil de développement）」（後述）の設置に言及している程度にとどまり、新法のなかに市民が不在である点で、依然問題は残されていると述べている。[24]

もちろんいま述べたコミューンの上位レベルにおける政治（民主主義）の問題は、今後の検討課題とせざるを得ないが、ここではその前提作業として、フランスにおいても形成されつつある「都市政治をめぐるマルチレベル・ガヴァナンス状況」と、われわれに残された検討課題を、以下のように整理しておきたい。

すなわち、近隣民主主義改革により諸都市に設置された住区評議会には、民主的正統性などの問題から予算決定権など重要な権限が付与されないという問題点を抱えているが、まさにこれとは対照的に、独自税源を有するＥＰＣＩの審議・執行機関も、住民公選の手続きを経ていなかったにもかかわらず（構成コミューンのコミューン議会議員による間接代表制）、予算の使途にかんする決定権は行使しているのである。前者の施策を「都市内分権によって設置された近隣住民合議組織における予算決定権の欠如」と捉えるとすれば、後者は「民主的統制の欠如した広域行政組織による独自税源の執行」ということになる（【資料終－２】参照）。

日本における先行研究において、フランスのＥＰＣＩをめぐる「民主主義の赤字」問題が論じられる場合でも、そ

【資料終－2】フランスの都市政治におけるマルチレベル・ガヴァナンス状況

れはもっぱらＥＰＣＩが住民の直接普通選挙に基づく議会をもたず、構成コミューンの市町村会議員を評議員とする「共同体評議会」により運営されている点を指摘するにとどまっている。評議員を住民が直接選挙する仕組みを導入するなどの改革が現在進行中であるが、それはあくまでも「(間接) 民主主義の赤字」問題の解消へ向けた取り組みであり、むしろ注目すべきは一九九五年の「地域整備と持続可能な開発にかんする指針法」[25]により「開発評議会 (conseil de développement)」と呼ばれる直接民主主義的な仕組みが導入され、「(直接) 民主主義の赤字」問題の解消へ向けた取り組みも進められている点である。[26]

以上のように、コミューンの上位に位置する「コミューン間 (intercommunalité)」のレベルにおいても、民主主義の観点からみて多くの問題点が指摘されるが、現実の政策課題は、よく「ミルフィーユ」にたとえられるフランスの多層からなる地方行政組織 (レジオン・県・コミューン間・コミューンなど) の協力による、実効的な政策の推進を要請している。そしてそこには、地域住民の声を政策に反映させるための様々な取り組みも含まれている。

### （二）　新たな住民合議機関の設置

二〇一二年四―五月のフランス共和国大統領選挙に勝利した社会党のフランソワ・オランド (François HOLLANDE) が、ジャン＝マルク・エロー (Jean-Marc AYRAULT) をその首相に任命した左翼連立政府[27]は、「都市政策 (politique de la ville)」と呼ばれるコミュニティ活性化政策の優先地区（quartier prioritaire）に市民評議会（conseil citoyen）の設置を定めた「都市と都市における結束のための計画化にかんする二〇一四年二月二一日の法律」[28]（以下、都市結束計画化法と表記）を成立させた。「都市政策」とは、住環境・公共施設の劣化、失業、治安の悪化などの「困難さを抱える地区（quartier en difficulté）」に対して物的施策、社会的包摂（ソーシャル・インクルージョン）の施策を重点的に実施することにより地区改善をめざす政策である。[29]

この政策は、一九八〇年代にミッテラン率いる左翼連合政権が本格的に導入して以来、党派の違いを超えて歴代政権により継承され、現在も担当省庁を中心に推進されているが、その最初の取り組みは、ジスカールデスタン政権下の一九七七年にまでさかのぼることができる。すなわち、大都市郊外における施設整備の推進を目的として都市、適正家賃住宅（ＨＬＭ）関係諸機関、国が締結する契約を調整するため設立された「居住と社会生活（Habitat et Vie sociales）」（ＨＶＳ）省庁間委員会が、これらの地区が抱える諸問題の解決をめざしＨＶＳプログラムを実施したのである。[30]この時期のフランスにおける住民参加の制度化について検討したトマ・フリノーは、ジスカールデスタン政権下における萌芽的取り組みであるこのＨＶＳプログラムが、すでに住民参加を国が計画を選定する際の重要な基準としていたと指摘している。[31]

一九八一年の大統領選挙に勝利したミッテランは、こうした困難地区で深刻化する社会問題に対応するため、「住区の社会発展（développement social des quartiers）」を基本コンセプトとして、若者の就職支援や非行防止などにかんするレポートの作成を急がせた。またそのさなかに、リヨン南部近郊ヴェニシウー（Vénissieux）市のマンゲット（Minguettes）地区で暴動が発生したこと（一九八一年九月）を踏まえ、グルノーブル市長のユベル・デュブドゥを委員長とする「住区の社会発展（développement social des quartiers）」（ＤＳＱ）のための委員会がモーロワ首相のもとに設立される（一九八一年一〇月）。

同委員会の設立に先立って、委員長のデュブドゥは、リール近郊ルベ市のアルマ・ガール（l'Alma-Gare）住区での取り組みを参照しつつ、困難地区において都市的・社会的な活性化を成功させるためには、公共・民間に関係なくアソシアシオンの力を活用することの重要性を説くとともに、住民のアクティヴな参画なくして、それらのプログラムは成就しないと述べていたという[32]（アルマ・ガール住区における経験にかんしては本書第一章を参照）。同委員会は、DSQプログラムを実施するコミューンと契約を結び、「優先地区」において都市政策を推進するとともに、委員長のデュブドゥは報告書『共に都市を再生する』（一九八三年）[33]を首相に提出している。

バケは、ミッテラン左翼連合政権成立直後に着手されたこれらの政策と地方分権改革がいずれも社会改革や政治・行政の民主化改革の一環としておこなわれたことを指摘するとともに、その背後にはデュブドゥら社会党「自主管理」派が一九七〇年代に諸都市で展開した都市計画やコミュニティ活性化政策を通じて育んだ問題意識があったとする。[34]

シルヴィ・ティソは、これらの「地区（quartier）」に対して、en difficulté（困難さを抱える）以外にも、sensible（脆弱な）や difficile（困難な）といった修飾語が付されるケースを指摘し、行政用語が完全に確定しているとはいえないとしながらも、これらの地区が社会的諸問題に対処していくための一分野になったことは間違いなく、「都市（郊外）」に対して今日われわれが想起する一つの社会問題を、これらの地区が象徴し、要約していると述べている。現在施策が実施されている地区は、第二次世界大戦後、HLMの建設が進められた大都市郊外に位置しており、住民の多くはフランスの旧植民地などからの移民であるという。[35] したがって、都市政策はもっぱら「移民」を対象とした社会統合政策としての性格を有するが、「一にして不可分の共和国」フランスにおける普遍主義原理は、人種・性別・民族などの属性に基づく援助政策を「積極的差別（discrimination positive）」であるとして忌避するため、[36] 援助の対象はあくまでも「地区」の単位で特定されている。[37]

このようにややフランスに独特の文脈において発展を遂げた都市政策は、本書が検討を加えてきた住区評議会制とも関係している。というのも、近隣民主主義法は「とりわけ都市政策の名目において実施される政策」[38]の策定・実施・評価の各段階について、市長は住区評議会を参加させることができると定めているからである（地方公共団体一般法典L2143-1条）。二〇〇二年に導入された住区評議会制には、実は当初からこの「都市政策」について当該地域のレベルで討議する住民合議機関としての役割が期待されていた訳である（【資料序－3】参照）。

ただし、条文において、市長は都市政策にかんする検討作業を住区評議会に委ねることが「できる」とただ規定しただけで実効的なものとなるものではなく、事実、上述のアミアン住民評議会では、こうしたテーマは検討の対象とされていない。その点、二〇一四年の都市結束計画化法は、まさに都市政策について検討するための住民合議機関である市民評議会の設置を関係機関に義務づけるとともに、メンバー構成やメンバーの選出方法にまで立ち入った規定を置いている。それだけに、同法は従来のものとは次元を異にした立法であるといえる（以下、この新しい住民合議の仕組みを市民評議会制と呼ぶことにする）。

同法は、まず「都市政策」を「恵まれない地区とその住民に向け、都市の諸機関が結束し、国と地方が連帯しておこなう政策」と定義し、その実施主体を「国、地方公共団体およびそれらが結成するグループ」と定めるとともに、その「共通の目標」は「地域間の平等を保障し、恵まれない地区とそれらを含む都市全体との間にある発展の格差を是正し、当該地区に居住する住民の生活条件を改善」することにあるとしている（第一条）。

その上で同法は、第五条で「都市政策の優先地区」の指定手続きについて規定し、第六条では、その政策が「コミューン間のレベル（l'échelle intercommunale）」で締結された、一方では「国と国の公施設法人（établissements publics）との間」の、他方では「関係コミューンと独自税源を有するＥＰＣＩとの間」の「都市契約（contrats de ville）」に基づき実施されると定め、これらの都市契約には関係する県およびレジオンの公的な署名を要するとしている。

以上のような都市政策の実施において、市民評議会はどのように関与するとされているのか。

同法は、市民評議会にかんする規定を第七条に置いている（第三編「都市政策の手法とガヴァナンス」第二章「都市契約」）。同条によれば、市民評議会は「都市政策の各優先地区」に設置され、一方では男女間のパリテ（男女同数）に基づいて無作為抽出により選出された住民、他方には地元のアソシアシオンの代表者たちやアクターたちから構成されるとされている。すなわち、住区評議会制とは異なり、市民評議会制では、上述のように、メンバー構成やメンバーの選出方法にかんする大枠が、その設置を定めた都市結束計画化法によってあらかじめ規定されているのである。

そして市民評議会は、まさに上で述べた都市契約の策定・実施・評価に関与するとされ、同評議会の代表者たちは、都市の刷新計画にかんする諸段階を含む、都市契約の運用におけるすべての段階に参加すると規定される。

市民評議会はまた、公権力から完全に独立してその行為をおこなうとともに、彼らの行為は自由、平等、友愛、非宗教性、そして中立性といった諸価値を尊重するものとされ、この枠組みにおいて、国は市民評議会の活動を支援すると規定されている[39]。市民評議会の活動に必要な事務所や資金などについても、すべて都市契約において規定され、同評議会は必要に応じて、専門家のアドバイスを受けることができる。

なお都市結束計画化法の第七条の二は、住区評議会制について規定した上述の地方公共団体一般法典L2143-1条に、新たな一段落を挿入することで、都市政策の優先地区においては必ずしも二つの住民合議機関（住区評議会と市民評議会）を併設する必要はないとしている。すなわち「住区評議会の創設を義務づけられている各コミューン」の市長は都市結束計画化法が定める「市民評議会をもって住区評議会に代える」と決定することができる、と。

ともあれ、都市政策については、従来から、その枠組みのなかで実施される様々な施策[40]が「地域レベルでの住民参加の制度化に大いに寄与した」[41]と指摘されてきたが、二〇一四年の都市結束計画化法が市民評議会の設置を定めたことで、フランスの都市近隣住区には、コミュニティの活性化という地域社会の重要課題を討議する無作為抽出型の熟議フォーラムが新たに付け加えられたことになる。ただし、その政策実施にあたっては、国と多層をなす地方行政機関の協力が想定されているだけに、熟議フォーラムにおける審議のあり方も、住区評議会におけるそれとは大いに異なったものとなるはずであり、われわれは今後もその動向に注目していく必要がある。

本節で述べた研究・調査はいずれも緒に就いたばかりである。筆者が当面取り組むべき課題を以上のように整理して、本書をとじることにしたい。

---

（1）Claudine VIARD, « À propos de la démocratie de proximité », Pierre-Yves CHICOT (dir.), *Décentralisation et proximité : territorialisation et efficacité de l'action publique*, DALLOZ, 2013, pp.52-53.

（2）フランスの「近隣民主主義」および住区評議会制を含む、市民の政治参加にかんする諸テーマを採り上げた先行研究について、これらを丹念に渉猟したものとして、トマ・フリノーの次の文献（特に第五章「参加」）を参照。Thomas FRINAULT, *Le pouvoir territorialisé en France*, Presses Universitaires de Rennes, 2012, pp.239-296.

（3）Les conseils d'habitants de la Ville d'Amiens, *Bilan 2009-2011 : Retour sur un premier mandat*, 2011.

（4）ただし、住民評議会（市当局）が作成した報告書を読み込んでいったとしても、評議員たちが実際どのように立ち振る舞い、どのような言動をするのか、そして討論に参加した彼らの認識がどの程度深まっているのかといった熟議の質を評価することはできない。すでに述べたように、非登録者枠選出評議員以外の評議員は、フランス人有権者名簿ないしは欧州議会選挙有権者名簿から無作為抽出で選出されるいわば素人評議員であり、アミアン市の住民評議会を無作為抽出型ミニ・パブリックスとみなした場合、実際の会合における彼らの言動は極めて興味深い点である。その解明にはおそらく参与観察などの方法が必要とされるであろう。

（5） *Ibid.*, p.8.

（6） *Ibid.*, p.8.

（7） *Ibid.*, p.9.

（8） Les conseils d'habitants de la Ville d'Amiens, *op.cit.*, 2011, p.14.

（9） *Ibid.*, p.11.

（10） Benjamin R. BARBER, *Strong Democracy : Participatory Politics for a New Age*, University of California Press, 2004, pp.261-298. ベンジャミン・R・バーバー（竹井隆人訳）『ストロング・デモクラシー――新時代のための参加政治――』、日本経済評論社、二〇〇九年、三九〇―四三一頁。ただし、原著の初版は一九八四年。

（11） バーバーが指摘しているように、「政治的に選択し行動すること」を「独自のコンセンサスの基準という指標がなくとも、責任を持って合理的に公共的になるように選択し行動すること」であると考えた場合、もしそこに「確実な知識、真実の科学、あるいは絶対的正当性」があるならば、「一致した真実に照らして解決できない対立はなく、それゆえに政治の必要はない」ことになる。逆に政治が必要となるのは、「真実が分からぬ、あるいは未だ分からぬ領域」なのであるが、従来の政治理論はそこに、「科学的」「合理的」あるいは「自然の」解決を促してくれるような、あれこれと絶対的にみえるもの（抽象的原理）を持ち出して、解決を困難にしているという。しかし、バーバーが確信をもって述べているのは、「政治は、実際的かつ具現的な、日常的かつ曖昧な、順応的かつ一過性の、ボロ切れ屋そのもの」であり、政治に真理があるとすれば、経験の過程のなかで生み出されてくるような真理でしかあり得ないということである。*Ibid.*, pp.129-131. 同前、二二一―二二四頁。

（12） *Ibid.*, pp.129-138. 同前、二三〇―二三三頁。

（13） *Ibid.*, pp.151. 同前、二二五頁。傍点は、原著で斜体表記され、翻訳書で傍点が付されている箇所。

（14） バーバーの「ストロング・デモクラシー」論において「政治的話し合い」が重視されていることに、「熟議民主主義」

的な特徴をみてとることも可能である。参加民主主義と熟議民主主義の異同については、その共通性を強調する見解と差異を強調する見解とを理論的に検討した次の論文を参照。田村哲樹「熟議と参加―リベラル・デモクラシーを超えるのか」、『政治哲学と現代』（岩波講座・政治哲学6）、岩波書店、二〇一四年。田村は、両者の共通性を示す事例として、バーバーが「ストロング・デモクラシー」の三つの基本的位相のなかで、「政治的話し合い」を「最も重要な位相」に位置づけている点を指摘している（同前、八〇頁）。

(15) バーバーは、「ストロング・デモクラシー」の中心に位置づけられる「政治的話し合い」には「常に聞くこととともに話すこと」、「感じることとともに考えること」そして「行動することとともに熟慮すること」が含まれているとした上で、これらの特徴が「ストロング・デモクラシー制度における話し合いのもつ特殊な政治機能」に明瞭にあらわれているとし、九つの機能（①利益の明瞭な表現―契約取引、②説得、③議題設定、④相互関係の調査、⑤連携と感情、⑥自治の維持、⑦証言と自己表現、⑧再表現と再概念、⑨公共の利益、共通の善、行動的市民としての共同社会の建設）に分けて検討している。BARBER, *op.cit.*, 2004, pp.173-198. バーバー、二〇〇九年、二七七―三〇八頁。

(16) *Ibid.*, pp.189-190. 同前、二九七頁。傍点は、原著で斜体表記され、翻訳書で傍点が付されている箇所。

(17) フランスの人口規模が日本のおよそ半分で、国土面積が日本のおよそ一・五倍であることを踏まえると、「細分化」されているという現状認識は、より一層強化されることになる。

(18) Établissement Public de Coopération Intercommunale.

(19) Loi nº 99-586 du 12 juillet 1999 relative au renforcement et à la simplification de la coopération intercommunale.

(20) Direction générale des collectivités locales (Ministère de l'intérieur), *Les collectivités locales en chiffres 2012*.

(21) ＥＰＣＩをめぐる「民主主義の赤字」問題への対応として、住民による直接普通選挙で選出された議会の設置などの民主化改革が企図されるたびに、これらの広域行政組織に民主的正統性を付与することで、県やコミューンの存在意義が相対的に低下することをおそれる国会議員らが、一貫してそうした改革を阻む場面が、これまで何度となくみられた。久邇良子『フランスの地方制度改革』、早稲田大学出版部、二〇〇四年、一三五―一三六頁。

(22) Pierre MAUROY, *Refonder l'action publique locale : rapport au Premier ministre*, Commission pour l'avenir de la

décentralisation, La Documentation Française, novembre 2000.

(23) 二法とは、Loi n° 2013-403 du 17 mai 2013 relative à l'élection des conseillers départementaux, des conseillers municipaux et des conseillers communautaires, et modifiant le calendrier électoral と Loi organique n° 2013-402 du 17 mai 2013 relative à l'élection des conseillers municipaux, des conseillers communautaires et des conseillers départementaux である。

(24) Martine LONG, « L'élection au suffrage universel direct des délégués communautaires : véritable démocratisation du fonctionnement des structures intercommunales », *Le colloque Regards croisés sur les mutations de l'intercommunalité à Nancy les 30 et 31 mai 2013.*

(25) La loi du 25 juin 1999 d'orientation pour l'aménagement et le développement durable du territoire.

(26) レンヌ市を中心とする都市圏共同体レンヌ・メトロポール（La communauté d'agglomération Rennes Métropole）に設置された「レンヌ地域・大都市圏経済・社会開発評議会（CODESPAR : le conseil de développement économique et social du Pays et de l'agglomération de Rennes)」については、次の論文を参照。Catherine GUY, « Plasticité de l'organisation du territoire de l'agglomération rennaise : la mutation du Codespar », Franck BACHELET, Philippe MENERAULT, Didier PARIS, *Action publique et projet métropolitain,* L'Harmattan, 2006.CODESPARが設置されたのは、フランスにおいて地方分権改革が実施されるなかで激化する自治体間競争を秩序づける必要性が認識された一九八四年のことであったが、それはすでに一九七〇年代から都市空間の急速な拡大を経験していた同地域の事情とも関連するものであった。当初は当該地域の公的諸機関からなる組織であった同評議会も、上述の一九九五年法により地元の諸団体を糾合した直接民主主義機関としての性格を具備することになった（一二〇名のメンバーのうち地方議員は四名のみ）。カトリーヌ・ギによれば、同評議会が広域をカバーしなければならないだけに、その課題・問題点は当該地域の多様な利害を十分にメンバーシップに反映できていない点にあるとされる（特に一般市民の参加を可能にする枠組みが未確立）。

(27) 同政府は、新大統領の任命により、二〇一二年五月一五日に成立したが、六月一七日に第二回投票が実施された総選挙（国民議会選挙）における政府与党の勝利に基づき第二次エロー政府が発足したことで、実質的なスタートを切った。

(28) Loi du 21 février 2014 de programmation pour la ville et la cohésion urbaine.

(29) 高村学人「フランスにおける地区改善政策と近隣の民主主義法の実施過程」名和田是彦編『コミュニティの自治——自治体内分権と協働の国際比較——』（日本評論社、二〇〇九年）、二二〇—二二一頁。

(30) 「都市政策」の発展史に関しては、次の資料集を参照。*Problèmes politiques et sociaux* (N° 906, novembre 2004), Quartiers sensibles et cohésion sociale, Dossier réalisé par Julien DAMON, La Documentation française.

(31) Thomas FRINAULT, *op.cit.*, 2012, p.255. フリノーは、その根拠として、フランス政府の『官報』に掲載された次の一文を引用している。すなわち、「プログラムが採用されるのは、コミューン当局および行政管理者の政策推進に向けた意思が明瞭で、住民との事前協議という策定方法（une méthode d'élaboration concertée avec les habitants）を受容しているものに限られる」と（*JO* du 10 mars 1977, p.1356）。

(32) Thomas FRINAULT, *op.cit.*, 2012, p.255.

(33) Hubert DUBEDOUT, *Ensemble, Refaire la ville, rapport au Premier ministre du Président de la Commission nationale pour le développement social des quartiers*, La Documentation Française, 1983.

(34) Marie-Hélène BACQUÉ, « Dispositifs participatifs dans les quartiers populaires, héritage des mouvements sociaux ou néolibéralisme ? : *Empowerment* zones aux États-Unis et politique de la ville en France », BACQUÉ, REY et SINTOMER (dir.), *Gestion de proximité et démocratie participative : Une perspective comparative*, La Découverte, 2005, p.88.

(35) Sylvie TISSOT, « Sociologie urbaine et politique de la ville : retour sur une rencontre autour des «quartiers d'exil» », Jean-Yves AUTHIER, Marie-Hélène BACQUÉ, France GUÉRIN-PACE (dir.), *Le quartier : Enjeux scientifiques, actions politiques et pratiques sociales*, La Découverte, 2006, p.65.

(36) 第二次世界大戦後、移民を積極的に受け入れてきたフランスでは、一九七四年にその受け入れ停止をおこなって以降も、移民の定住化と家族呼び寄せがつづき、大都市郊外に建設されたＨＬＭへの入居が一般化した。こうして都市郊外の「ゲットー化」が問題視されるなか、一九八〇年代以降移民の「社会統合政策」が歴代政権にとって避けられないものとなった。

（37）宮島喬「移民の社会的統合をめぐる問題・課題の現在」、宮島喬編『移民の社会的統合と排除——問われるフランス的平等——』（東京大学出版会、二〇〇九年）、七—八頁。

（38）« en particulier celles menées au titre de la politique de la ville »

（39）この時、県における国の代理人が、関係コミューンの市長およびコミューン間協力型広域行政組織の評議会議長から意見を徴した後、市民評議会の構成などについて承認を与えることになっている。なお、県における国の代理人とは、国の地方機関を県のレベルで統括する県知事（préfet）を指している。一九八二年の第一次地方分権改革まで、この県知事が、住民に向けては「国の代理人」、国に向けては「県執行権の代表」という二つの地位を兼務していたが、同改革により、後者の地位を県議会議長に委譲した。

（40）まさにこれらの地区を「実験場」とみたてた住民参加の取り組みが数多く策定されたのであり、構築された諸制度（都市契約、住民参加基金、都市事業基金、都市事業工房、「市民」養成など）が、住民参加の流れに大きな位置づけを与えている。

（41）Rémi LEFEBVRE, « La démocratie locale », Maryvonne BONNARD（éd.）, *Les collectivités territoriales*, 4$^{e}$ édition, La Documentation française, 2009, p.124.

# あとがき

本書は文部科学省・日本学術振興会より交付を受けた次の四つの科研費による研究成果の一部であり、その刊行にあたっては、筆者の本務校である愛知県立大学から出版助成（平成二六年度）を受けている。審査にあたられた先生方に、まずお礼申し上げる次第である。

●平成一八―一九年度科学研究費補助金・若手研究（B）「近隣民主主義法施行後のフランス都市（アミアン市）における『住区評議会』の実態調査」（研究代表者：中田晋自）［MEXT 科研費 18730099］

●平成二一―二三年度科学研究費補助金・若手研究（B）「ポスト地方分権時代のフランス都市近隣住区における居住者ガヴァナンスの可能性」（研究代表者：中田晋自）［MEXT 科研費 21730119］

●平成二三―二五年度科学研究費補助金・基盤研究（B）（海外学術調査）「マルチレベル・ガバナンス化するヨーロッパの民主的構造変化の研究」（研究代表者：小川有美）［JSPS 科研費 23402019］

●平成二六―二九年度科学研究費補助金・基盤研究（C）（一般）「フランスの自治体間協力型広域行政組織における（直接／間接）民主主義改革の研究」（研究代表者：中田晋自）［JSPS 科研費 26380178］

筆者が二〇〇六年以来取り組んできたフランスの「近隣民主主義」と住区評議会制にかんする実証研究は、次に示す一連の拙稿においてすでに公表されているが、本書はそれらを「近隣民主主義」の全体像解明に当てられる第Ⅰ部

（フランス「近隣民主主義」の諸相）と、住区評議会制（二〇〇二年）がフランスの諸都市において実際どのように実践されているのかについて検討した第Ⅱ部（フランスの諸都市における住区評議会制の実践）とに再編成し、大幅な加筆修正をおこなった上で、一冊にまとめたものである。

●「フランス『近隣民主主義』の法制度化とその適用――アミアン市における住区評議会制導入をめぐって――」、『愛知県立大学外国語学部紀要（地域研究・国際学編）』第三九号、二〇〇七年三月

●「フランス都市コミューンにおける熟議＝参加デモクラシーの実践――近隣民主主義法（二〇〇二年）施行後のアミアン市における住民合議制を事例として――」、加藤哲郎・國廣敏文編『グローバル化時代の政治学』（二〇〇八年四月、法律文化社）

●「フランス『近隣民主主義』の法制度的発展とその条件形成――一九八〇年代以降の都市コミューンにおける住民『参加＝包摂』型地域行政管理の現出――」、『日仏政治研究』第四号、二〇〇九年三月

●「【研究ノート】フランス『近隣民主主義』研究の動向――特殊フランス的諸課題と都市参加民主主義諸モデルの比較研究――」、『愛知県立大学外国語学部紀要（地域研究・国際学編）』第四一号、二〇〇九年三月

●「フランスの住区評議会制とコミューン議会選挙――アミアン市とリール市の比較事例研究――」、『愛知県立大学外国語学部紀要（地域研究・国際学編）』第四二号、二〇一〇年三月

●「フランスの住区評議会制とメンバー構成問題――くじ引きは熟議フォーラムになにをもたらしたか――」、『愛知県立大学外国語学部紀要（地域研究・国際学編）』第四三号、二〇一一年三月

●「都市の近隣住区から政治を模索する――フランスにおける『都市ガヴァナンス』空間の創出可能性――」、田村哲樹・堀江孝司編『模索する政治――代表制民主主義と福祉国家のゆくえ』（ナカニシヤ出版、二〇一一年六月）

●「フランスの住区評議会制と『非有権者』の代表性問題――都市の近隣住区空間は定住外国人の市政参加を可能にするか――」、『愛知県立大学外国語学部紀要（地域研究・国際学編）』第四四号、二〇一二年三月
●「一九七〇年代のフランスにおける『地域民主主義』の思想形成――自主管理・参加民主主義とその『地域』における実践をめぐって――」、『愛知県立大学外国語学部紀要（地域研究・国際学編）』第四五号、二〇一三年三月
●「ピエール・モーロワと地域民主主義――リール市における『住区評議会』の創設と法制度化を通じたその『全国化』――」、『愛知県立大学外国語学部紀要（地域研究・国際学編）』第四六号、二〇一四年三月

筆者がフランスの「近隣民主主義」と住区評議会制について、拙稿において初めて言及したのは二〇〇五年三月に公刊された「地域民主主義から近隣民主主義へ――フランス型地域討議デモクラシーの探究――」であった。同論文は、大幅な加筆修正の上で、のちに博士号請求論文として立命館大学大学院へ提出されることになる拙著『フランス地域民主主義の政治論――分権・参加・アソシアシオン――』（御茶の水書房、二〇〇五年十一月刊）の終章として再録されるが、こうしてみると、この時開始した一連の研究を今回本書にまとめるまでに、一〇年近くの年月を要したことになる。

この間に、筆者は上述の科研費を主たる資金として、アミアン市で計八回（二〇〇六年夏、〇七年夏、〇九年夏、一〇年夏、十一年夏、一二年夏、十三年夏、一四年夏）、リール市で計六回（二〇〇九年夏、一〇年夏、十一年夏、一二年夏、十三年夏、一四年夏）の現地調査を実施してきた。

調査に際して文献情報を含む貴重なアドバイスを下さったピカルディ大学法政学部のフランソワ・ランジョン教授、アミアン市の地域民主主義政策にかんするこちらの質問に対し、親切にご対応くださった元アミアン市地域民主主義

担当助役のブリジット・フレ氏（現アミアン市長）や同じく前アミアン市地域民主主義担当助役のエティエンヌ・デジョンケール氏をはじめとするアミアン市役所の方々、元アミアン市住区委員会連合会長のナタリー・ラヴァラール氏（現アミアン市地域民主主義担当助役）をはじめとする住区委員会のみなさま、元アミアン市議のベルナール・ドゥルモット氏、さらにリール市の参加民主主義政策にかんして貴重な情報を提供してくださったリール市役所のニコラ・ベルナール氏（現リール・メトロポール大都市圏共同体議長官房専門参事）をはじめとする同市役所の方々には、心からお礼を申し上げたい。

また、リール市のベルナール氏を筆者に紹介して下さったのは中野裕二先生であった。先生には、筆者がこの研究に取り組むにあたって、非常に重要なアドバイスを多数いただいた。この場をお借りして、お礼申し上げたい。

フランスでは、この一〇年間に全国一斉のコミューン議会選挙が二度実施（二〇〇八年と二〇一四年）されたが、アミアン市ではそのいずれにおいても市政担当者の交代（ジル・ドゥ・ロビアンの中道右派市政→ジル・ドゥマイの左翼連合市政→ブリジット・フレの中道右派市政）を経験し、同市の近隣政治システムもその度ごとに大きく変化している。これに対し、リール市ではこの二回のコミューン議会選挙のいずれにおいてもフランス社会党元第一書記のマルティーヌ・オブリ率いる左翼連合市政が勝利しているが、それでもなお、同市の近隣政治システムには幾度かの変更が加えられており、今後も変更が加えられていくであろう。

大小の違いはあるとしても、近隣政治システムの変化に着目し、その背後にあるものを解明していく上で、「定点観測」という手法は非常に有効であり、条件が許す限り、今後もアミアン市とリール市においてこれをつづけていきたいと考えている。

いま述べた筆者の「定点観測」は二〇〇六年夏のアミアン市で開始されたが、それ以来筆者が取り組んできたフランスの「近隣民主主義」と住区評議会制にかんする実証研究には、ふり返ってみると幾つかの「ポイント」（＝分岐点・偶然・幸運）があったように思われる。

第一のポイントは、二〇〇八年三月のコミューン議会選挙により、アミアン市で市政担当者の交代があり、大幅な近隣政治システム改革がおこなわれるとともに、二〇〇九年夏の現地調査から、その対象都市にリール市が加えられたことである。これらにより、アミアン市という一都市のなかで形成された、異なる二つのシステムの比較が可能になるとともに、リール市という地理的に区別されるもう一つ別のシステムとの比較も可能となった（第五章参照）。

そして第二のポイントは、近隣民主主義法（二〇〇二年）が定めた住区評議会制の「原型」の存在とかかわっている。二〇〇〇年に提出されたモーロワ委員会報告書が導入を提言した「住区評議会」は、委員長モーロワ自身の当時の発言を踏まえるならば、リール市が一九七八年に導入した「住区評議会」をその「原型」としていたと考えられるのであり、これがどのようなものであったかを明らかにするためには、当時のリール市議会の資料等を入手することが必須であると思われた。幸い筆者は、二〇一三年夏の現地調査の際、上で述べたニコラ・ベルナール氏のご紹介で、リール市役所内にある資料室（archives）への入室をお許しいただき、一九七八年前後の時期の資料（市議会での「住区評議会」にかんする議事録や配付された資料など）を入手することができた。このことは、本書にとって極めて重要な出来事であった（第三章参照）。

このこととかかわって、第三のポイントは、筆者が現地調査を開始した二〇〇六年当時、アミアン市長（兼国民議会議員）を務めていたジル・ドゥ・ロビアン氏こそが、近隣民主主義法案のなかで規定されていた住区評議会制に「全国画一主義」を見出し、国会審議において、リール型近隣政治システムの押しつけに断固反対の論陣を張った人物であったことである。結果として、二〇〇二年に導入された住区評議会制は、制度設計などを当該コミューン議会に一任するという極めて「柔軟」なものとなったことに鑑みれば、アミアン市で二〇〇六年当時実施されていた近隣政治システムは、まさにロビアン氏が兼職国会議員という立場を最大限に利用して、死守したものだったといえる。そしてそのことは、調査対象地域としてアミアンを選んだことに、大きな意義を与えることになったともいえる。

さらに第四のポイントは、アミアン市およびリール市の近隣政治システム改革（前者は二〇〇九年一月、後者は二〇〇八年六月）により、住区評議会（アミアン市の場合は住民評議会）のメンバー選出に無作為抽出制が導入されたことである。これにより、フランスにおける近隣民主主義改革に新たな位置づけが付与された。すなわち、世界の熟議民主主義研究者が取り組んできた無作為抽出型ミニ・パブリックスの試みに、フランスの場合、住区評議会制という制度的枠組みが与えられたのである（第六章参照）。二〇一〇年夏の現地調査の際、フランス有権者名簿（アミアン市在住者）からの無作為抽出で選出されたアミアン市住民評議会の評議員の方々にお集まりいただいて、直接ご意見をいただくことができたことは、その意味でも、大変貴重な機会をいただいたものと思っている。彼らの取り組みの成果は、その後「報告書」にまとめられたが、本書でも終章においてその一部を紹介している。

最後に第五のポイントは、アミアン市における近隣政治システム改革（二〇〇九年一月）により設置された住民評議会のメンバー選出枠の一つとして、「（有権者名簿への）非登録者枠」が設けられたことである。ここでいう「非登録者」に該当するのは、主には当該地域に定住する住民でありながら有権者ではない未成年者と定住外国人（EU域外出身者）であり、リール市ではこの二大カテゴリーのために、それぞれ評議会（子ども・若者評議会、定住外国人評議会）を設置して対応しているが、アミアン市政は、住区評議会制の制度的枠組みを活用して、そうしたカテゴリーの人々を統合しようとした訳である（第七章参照）。同市では、一九八〇年代末にわずかの期間であったが、市会外国人準議員制度を実施することで、選挙権・被選挙権のない定住外国人たちの政治的統合を図っており、二〇一一年夏の現地調査の際には、かつてこの制度の設立に取り組んでおられた上述のドゥルモット氏にインタビューする機会をいただくという幸運に恵まれた（その後も、アミアン市を訪問した折には、直接お目にかかって、定住外国人の政治参加について最新の動向等をご教示いただいている）。

ただし、このアミアン市住民評議会の「非登録者枠」にかかわって、未だ残されている調査課題もある。すなわち、これに立候補したEU域外出身定住外国人の社会学的特徴が十分に明確化できていないことである。というのも、「非登録者枠」で選出された評議員は、本人の立候補に基づいて作成された候補者名簿のなかから無作為抽出で選出されている点で、有権者名簿から無作為抽出で選出される他の評議員とは区別されるが、実際には、二〇〇九年九月から活動を開始した第一期メンバーはすでに二年の任期を終えているにもかかわらず、非登録者枠選出評議員が一体どのような社会学的カテゴリーに属する人々で構成されていたのかについては、結局現時点でも明確でないからである。

これら五つの点に加え、二〇〇五年公刊の拙著でも採り上げた一九六〇年代中葉のグルノーブル市に登場する政治的アソシアシオン「自治体活動グループ（GAM）」を、今回改めて採り上げたことの意義についても述べておく必要がある。というのも、彼らの自治体改革運動について、前著でもその主要な担い手を「ミドル・クラス」の人々であるとした上で、その意義は市当局と住区連合との協力を通じた新たな都市政策形成モデル（グルノーブル方式）の開発にあったと位置づけたが、今回改めてこれをフランスにおける地域民主主義の思想形成史・運動発展史、あるいは、近隣民主主義の制度発展史のなかに位置づけなおしてみることで、この運動が有している本質的な側面が再確認できたからである。すなわち、本書で明らかにしたように、当時のフランス社会党（PS）内には、階級闘争の観点にたってそうした「ミドル・クラス」の人々による運動を敵視する議論が存在していたし（第一章参照）、住区評議会の設置に向け審議を重ねていた一九七七年当時のリール市議会内には、上述のようなグルノーブル方式は、住区委員会といった地域住民アソシアシオンを半ば市の公的機関とみなしているとした上で、都市内分権を通じた住民合議組織の設立を準備しているリール市においては採用されるべきでないとの警戒論があったのである（第三章参照）。

筆者は、下記の学会・シンポジウムにおいて口頭発表の機会を得て、フランスの「近隣民主主義」と住区評議会制にかんする報告をおこなっている。当日の討論者として大変貴重なコメントを下さった北住炯一先生、辻康夫先生、さらにフロアからの質問というかたちで重要なヒントを与えてくださった多くの方々にこの場をお借りしてお礼を申し上げたい。

●日本政治学会研究会・企画委員会企画「社会的紐帯とデモクラシー」（明治学院大学、二〇〇七年一〇月六日）【発表テーマ】「フランス都市コミューンにおける熟議＝参加デモクラシーの実践――近隣民主主義法（二〇〇二年）施行後のアミアン市における住民合議制を事例として――」

●シンポジウム「ヨーロッパのナショナリティとテリトリアリティ」主催：愛知県立大学大学院多文化共生研究所／京都大学地域研究統合情報センター（愛知県立大学、二〇〇八年一〇月四日）【発表テーマ】「フランスの新設『住区評議会』制は都市のガヴァナンスを実現するか？」

●中部政治学会（名古屋大学、二〇一二年七月二一日）【発表テーマ】「フランスの『近隣民主主義』と住区評議会制――政策思想発展史・法制度・民主主義理論・実践――」

またこうした口頭発表の場以外にも、よりインフォーマルな場で宮島喬先生や後房雄先生とそれぞれお話しさせていただくなかで頂戴したヒントが、いまふり返ってみれば、この一連の研究にとって大変貴重なものとなっている。ここで深くお礼申し上げたい。

さらに、上述の科研費による共同研究（マルチレベル・ガバナンスを略して「MLG科研」と呼ばれていた）では、現地調査の資金はもちろん、「マルチレベル・ガバナンス」という視点を提供していただけたことで、筆者が実証研究の対象としていたフランスの地方都市における居住者参加型ガヴァナンスの実践を、ヨーロッパにおける多層的な民主政治モデルのなかに位置づけなおすことができた。研究代表者の小川有美先生はじめ、このプロジェクトにかかわっておられた先生方にお礼申し上げる次第である。

この間には、中木康夫先生（名古屋大学名誉教授）が逝去されるという悲しい出来事（二〇一〇年七月）もあった。その訃報に接したときまず脳裏に浮かんだのは、同年の年賀状に先生が書いてくださった、「ブルターニュ関係」の蔵書を筆者に「いずれそっくり寄贈」してくださるというお言葉であった。あとから知ったことであるが、先生はご自身の大切なご蔵書を筆者の本務校である愛知県立大学の図書館に寄贈してくださるとのご意向を「遺言」として書き残してくださっていた。こうして本学の大学図書館に現在所蔵されている先生のご蔵書は、フランス史の大変多様なテーマに関連したものであるが、とりわけ先生がブルターニュ地方史研究に情熱を注いでこられたことを反映して、その分野に限っても、その数は大変膨大なものである。

結局、筆者が先生に直接お目にかかることができたのは、立命館大学で開催された研究会でのご報告のため先生がご来学になった一九九五年七月の一回のみとなってしまった。当時同大学の大学院法学研究科で修士論文を執筆していた筆者は、この時、その拙い修士論文の構想について先生から大変貴重なコメントをいただく機会を得たのであるが、本書にまとめられたフランスの「近隣民主主義」と住区評議会制にかんする研究は、その際先生からいただいた次のようなご助言に対する、筆者なりの（現時点での）答えであると思っている。すなわち、「あなたのこれからの仕事は、日本の地方分権改革に比べて、フランスのそれがいかに民衆の要求に根ざしたものであるかを明らかにすることである」と。

先生のご冥福を心からお祈りするとともに、今後もたゆむことなくフランス政治（史）研究に取り組んでいくことを、ここにお誓いしたい。

前著の「あとがき」でもご紹介したことのある名古屋「政治と社会」研究会であるが、メンバーが多忙を極めるようになったこともあって、この間研究会の開催も容易ではなくなりつつあるが、初期メンバーの渡辺博明さん、堀江孝司さん、田村哲樹さん、柳原克行さん、大園誠さん、坂部真理さんはもちろん、松尾秀哉さんや近藤康史さん、小林正嗣さん、森分大輔さんとの交流は、筆者が今後も健全な研究ライフを継続していく上で、欠かすことのできない「心の支え」でありつづけるに違いない。

本書の後半（第Ⅱ部）は、そのほとんどをアミアン市およびリール市において実施した現地調査の成果に依っている。この一連の現地調査にあたって、実用的なフランス語会話がおぼつかない筆者に同行し、通訳アシスタントを務めてくださった佐藤六美さん、田村明子さん、加藤健太朗さんにも、この場をお借りしてお礼を申し上げたい。このお三方は、いずれも筆者の本務校である愛知県立大学外国語学部フランス学科の卒業生であり、類い希なるバイタリティーと語学力をもって、本学卒業後もパリ第四大学の大学院やルーヴァン・カトリック大学（ベルギー）の大学院で研究を継続し、修士の学位を修得した（修得予定の）筆者にとっては「自慢の教え子」である。

最後になるが、本書の刊行をお引き受けいただいた橋本盛作社長はじめ御茶の水書房の方々にお礼を申し上げなければならない。特に、前作につづいて編集をご担当くださった小堺章夫氏には、各種出版助成への申請段階から相談にのっていただくなど大変お世話になった。同社のみなさまのお力添えなくして、今回の出版はあり得なかったと思われる。改めてお礼を申し上げる次第である。

二〇一四年一一月七日

木の葉の色づきに秋の深まりを感じる県大キャンパスの研究室にて

中田　晋自

# 索　引


**【あ行】**

アルマ・ガール住区（ルベ市）　42, 55, 136, 242

**【か行】**

ガヴァナンス　16, 17, 25, 76, 116, 130, 133, 149, 209, 237
マニュエル・カステル　43
フランク・カニンガム　34
近隣政治システム　15, 88, 105, 141, 154, 184, 208, 211
近隣民主主義　7, 14, 15, 23, 86, 96, 116, 119, 120, 188
近隣民主主義法　5, 6, 8, 23, 67, 71, 80, 93, 103, 107, 125, 127, 131, 141, 146, 153, 165, 179, 183, 198, 199, 230, 239
公職兼任制　3, 21, 67
コミュニティ　14, 19, 63, 214, 242
コミュニティの制度化　13, 24
コミューン間協力型広域行政組織（EPCI）　151, 237, 244

**【さ行】**

参加型予算　117, 121, 123, 127, 174
参加民主主義　15, 33, 64, 115, 170, 180, 188
参加民主主義制度　115, 122, 130, 214
参加民主主義の制度化　67, 72, 97, 214
市会外国人準議員制度（アミアン市）　201, 204, 212, 220
自主管理　31, 33, 64, 66, 90
ヴァレリー・ジスカールデスタン　29, 67, 241
自治体活動グループ（GAM）　38, 61, 63, 74, 110, 194
社会主義研究調査教育センター　38, 82
住区委員会　49, 61, 72, 88, 93, 107, 113, 124, 126, 131
住区委員会（アミアン市）　145, 152, 157, 162, 184, 186, 188
住区評議会　40, 51, 57, 76, 97, 98, 105, 118
住区評議会（パリ市）　10, 24, 171, 177, 191, 195
住区評議会（リール市）　81, 106, 110, 154, 190
住区評議会（2002年）　6, 8, 13, 23, 103, 119, 121, 126, 129, 131, 141, 153, 163, 198, 201, 214, 217, 239, 243
住区連合（グルノーブル市）　64, 74, 88, 90, 110, 127
住民団体・住区委員会全国連絡協議会（CARNACQ）　107
住民評議会（アミアン市）　149, 157, 169, 183, 190, 201, 208, 210, 231, 245
ジャック・シラク　4, 22, 29, 108, 111
ジャン＝ピエール・シュヴェーヌマン　38, 82, 96
熟議フォーラム　12, 157, 163, 170, 190, 210, 216, 221, 231
リオネル・ジョスパン　5, 22, 79, 93, 96, 101, 141

ストロング・デモクラシー（バーバー）　12, 235

## 【た行】

第二左翼（フランス社会党）　31, 49
地域民主主義　7, 23, 29, 44, 47, 49, 50, 59, 63, 65, 67, 68, 84, 115, 116, 125, 144, 149, 167, 178, 188, 195, 234
地域民主主義改革（1992年）　17, 70, 162, 197
地方分権　3, 6, 16, 22, 29, 37, 52, 60, 65, 67, 69, 79, 96, 110, 111, 250
地方分権化の将来にかんする委員会（モーロワ委員会）　5, 7, 30, 79, 93, 96, 111
ユベル・デュブドゥ　61, 63, 69, 110, 241
シャルル・ドゴール　30, 35, 47, 84, 109
都市近隣住区　15, 19, 122, 131, 199, 237, 245
都市政策　8, 23, 111, 240
都市内分権（自治体内分権）　13, 80, 86, 154, 239
ガストン・ドフェール　3, 52, 69, 79, 108

## 【は行】

フォルス・ヴィーヴ　36, 157
フランス労働民主同盟（CFDT）　36, 38, 41
ピエール＝ジョゼフ・プルードン　37
プロキシミテ（近接性）　14, 96, 118
キャロル・ペイトマン　34

## 【ま行】

クロフォード・ブラウ・マクファーソン　15, 33, 35
フランソワ・ミッテラン　3, 22, 29, 46, 52, 70, 81, 108, 219, 241
ミニ・パブリックス　11, 21, 121, 135, 163, 209, 228, 231, 246
ミニポピュラス（mini-populus）　21, 24
無作為抽出（ランダムサンプリング、抽選、くじ）　12, 100, 128, 150, 157, 164, 170, 172, 180, 185, 189, 192, 209, 221, 231
ピエール・モーロワ　3, 5, 30, 52, 70, 79, 81, 84, 96, 154, 241

## 【ら行】

ジャン＝ピエール・ラファラン　4, 6, 30, 111
労働者の経営参加　34
ミシェル・ロカール　41, 49, 55, 66, 83
ピエール・ロザンヴァロン　31, 49

## 著者紹介

**中田晋自**（なかたしんじ）

1970年　愛知県生まれ
1994年　立命館大学法学部法学科（政治・行政コース）卒業
1999年　立命館大学大学院法学研究科（公法専攻）博士後期課程単位取得満期退学
2006年　博士（法学）取得
現　在　愛知県立大学外国語学部 教授
　　　　専攻：比較政治学（フランス都市政治論）
著　書　単著『フランス地域民主主義の政治論――分権・参加・アソシアシオン――』（第32回東京市政調査会藤田賞受賞、御茶の水書房、2005年11月）
　　　　共著（田村哲樹・堀江孝司編）『模索する政治――代表制民主主義と福祉国家のゆくえ』（ナカニシヤ出版、2011年6月）


市民社会《しみんしゃかい》を鍛《きた》える政治《せいじ》の模索《もさく》
――フランスの「近隣民主主義《きんりんみんしゅしゅぎ》」と住区評議会制《じゅうくひょうぎかいせい》――

2015年１月25日　第１版第１刷発行

著　者　中　田　晋　自
発行者　橋　本　盛　作
発行所　株式会社　御茶の水書房
〒113-0033 東京都文京区本郷5-30-20
電話　03-5684-0751
FAX　03-5684-0753

Printed in Japan
印刷・製本／東港出版印刷

ISBN978-4-275-01091-9　C3031